生态文明建设文库
陈宗兴　总主编

天人合一：
儒道哲学与生态文明

张云飞　著

中国林业出版社

图书在版编目（CIP）数据

天人合一：儒道哲学与生态文明／张云飞著 .－北京：中国林业出版社，2019.9
（生态文明建设文库）
ISBN 978-7-5219-0197-9

Ⅰ.①天… Ⅱ.①张… Ⅲ.①天人关系－关系－生态文明－研究 Ⅳ.① B2 ② X24

中国版本图书馆 CIP 数据核字（2019）第 160433 号

出 版 人	刘东黎
总 策 划	徐小英
策划编辑	沈登峰　于界芬　何　鹏　李　伟
责任编辑	沈登峰
美术编辑	赵　芳
责任校对	梁翔云

出版发行	中国林业出版社有限公司（100009　北京西城区刘海胡同 7 号） http://www.forestry.gov.cn/lycb.html E-mail:forestbook@163.com　电话：（010）83143523、83143543
设计制作	北京捷艺轩彩印制版有限公司
印刷装订	北京中科印刷有限公司
版　　次	2019 年 9 月第 1 版
印　　次	2019 年 9 月第 1 次
开　　本	787mm×1092mm　1/16
字　　数	245 千字
印　　张	13
定　　价	50.00 元

"生态文明建设文库"
总编辑委员会

总主编
陈宗兴

主 编
彭有冬

委 员
（按姓氏笔画为序）

王国聘	王春益	王德胜	卢 风	刘东黎	刘青松	李庆瑞	余谋昌
宋维明	张云飞	张春霞	陈宗兴	陈建成	金 旻	周宏春	郇庆治
赵良平	赵建军	胡勘平	费世民	徐小英	黄茂兴	黄采艺	常纪文
康世勇	彭有冬	蒋高明	廖福霖	樊喜斌	黎祖交	薛伟江	欧阳志云

执行主编
王春益　黄采艺　黎祖交　刘东黎

"生态文明建设文库"
编撰工作领导小组

组　长

刘东黎　成　吉

副组长

王佳会　杨　波　胡勘平　徐小英

成　员
（按姓氏笔画为序）

于界芬　于彦奇　王佳会　成　吉　刘东黎　刘先银　杜建玲　李美芬　杨　波
杨长峰　杨玉芳　沈登峰　张　锴　胡勘平　袁林富　徐小英　航　宇

编辑项目组

组　长：徐小英

副组长：沈登峰　于界芬　刘先银

成　员（按姓氏笔画为序）：

于界芬　于晓文　王　越　刘先银　刘香瑞　许艳艳　李　伟
李　娜　何　鹏　肖基浒　沈登峰　张　璠　范立鹏　周军见
赵　芳　徐小英　梁翔云

特约编审：刘　慧　严　丽

总 序

生态文明建设是关系中华民族永续发展的根本大计。党的十八大以来，以习近平同志为核心的党中央大力推进生态文明建设，谋划开展了一系列根本性、开创性、长远性工作，推动我国生态文明建设和生态环境保护发生了历史性、转折性、全局性变化。在"五位一体"总体布局中生态文明建设是其中一位，在新时代坚持和发展中国特色社会主义基本方略中坚持人与自然和谐共生是其中一条基本方略，在新发展理念中绿色是其中一大理念，在三大攻坚战中污染防治是其中一大攻坚战。这"四个一"充分体现了生态文明建设在新时代党和国家事业发展中的重要地位。2018年召开的全国生态环境保护大会正式确立了习近平生态文明思想。习近平生态文明思想传承中华民族优秀传统文化、顺应时代潮流和人民意愿，站在坚持和发展中国特色社会主义、实现中华民族伟大复兴中国梦的战略高度，深刻回答了为什么建设生态文明、建设什么样的生态文明、怎样建设生态文明等重大理论和实践问题，是推进新时代生态文明建设的根本遵循。

近年来，生态文明建设实践不断取得新的成效，各有关部门、科研院所、高等院校、社会组织和社会各界深入学习、广泛传播习近平生态文明思想，积极开展生态文明理论与实践研究，在生态文明理论与政策创新、生态文明建设实践经验总结、生态文明国际交流等方面取得了一大批有重要影响力的研究成果，为新时代生态文明建设提供了重要智力支持。"生态文明建设文库"融思想性、科学性、知识性、实践性、可读性于一体，汇集了近年来学术理论界生态文明研究的系列成果以及科学阐释推进绿色发展、实现全面小康的研究著作，既有宣传普及党和国家大力推进生态文明建设的战略举措的知识读本以及关于绿色生活、美丽中国的科普读物，也有关于生态经济、生态哲学、生态文化和生态保护修复等方面的专业图书，从一个侧面反映了生态文明建设的时代背景、思想脉络和发展路径，形成了一个较为系统的生态文明理论和实践专题图书体系。

中国林业出版社秉承"传播绿色文化、弘扬生态文明"的出版理念，把出版生态文明专业图书作为自己的战略发展方向。在国家林业和草原局的支持和中国生态文明研究与促进会的指导下，"生态文明建设文库"聚集不同学科背景、具有良好理论素养的专家学者，共同围绕推进生态文明建设与绿色发展贡献力量。文库的编写出版，是我们认真学习贯彻习近平生态文明思想，把生态文明建设不断推向前进，以优异成绩庆祝新中国成立 70 周年的实际行动。文库付梓之际，谨此为序。

十一届全国政协副主席
中国生态文明研究与促进会会长　陈宗兴

2019 年 9 月

目录

总序/陈宗兴

上篇 天人合一——儒学与生态环境

引言 西去东来——儒家环境意识的再评价 ………………… 3

一、克己复礼——儒家环境意识的历史源头 ………………… 7
  (一)"和实生物,同则不继"的朴素生态学思想 ………… 7
  (二)"网开三面""里革断罟"的早期自然保护活动 ……… 11
  (三)"三时不害而民和丰年"的自然生态农业和生态农学 …… 14

二、辨类重养——自然保护的生态学基础 ………………… 16
  (一)"方以类聚,物以群分"的生物结构说 ……………… 16
  (二)"得养则长,失养则消"的生态流程说 ……………… 25
  (三)"虽有镃基,不如待时"的季节节律说 ……………… 33

三、物我合一——自然保护的对象和类型 ………………… 41
  (一)"草木零落,再入山林"的保护山林资源的思想 ……… 42
  (二)"钓而不纲,弋不射宿"的保护动物资源的思想 ……… 45
  (三)"往来井井,涣其群吉"的保护水资源的思想 ………… 48
  (四)"得地则生,失地则死"的保护土地资源的思想 ……… 51

四、尊君民本——自然保护的主体和环境管理原则 …………… 56
  (一)"谨其时禁"与"圣王之制"的环境管理制度说 ……… 57
  (二)"神明博大"与"圣王之用"的环境管理主体说 ……… 64
  (三)"民养无憾"与"王道之始"的环境管理原则说 ……… 70

五、重农顺时——自然保护的经济基础和生态农学 …………… 77
  (一)"天人之分"与"治吉乱凶"的自然灾害意识 ………… 78
  (二)"天时地利、人和物丰"的生态农业结构说 ………… 82
  (三)"禹稷躬稼而有天下"的重农价值取向 ……………… 92

六、以赞稽物——自然保护的理想和目标 …… 97
（一）神道设教：人和自然相协调的宗教——道德诠释 …… 98
（二）中庸毋我：人和自然相协调的方法论要求 …… 101
（三）三才无私：人和自然相协调的世界观原则 …… 105

七、综旧开新——儒家环境意识的历史命运 …… 113
（一）天人感应：儒家环境意识的宗教化 …… 113
（二）天人相胜：儒家环境意识的哲学化 …… 115
（三）致诚配天：儒家环境意识的道德化 …… 116

下篇　儒道哲学的生态伦理意蕴

一、中国儒、道哲学的生态伦理学阐述 …… 121
（一）引论 …… 121
（二）国际上对中国儒、道哲学的生态伦理学研究 …… 121
（三）儒、道哲学的生态道德观 …… 125
（四）儒、道生态伦理的自然观 …… 132
（五）儒、道生态伦理规则之一：生态从善性原则 …… 137
（六）儒、道生态伦理规则之二：生态弃恶性原则 …… 141
（七）儒、道生态伦理规则之三：生态完善性原则 …… 145

二、《礼记》的生态伦理意识 …… 160
（一）《礼》的生态道德概念 …… 160
（二）《礼》论生态道德和人际道德 …… 163
（三）《礼》以神道设教论证生态道德 …… 167
（四）《礼》的生态道德从善性原则 …… 171
（五）《礼》的生态道德弃恶性原则 …… 174
（六）《礼》的生态道德完善性原则 …… 178

三、退溪自然观的生态意蕴 …… 185
（一）儒家自然观的历史地位 …… 185
（二）退溪自然观的基本内容和特征 …… 187
（三）简短的结论 …… 192

主要史料来源 …… 195

参考文献 …… 196

后记 …… 198

上篇

天人合一——儒学与生态环境

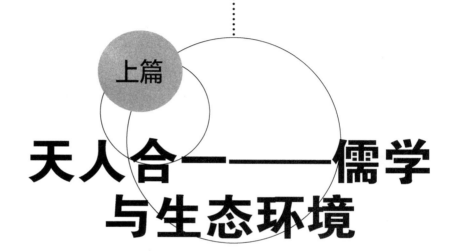

引言

西去东来 —— 儒家环境意识的再评价

我们中华文明传承五千多年,积淀了丰富的生态智慧。"天人合一""道法自然"的哲理思想,"劝君莫打三春鸟,儿在巢中望母归"的经典诗句,"一粥一饭,当思来处不易;半丝半缕,恒念物力维艰"的治家格言,这些质朴睿智的自然观,至今仍给人以深刻警示和启迪。

——习近平(中共中央文献研究室编:《习近平关于社会主义生态文明建设论述摘编》,北京:中央文献出版社2017年版,第6页)

人类已经迈入21世纪,而作为时代发展主题的和平与发展的问题,不仅没有得到解决,而且有愈加紧迫的趋势。其中环境问题尤为严重。它促进人们从心理、意志、情感、知识等层面来深刻地把握人和自然的关系,环境意识便应运而生。所谓环境意识,是人们从心理、意志、情感、知识等层面对人和自然关系进行把握的总和;它以生态学为基础和核心,通过对人和自然的关系进行全面、立体和具体的把握,力求人和自然关系的和谐发展。正像任何事物一样,环境意识也有一个发生和发展的过程,大家自然会想到,在中国历史上是否存在过环境意识这样的东西? 若存在过的话,应如何评价它的地位和作用? 而作为中国传统文化主流的儒家是否具有环境意识又自然成为大家关注的焦点。同时,由于环境问题最初是在西方产生的,如震惊世界的"八大公害事件"。面对西方社会的这种"文明病",有一些西方人士就对处于现代水平的西方文化产生了怀疑,认为正是西方文化所具有的那种外显倾向和机械论思维方式才造成了人对自然的盲目征服,最终造成了环境问题。相比之下,东方文化尤其是以儒家为代表的中国文化则显得合理和有效，因为，这些古老的文化主张人和自然的和谐，强调辩证思维的作用。这样，从世纪之交开始，人们试图在古老的东方文化中寻求解决问题的答案，对儒家环境意识的讨论就这样被提了出来。现在，处于新世纪和新时代的人们仍然在思考这一问题。

迄今为止，人们主要是从以下三个方面来讨论儒家的环境意识的。

第一，从生态学（自然科学）层面来看儒家的环境意识。一些学者发掘和整理了大量资料，肯定儒家思想中包含有许多生态学知识，认为儒家对生物离不开环境、生物的群居性、生物之间的关系等生态学问题都有深刻的认识；尤其是儒家对于生态学的季节节律更有深刻的、具体的把握，将之贯穿到资源保护中，形成了依"时"保护自然资源的思想；将之贯穿到农业中，形成了以"时"为核心的生态农学思想。

第二，从哲学层面来看儒家的环境意识。在这个层面上，讨论主要是围绕"天人合一"这个儒家以至于整个中国哲学中的传统命题是否具有生态意义而展开。有些论者认为，在现代环境问题的形势下，"天人合一"显示出了巨大的生态价值，表达着儒家对人和自然和谐关系的向往和追求；另一些论者对"天人合一"的生态价值提出了质疑，对儒家和中国传统文化是否具有环境意识持否定意见。

第三，从伦理学层面来看儒家的环境意识。伦理学在解决环境问题中具有独特的作用，生态伦理学的出现则为解决环境问题提供了价值导向，可培养和塑造人们良好的生态道德风尚。对儒家思想与生态伦理关系的讨论成为研究儒家环境意识过程中的一个热点，大体说来，形成了如下几种观点。

一是认为儒家哲学为现代生态伦理学提供了形而上学基础，尤其是"道"和"气"这两个中国传统哲学的重要范畴为研究生态伦理学提供了范型和说明。

二是认为儒家的天人观念与现代生态伦理意识是相对立的。

三是认为儒家伦理与生态伦理存在着一定程度的反差与契合。

四是认为应从对具体问题的分析入手来研究儒家思想与生态伦理的关系，只有通过大量个体的研究才可能弄清儒家伦理意识的发展脉络。

不管怎么说，儒家伦理与生态伦理有着千丝万缕的关系，连生态伦理学的创始人之一施韦策（史怀泽）也承认这一点（参见［法］阿尔贝特·史怀泽：《敬畏生命》，陈泽环译，上海：上海社会科学院出版社，1995年）。

由上可见，对儒家环境意识的研究已形成了一定的气候，但对问题的讨论还有待于进一步深入和具体。

工欲善其事，必先利其器。要想全面、具体、深刻地把握儒家的环境意识，我们在具体的研究和考察过程中必须要运用科学而有效的研究方法。实事求是的原则为我们考察儒家的环境意识提供了唯一正确而有效的研究方法，它教导我们要从客观存在的事实出发来探求事物发展的客观规律，具体来讲有三个方面。

其一，考察儒家环境意识必须要从儒家思想的自身实际出发。先秦儒家思想的自身实际是我们研究儒家环境意识的出发点。主要以孔、孟、荀以及《易》（包括经和传）、《礼》（包括《大学》《中庸》）为主要的研究对象和考察范围，在力所能及的情况下兼涉其他资料，将从儒教到新儒家的各种思想作为佐证和参考资料。

其二，考察儒家环境意识还必须要从中国社会的实际出发。原始社会解体以后，中国社会走上了一条与西方社会不同的私有制道路，这就是马克思提出的"亚细亚生产方式"的问题。具体来说，第一，在土地所有制问题上，土地形式上属于国家所有（公有制），但实质是只为天子（皇帝）一人所有，这是中国传统社会土地所有制的特殊性。第二，在其他生产资料的占有形式上，农业上人工灌溉具有极端重要性，修建、管理公共水利工程、交通道路的任务，要由中央集权的政府来承担。第三，在政治形式上建立起了以血缘宗法制为基础的中央集权政治。其四，在分配方式上，由于国家既是土地所有者，又是作为主权者同直接生产者相对立，因而，"地租和赋税就会合为一体，或者不如说，在这种情况下就不存在任何同这个地租形式不同的赋税"（《马克思恩格斯文集》第7卷，北京：人民出版社，2009年，第894页）。上述四个方面大概就是儒家思想（包括其环境意识）形成的经济基础。只有抓住作为亚细亚生产方式表现形式的中国社会的特点，我们才可能不仅真正搞清儒家是否具有环境意识这一问题，而且也能真正理解儒家环境意识所具有的"早熟性"和"超时代性"。

其三，考察儒家环境意识还必须参照其他相关学科的成果。考察儒家环境意识必须参照中国科学技术史的成果，具体来说，必须要参照中国环境保护史、中国农学史等学科的成果；必须参照中国哲学自然观发展史、中国环境法制史、中国经济史和经济思想史等学科的成果。但是，考察儒家环境意识决不是这几门学科成果的简单拼凑，而应确定和保持自己的特殊内容。这就是要以环境问题为整体，以儒家对人和自然关系进行认知的情感、意志、知识等综合成果为研究对象，从而说明儒家对环境问题所采取的态度、立场、观点和方法。当然，在具体的研究过程中，远比这要丰富复杂得多，如在史料的鉴别上要求助于训诂学，资料的取舍上要借助于逻辑学，在确定研究问题时则要以现代生态学环境科学、生态农学、生态经济学等学科为指导。

研究环境意识能够为我国社会主义生态文明建设提供理论准备、价值导向。考察儒家环境意识可以帮助我们制定正确而有效的人与自然和谐共生的基本方略；有助于我们采取有效措施，防止工业污染；有助于我们深入开展城市环境综合整治，认真治理城市"四害"；有助于我们提高能源利用率，改善能源结构；有助于我们推广生态农业，坚持不懈地植树造林，切实加强生物多样性保护；有助于我们大力推进科技进步，加强环境科学研究，积极发展环保产业；有助于我们运用经济手段保护环境；有助于我们加强环境教育，不断提高全民族的环境意识；有助于我们健全环境法制，强化环境管理；有助于我们在环境保护领域中开展国际交流，培养每一个中国人的民族自豪感和爱国主义精神；有助于增强生态文明问题上的文化自觉和文化自信，避免言必称希腊的西方中心主义，在增强文化自觉和文化自信的基础上走向社会主义生态文明新时代。

  当然，在研究儒家生态环境思想的过程中，我们必须始终注意其历史和阶级的局限性，切不可无限拔高其贡献尤其是要注意"天人合一"思想的是非得失，切不可过度诠释。今天，只有立足于社会主义生态文明建设的实际，坚持马克思主义的立场、观点和方法，坚持以习近平生态文明思想为指导，对以儒道为代表的中国传统生态环境思想进行创造性转化和创新性发展，我们才能真正做到古为今用、推陈出新。

  总之，正如习近平同志所言，我们应该遵循天人合一、道法自然的理念，寻求永续发展之路。这是我们坚持对社会主义文明之文化自信的应有之义。

一、克己复礼——儒家环境的历史源头

虽然孔子为儒家的开山鼻祖,但孔子思想的形成有一个承续的过程。因而,儒家环境意识的形成也有其思想历史渊源。在政治思想上,孔子的一生是为恢复"周礼"而奔波的一生,他为自己提出了"克己复礼为仁"的要求。周王朝成为他心目中的理想时代,周公则是他心目中的理想人物。在思想典籍上,孔子的思想是在对《诗》《书》《礼》《乐》《易》《春秋》等典籍的整理、加工中形成的。从社会分工来看,"儒家"是从"儒"中形成的,而"儒"是一种从卜师、丧祝、巫师等职业中分化出来的职业。上述几个方面所构成的知识和文化背景,为儒家环境意识的形成提供了丰富的土壤,从历史断代来看,这就是夏商周三代至春秋初期的历史时期。

(一)"和实生物,同则不继"的朴素生态学思想

我们祖先在与外部自然界的交往和斗争的过程中,形成了大量的生态学思想意识。"和实生物,同则不继"(《国语·郑语》),典型地代表着我国夏商周至春秋这段时期的生态学水平。所谓"和"是我们祖先对生物和环境之间物质循环的认识成果,而生物和环境的整体联系,既有时间上的表现方式,又有空间上的表现方式,因而,"时"和"依"也成为我国上古朴素生态学思想意识的两个重要范畴。下面,我们从"和""时""依"三个方面来考察我国这段时期的生态学水平及其对儒家思想的影响。

1. "和"的生态意蕴

在现代生态学看来,生物维持生命的过程也就是从环境中不断摄取各种物质加以同化并将异化了的物质以一定的方式排泄到自然环境中去的过程,物质由此在生物和环境之间形成了一个循环过程,这是生物和环境之间联系的基础和最基本的方式。显然,这一过程是按照一定的能级和数量比进行的,某一能级和数量比能够使物质循环正常进行就是生态平衡,反之则为生态失衡。而

"和"正揭示出了这一点,《国语》最早提出了这一问题,"夫和实生物,同则不继。以他平他谓之和,故能丰长而物归之;若以同裨同,尽乃弃矣。故先王以土与金木水火杂,以成百物。"(《国语·郑语》)这就用朴素的语言较为完整、准确地概括出了生物与环境之间的物质循环过程:

第一,金木水火土五者是生命存在和发展的五种最基本的环境因子(以土与金木水火杂以成百物)。用"金木水火土"五者最能说明"和"的机制,这五者被称为五行或"五材"。它最先是在《尚书·洪范》中提出来的。五行说不仅是我们祖先对世界的物质构成进行认识的哲学成果,而且也是我们祖先对生物和环境之间物质循环过程进行认识的生态学成果。五行就是我们祖先所认识到的环境因子。

第二,"和"是物质循环的具体机制和实质。"和"的过程如同烹鱼的过程,是各种不同的物质之间调余补缺的过程,"和如羹焉,水火醯盐梅以烹鱼肉,燀之以薪。宰夫和之,齐之以味,济其不及,以泄其过。君子食之,以平其心。"(《左传·昭公二十年》)。这一事例不仅说明了"和"的具体机制和实质是调余补缺(济其不及,以泄其过),而且指出了人和自然之间也具有这种关系(君子食之,以平其心)。

第三,五行之间所具有的相生相胜的关系使生物和环境构成了一个整体。五行中的每一个元素都通过相生和相胜这两种方式与其余四个元素联系了起来,例如,土为火生,又生金,土为木所胜,又胜水。五行通过相生相胜的关系构成了一个整体。这就是"和实生物,同则不继"的含义。

可见,"和"不仅仅是本体论学说,而且也是人本学理论;"和"不仅仅是哲学理论,而且也是生态学思想;正因为这样,"和"成为中国文化的一个重要特征。孔子不仅在处理人际关系时提出"君子和而不同,小人同而不和"(《论语·子路》)的主张,而且在规定"礼"这一最高原则时提出了"礼之用,和为贵"(《论语·学而》)的看法。而董仲舒则直接指出,"和者,天地之所生成也","德莫大于和"(《春秋繁露·循天之道》)。

2."时"的生态意蕴

在汉语中,"时"本来指的是四时的变化,后来引申为岁月时刻之用。(参见[清]段玉裁《说文解字注·时》)这就是说,我们祖先很注重从生态学上来把握"时"。

第一,"时"的生态学意义。在我们祖先看来,时是一切事物都具有的普遍特征,"物其有矣,唯其时矣。"(《诗经·小雅·鱼丽》)我们祖先所说的"时"其实也就是生态学上所讲的"季节节律",就是由于自然因子的季节变化所引起的直接或间接的很多种群组成及其活动的周期性。

第二,"时"的特点。"时"的首要特点是自然性,天道是自然而然的,人事行为也要自然而然，一切随时而行。"时"的另一个重要特点是一维性，"时"是物质运动先后次序的表现形式，"古我前后"是其重要特征，时间是不可逆的。在实际生活中能否及"时"至为重要。

第三，"时"的生态学要求。由于"时"的特征，"因时之所宜而定之"成为一个普遍性的要求。不仅普通的老百姓要守时、随时、从时，而且统治者也应守时、随时和从时；不仅作为耕稼者的"农"要守时、随时、从时，而且工、商等行业也要守时、随时和从时。在一个农业国度中，最为重要的是不违农时。

可见，"时"对生态学季节节律的把握重在其实用性，因此，孔子才提出"使民以时"（《论语·学而》）的要求，而《礼记·月令》则更为详尽地描绘出一幅季节、物候、人事、农事等几个方面相互交织的整体画面。

3. "依"的生态意蕴

生物和环境在空间上有一种相依从的共生关系：同一植物会随着地理条件的变化而改变自己的性状；在不同的地理条件下会有不同的动物分布；某一人种特征是与稳定的地理环境条件相适应的，不同地理条件下的人口生产方式也是不同的。另外，我们的祖先还认识到，人的生命活动是离不开一定的自然条件的，自然提供了人类生活的物质资源。离开这些物质资源，人的生命的存在就是不可能的。我们的祖先已初步具有一种"大生态系统"的观念，将地理条件（山川、河流、湖泊、土壤）、动植物分布、人口及其生产和生活方式、行政管理手段等看成一个相互关联、彼此制约的整体。如《尚书·禹贡》以"禹别九州""任土作贡"为名，将全国划分为九州，而每一个州的地理、人文、政治情况各不相同，但各个州内部的地理、人文、政治等情况又具有生态关联。现将《禹贡》的上述思想用表1表示出来（此表的绘制曾参照了刘长林所绘的《〈禹贡〉九州地理概览表》，《中国系统思维》，北京：中国社会科学出版社，1990年，第426页）；而《周礼·夏官司马》也将全国分为九州，这九州的土地河川、物产民情、农牧特长也是各不相同的，但各州中的上述因子又是彼此关联的，它们之间具有一定的整体性，现用表2将这一思想表示出来。

这种"大生态系统思想"对中国文化具有重大影响，"九州一统、天下大同"成为儒家文化重要的价值取向。孔子曾说，"道不行，乘桴浮于海"（《论语·公冶长》），而荀子又注重从这种生态关联上来把握人和土的整体关联，"无土则人不安居，无人则土不守"（《荀子·致士》）。

当然，夏商周至春秋初期所获得的生态学思想认识成果不止这些，我们这里所考察的只是对儒家产生重大影响的三个方面。

表1 《禹贡》"大生态系统"

州名	地理方位	土壤	考证土类	农作物	果木	经济林木	动物分布	金属矿产	土地等级	田赋等级
冀州	壶口(山名)至梁山及其支脉	白壤	盐渍土				皮服		中中(5)	上上(1)
兖州	济水与黄河之间	黑壤	灰棕壤			木漆桑	桑蚕		中下(6)	下下(9)
青州	渤海和泰山之间	白壤,海滨广斥	灰壤,海滨盐渍土	绨(葛)枲(大麻)		松山桑	畜牧蚕		上下(3)	中上(4)
徐州	黄海、泰山及淮河之间	赤埴壤	棕壤			木桐桑	蚕		上中(2)	中中(5)
扬州	淮河与黄海之间	涂泥	湿土	卉服(葛越)纤(细纻)	柚	篠荡木	革	铜	下下(9)	下上(7)
荆州	荆山与衡山的南面	涂泥	湿土	菁(蔓菁)	橘柚	杶、栝、柏等	革		下中(8)	上下(3)
豫州	荆山与黄河之间	壤,下土壤垆	石灰性冲积土	枲绨(葛)纤(苎)		漆			中上(4)	上中(2)
梁州	华山南部到怒江之间	青黎	无石灰性冲积土					铁	下上(7)	下中(8)
雍州	黑水到西河之间	黄壤	淡栗钙土						上上(1)	中下(6)

表2 《周礼·夏官司马》"大生态系统"

州名	地理方位	山镇(最高山)	泽薮(湖泊)	川(江河)	浸(蓄水宜灌之川泽)	利(物产)	民(人口)	畜(牧业)	谷(农业)
扬州	东南	会稽	县区	三江	五湖	金锡竹箭	二男五女	鸟兽	稻
荆州	正南	衡山	云瞢	江汉	颖湛	丹银齿革	一男二女	鸟兽	稻
豫州	河南	华山	圃田	荥雒	波溠	林漆丝枲	二男三女	六扰(马牛羊豕犬鸡)	五种(黍、稷、菽、麦、稻)
青州	正东	沂山	望诸	淮泗	沂沭	蒲鱼	二男二女	鸡狗	稻麦
兖州	河东	岱山	大野	云泲	卢维	蒲鱼	二男三女	六扰	四种(黍、稷、稻、麦)
雍州	正西	岳山	弦蒲	泾泊	渭洛	玉石	三男二女	牛马	黍稷
幽州	东北	医无闾	豨养	河泲	菑时	鱼盐	一男三女	四扰(马牛羊豕)	三种(黍、稷、稻)

(续)

州名	地理方位	山镇 （最高山）	泽薮 （湖泊）	川 （江河）	浸（蓄水 宜灌之川泽）	利 （物产）	民 （人口）	畜 （牧业）	谷 （农业）
冀州	河内	霍山	杨纡	漳	汾潞	松柏	五男三女	牛羊	黍、稷
并州	正北	恒山	昭余祁	虖池 呕夷	涞易	布帛	二男三女	五扰 （马牛羊犬豕）	五种

（二）"网开三面""里革断罟"的早期自然保护活动

我国古代环境保护主要是自然资源的保护。"网开三面""里革断罟"等典故最能反映我国夏商周三代至春秋初期的自然保护活动的特点。

我国的自然保护活动有着悠久的历史，夏朝就对人们采伐林木和捕获鱼鳖的生产活动提出了生态学规范，要求人们不能采伐正在生长的林木，不能捕捞正在孕育的鱼鳖，而这一切都是为了让自然资源持续存在，"春三月，山林不登斧，以成草木之长；夏三月，川泽不入网罟（罟音古，亦为网，但既可用来捕鱼也可用来捉兽），以成鱼鳖之长，且以并农力执成男女之功"（[清]严可均《全上古三代秦汉三国六朝文·全上古三代文·卷一》）。可见，我国古代的自然保护一开始就立足于生态学基础之上。

到了商代，人们不仅着眼于动物资源的持续存在和永续利用来保护自然，而且将保护自然与道德教化的政治目的联系了起来，这就是著名的"网开三面"的典故。据《史记·殷本纪》记载，在商汤还是一个诸侯的时期，有一次，他在野外看见有人正在张网捕鸟，那个人不仅在东西南北四个方向上都布了网，而且祷告说："愿天下四方的飞鸟都投进我的网里。"商汤对此嗤之以鼻，他对那个人说："你可不能把天下四方的鸟儿都一网打尽呵！"并命令撤掉三面的网，也祷告说："鸟儿呵，鸟儿，你愿向左飞就往左飞吧，你愿向右飞就往右飞吧，不听我的话的，你就只好自投罗网了。"天下的诸侯听说了这件事后都说："商汤这个人真是道德完备啊，连禽兽都纳入了他宽广的胸怀。"因此，天下的诸侯都归顺了商汤，商汤由此建立起了商王朝。

到了周代的时候，我国保护自然资源的行动向纵深发展了。一方面，它秉承上代从生态学上来保护自然的传统，注重遵从生态学的季节节律（时）、重视自然资源的持续存在和永续利用（以成动物之长），"山林非时，不升斧斤，以成草木之长，川泽非时，不入网罟，以成鱼鳖之长。不麑（猎幼鹿）不卵（拣鸟蛋），以成鸟兽之长"（《逸周书·文传解》）；另一方面，周代善于总结历史上殷商灭亡的经验教训，反对进行无节制的田猎等娱乐活动，要求统治者不要沉溺于声色犬马之中，而应勤于国政，这种要求客观上有助于自然资源的保护和合理利用。因而，"君子无逸"成为中国传统士大夫的重要价值取向。

西周末年至春秋初期，出现了"里革断罟匡君"的著名典故（里革为一大夫名，匡为纠偏）。据《国语·鲁语》记载，有一年夏天，鲁宣公在泗水上置罟捕鱼，大夫里革听说此事后就立即赶到泗水边，他不仅割断了网罟并弃于地上，而且劝谏说："古人规定，大寒以后，蛰伏在土里的昆虫才振作起来，掌管川泽禁令的水虞向人们讲授用网捕鱼的方法，捕捞到名鱼后拿到庙里去祭祀，然后让老百姓照此去做，古人之所以这样做是为了帮助阳气上升；春天时，鸟兽正处于孕育阶段，掌握鸟兽禁令的兽虞便禁止人们使用网罟去捕捉鸟兽，此时只能捕捞成鱼制作夏天用的鱼干，古人之所以这样做是为了帮助鸟兽繁殖和生长。到了夏天，鸟兽已长大，但鱼鳖却进入了繁殖时期，因此，水虞便禁止人们用细网去捕鱼，而只能让老百姓设置陷阱捕获禽兽用来祭供祖宗，招待宾客，古人之所以这样做是为了永久地利用他们。古人还要求，伐木时不能再砍山里树木新长出的枝条，割草时不能去割泽中未长高的水草，捕鱼时不能将小鱼一块儿捕上来，捕兽时不能捕获小兽，捕鸟时不能毁坏鸟卵，捕蚂蚁和蝗虫时要留下他们的幼虫。古人之所以这样做是为了生物的持续存在和生殖繁衍，这些都是自古就有的规矩。现在正值鱼的孕育季节，您不仅不让他们生殖繁衍，而且还用网罟来捕捞他们（欲图一网打尽），真是贪心不足啊。"鲁宣公听了这番劝谏后说："我有过失，但里革却敢于直言批评，这种做法真难得啊。这条罟真有价值，使我获得了一次学习古人规矩的机会。把这条罟给我好好保存起来，让我永远记住它。"有人在旁边说："与其保存网罟，不如将里革收在您的门下，只有这样的人才才能使您永世不忘古人之训。"于是，里革就得到了鲁宣公的重用。这一典故客观上使我们整个民族进行了一场持续的生动的环境意识教育。而文中提到兽虞、水虞则反映了那时的环境管理已达到了相当的水平。

正因为这样，孔子才主张"钓而不纲，弋不射宿"（《论语·述而》），可以这样认为，"弋不射宿"是由"网开三面"发展而来的，"里革断罟"的逻辑和历史结果就是"钓而不纲"。

第一，自然保护的生态学基础和目的。人和自然具有"唇亡齿寒"的生态关联。我们的祖先尤为关注的是两点：一是"时"，即生态学的季节节律。如夏代立足于"春三月"和"夏三月"这两个特定的季节提出了保护自然的要求，而周代则直接站在"时"的高度来看待问题，"山林非时不升斧斤""川泽非时不入网罟"就是其要害所在。二是只有生物资源的持续存在，人们才能永续地获得物质财富。

第二，自然保护的政治基础和目的。古人进行自然保护往往是为了显示自身道德的完备、人格的高大，以此来巩固和加强自己的统治。如天下诸侯听了商汤"网开三面"的事后认为,"汤德至矣,及禽兽"(《史记·殷本纪》)。尽管可以将"至德及禽兽"理解为古代的生态道德意识,但这里的德的重心却在道德教化的政治功能上,因此才有天下诸侯归汤而汤建商的结果。而鲁宣公听了里革的劝谏后是这样认识这个问题的:"吾过而里革匡我,不亦善乎! 是良罟也,为我得法"(《国语·鲁语上》)。尽管这里的"善""良"具有价值判断的意义,但它主要是从保证政治清明的角度提出问题的。正因为这样,我国上古的兽虞、水虞等机构才成为在国家政治体制中占重要地位的部门。

第三,自然保护的经济基础和目的。我们祖先保护自然的活动也有很实在的功利目的,与"畜功用"密不可分,因为他们很早就知道"国必依山川"这个道理。据《国语·楚语下》记载,当楚国大夫王孙圉出使晋国时,赵简子和他谈起了楚国的宝玉,王孙圉指出,珠玉只不过是先王的玩弄之物,算不上真正的宝贝,真正值得珍惜和爱护的是那些能够保证国泰民安、五谷丰登的东西,这就是明王圣人、玉、龟、珠、金、山林薮泽等"六宝"。按照其内容,我们将"六宝"分为以下几类:一是能够帮助君王统治天下的明王圣人,这可算作古代的人才观。二是能够保证丰收,减少和防止水旱灾害、兵荒马乱的金、石、珠、玉(古人视这些东西为祥物,可以起到避邪的作用),这可视为古代的物质财富观和灾害意识。三是能够预测人类行为得失休咎的龟(用来占卜),这可算作古代的未来观。四是能够提供物质财用的山林草木,"山林薮(音叟,湖泊的通称)泽足以备财用,则宝之"(《国语·楚语下》)。这里明确将山林薮泽看成是物质财富的源泉,将其列为"六宝"之一,因此,可将这一思想看作古代的生态经济观。把保护自然同国计民生联系起来,这是我们祖先保护自然的一个传统。

第四,自然保护的宗教基础和目的。在生产实践发展水平很低下的古代,人们往往以原始宗教的态度来对待自然,"怀柔百神,及河乔岳。"(《诗经·周颂·时迈》)人们不敢在自然万物面前轻举妄动。这客观上有助于人们保护自然资源。

这几方面的互相影响和制约,构成了我们祖先保护自然活动的基础和目的,对儒家环境意识有着重大影响。

我们的祖先善于利用各种方式和手段来保护自然,西周时期的《伐崇令》就用兵之事提出了如下的生态学要求:"毋坏屋,毋填井,毋伐树木,毋动六畜。有如不令者,死无赦。"这里用四个"毋"字来禁止人们破坏资源的行为,并规定将违令者处死,可视作古代的自然资源保护法。这是我国古代运用法律手段保护自然的一个明证。同时,我们祖先还注重运用行政管理的手段来保护自然,如"里革断罟"中的兽虞和水虞。根据《周礼》的记载,周代政治体制中具有环境保护和资源管理职能的机构大体上有:管理山林川泽等复合型野生资源的机构，如《地官司徒》中提到的山虞、泽虞、林衡和川衡等；管理动物资源的机构，如《天官冢宰》中提到的兽人、渔人、鳖人，《地官司徒》中提到的牧人、牛人、囿人、迹人，《夏官司马》中提到的掌畜等；管理土地资源的机构，如《天官冢宰》提到的司书，《地官司徒》中所讲的大司徒，《夏官司马》中提到的原师、土方氏、职方氏和掌固等。通过对上述三类机构情况的考察，我们可以看出，"我国很早就把关于自然生态的观念上升为国家管理制度，专门设立掌管山林川泽的机构，制定政策法令，这就是虞衡制度"（习近平：《推动我国生态文明建设迈上新台阶》，《求是》2019年第3期）。因而，儒家往往将环境管理状况看作是判定政治是否清明的重要标准，将之上升到了"圣王之制"的高度来看待。

（三）"三时不害而民和丰年"的自然生态农业和生态农学

是否具备生态农学思想，是衡量环境意识是否健全的一个重要标志。在中国这个农业大国中，早已形成了一些重要的生态农学思想，其中，"三时不害而民和丰年"（《左传·桓公六年》）最能代表我国夏商周三代至春秋时期的生态农业和生态农学水平。

将"三时不害"作为"民和丰年"的前提，说明我们祖先很注重农业的自然条件和环境因子。注重防御自然灾害是注重农业自然环境因子的重要表现。"三时不害"中的一个"害"字说明，我们祖先具有高度的农业自然灾害意识。

根据有关文献资料，我国上古时代面临的自然灾害有以下几种类型：一是旱灾。求雨抗旱成为人们生活和生产中的一件大事。二是水灾。抗洪救灾也是上古时代人们尽力解决的一个重大灾害，传说的"大禹治水"的故事就说明了这一点。三是风灾。风是一个重要的气象因子，农作物的正常生长需要一定的通风条件，但风速过大亦可以为灾。四是虫灾。虫灾为生物灾害，气象和地理灾害可以导致生物灾害的发生。虫灾对农业的危害是严重的，注重运用草熏的生物学方法来杀死害虫，这表明当时的生态农业和生态农学已达到了相当的水平。

在我国上古时代，人们已意识到了从国家水平上加强对减灾救灾工作领导的重要性，周代的一些机构就具有减灾救灾的功能，这主要有宫正（《周礼·天官冢宰》）、司市（《周礼·地官司徒》）、小宗伯、大祝、小祝、保章氏（《周礼·春官宗伯》）、司爟（《周礼·夏官司马》）、士师、司烜氏、庶士（《周礼·秋官司寇》）等。

正由于对灾害有了上述系统性的认识，因此，中国士大夫所具有的忧患意识不仅局限于人事领域，"杞人忧天"恐怕还是有一定根据的。

"丰年"是农业和农学的目的，要达到这一目的，必须要凭借一系列的条件，其中包括人的不断的关心和照料，这种关心和照料的结果便发展出多种农业生产技术和农业生产管理技术。在我国上古时代，我们的祖先在长期的农业生产实践中，也形成了一些重要的农业生产技术和农业生产管理技术。它大体包括一些农业气象、土地、肥料、水利、种子等管理机构。

农业天文和农业气象管理机构，如周代设有"冯相氏"一职，其职责主要是根据具体星宿的运动变化情况来把握四时的变化规律，由此来确定春分、夏至、秋分、冬至等重要的时节，从而帮助人们很好地安排生产和生活活动；耕作技术和土壤管理技术，如周代根据土壤性质的自然情况，实行一种定期轮换休闲的耕作技术。据《周礼·地官司徒·遂人》记载，乡遂授田，将土地区分为上、中、下三类，上等地实行连种两年、休闲一年的耕作制，中等地实行种一年、休一年的耕作制，下等地实行种一年、休二年的耕作制；堆肥技术及其管理机构，如在周代，一是运用动物肥料来恢复、稳定和提高土壤的生产力，二是运用草木肥料来肥田；水利设施规划技术和水利设施管理机构；种子的管理机构，如周代设有"司稼"一职，其职责主要是详尽地调查了解种子的种类和名目，了解各类种子的特性，为其选择适宜种植的土地，将之作为通用的法则而让上下周知，并依此来督导农业生产。"三时不害"（天时）、"丰年"（地利）加"人和"才构成一个整体，构成了农业生态系统的社会环境。如何才能达到"民和"的要求呢？在上古时代的人们已经认识到，统治者必须要懂得稼穑者的艰难，要保证他们起码的生活，尊重劳动者的物质利益；要亲自参加农业劳动，要加强自身的修养；必须要将对农业的重视制度化。

由此，"与天地相参"逐步成为中国古代生态意识的目标和理想，并在儒家思想中达到了它应有的高度。

二、辨类重养——自然保护的生态学基础

要回答儒家是否具有环境意识的问题，必须从回答儒家是否具有生态学知识这一问题开始。这在于，生态学已从生物学中的一门分支学科发展成为一个横跨自然科学和社会科学的学科群，生态学方法已成为几乎每一门学科都要采用的科学方法，科学技术发展的生态学化趋势已成为新科技革命的一个重要特征，这在社会科学领域中就表现为出现了一系列生态学化了的新学科，如生态经济学（它包括农业生态经济学、森林生态经济学、草原生态经济学和城市生态经济学等一系列分支学科）、环境政治学、环境法学、社会生态学、生态伦理学、宗教生态学等。因而，在当代全球性的生态环境问题的背景下，生态学显示出了巨大的环境、经济、社会、科技和文化价值，不仅成为环境保护和环境意识的科学基础，而且成为环境保护和环境意识的核心内容，甚至成为生态文明的科学基础。那么，在儒家思想中有生态学的位置吗？若生态学在儒家思想中占有一席之地，那么，它又居于一种什么地位呢？我们拟从下述三个方面来回答这一问题。

（一）"方以类聚，物以群分"的生物结构说

在自然界中，各种生物结合在一起形成各种复杂程度不同的有机体。这些有机体按照基因、细胞、器官、有机体个体、种群和群落的顺序越来越趋向于复杂，从而形成了整个有机界。这些就构成了生物学的整个研究对象和领域，其中从有机体个体到群落的组织水平为生态学的研究对象和领域。生物结构中的每一个层次都是与一定的非生物成分联系在一起的，都要与环境进行物质变换（包括物料、能量和信息三个层次），生物成分和非生物成分由此共同构成了生命系统，它按照基因系统、细胞系统、器官系统、有机体系统、种群系统和生态系统的顺序而排列，因而，又可将生态学的研究对象和领域限定为

有机体系统、种群系统和生态系统三个层次。

在儒家思想中，对生物结构也有一定程度的认识。《易传》说，"方以类聚，物以群分，吉凶生矣。"（《易传·系辞上》）这里，"方"与"物"是对文，物指的是世界上的万事万物，"物也者，大共名也（最抽象、最概括的概念或范畴）。推而共之（将共同点抽象出来），共则有共，至于无共然后止。"（《荀子·正名》）因而，"方"也指世界上的万事万物。"类"指的是相同的个体聚集在一起的状况，"类本谓犬相侣。引申假借为凡相侣之称。"（[清]段玉裁《说文解字注·类》）"群"也指禽兽聚合的状况，与"类"不同的是，它指众多个体的聚集，"兽三为群，人三为（位）众"（《国语·周语上》）。因此，"方以类聚"说的是，事物都是按照他们的共同点聚集在一起的；"物以群分"说的是，事物都是按照他们的差异点而相区别的。总之，世界上的事物必然都是有同有异、有聚有分的，事物都有群类，某些事物由于存在共性聚合了起来，由此形成了"类"；而与另一类事物由于存在着差异而区别开来，各类事物的同时存在形成了"群"。因而，"方以类聚，物以群分"最能代表儒家关于生物结构的学说。那么，儒家是如何看待"类"和"群"及其关系的呢？

1. 关于"类"的问题

尽管儒家很崇尚"和"，但亦很注重"分"，儒家所说的"和"是在"分"的基础上的"和"，这种价值取向在认识自然的问题上也有所反映，这就是"类"。

第一，"类"的生态学基础和根据。儒家认识到，单个生物种的存在是不可能的，生物的存在和发展必须以种类的方式进行，如草木以"丛"的形式生长，禽兽以"群"（类）的方式存活，这是一种普遍的现象。"物类之起，必有所始。草木畴生，禽兽群也，物各从其类也。"（《荀子·劝学》）这里的"畴"如杨倞所说的那样，即是"俦"，也就是"类"的意思（参见梁启雄：《荀子简释》，上海：古籍出版社，1957年，第4页）；这里的"群"指的是同类相聚居的情况，如梁启雄所说的，雁与雁聚居，羊与羊聚居，这就是群居（同上）。在生物系统中，植物（草木）和动物（禽兽）这是第一类划分。植物本身也是分为不同的种类的，"君子之道，孰先传焉？孰后倦焉？譬诸草木，区以别矣。"（《论语·子张》）草本和木本是植物中两个重要的分类。动物本身也是划分为不同的种类的，"麒麟（传说中的祥物）之于走兽，凤凰之于飞鸟，太山之于丘垤（垤音叠，丘垤指小土堆），河海之于行潦（潦音老，行潦指路中的积水），类也。圣人之于民，亦类也。"（《孟子·公孙丑上》）飞禽、走兽是动物中两个基本的种类。

那么，事物的种类又是如何形成的呢？划分事物种类的根据又何在呢？在儒家看来，这是由事物所禀受的"气"和"声"的不同而造成的。"气"是事物存在的本原，而"声"则是"气"的外在体现。只有同声同气的事物才可能成为同类，反之则是异类。"同声相应，同气相求……本乎天者亲上，本乎地者亲下。则各从其类也。"（《易传·乾·文言》）这里，"同声相应，同气相求"指的是事物同类相感的情况，这是形成"类"的基础和划分类的根据。"本乎天者"指动物，这是因为动物都是头向上而足在下的；"本乎地者"指植物，这是因为植物都是扎根于泥土之中的。"本乎天者亲上，本乎地者亲下，则各从其类"说的就是动植物种类的形成和划分问题。事物具有种类是世界上万事万物都具有的普遍特征，异类者有区别，同类者则集聚，"倡和有应（同类），回邪曲直各归其分（异类），而万物之理各以类相动也（同类相感）。"（《礼记·乐记》）儒家讲"类"是为了将不同的事物区分开来，但又注重每类事物的共性，看到了同类事物之间存在相互依赖性，欲将之结合起来。因此，儒家所讲的"类"与现代生态学所讲的种群相一致，"种群（或同类群）是由一群在一定时间内生活在一定地区的同种个体组成的生物系统。概言之，种就是完全相似的个体的总合，这些相似的个体能将其相似的特征一代一代地留传下去"。（[比利时] P. 迪维诺著，李耶波译：《生态学概论》，北京：科学出版社，1987年，第4页）

第二，"类"的自然保护的要求和意义。儒家讲"类"不仅仅是为了在学理上认识和区分生物的种群，而更为注重的是在实践上爱护、维护和保护生物种群的完整性，保障每个种群的特殊的生态要求。

具体来讲，一是不得破坏生物种群的完整性。据《孔子世家》记载，孔子曾说，"丘（孔子名丘，对自身的称呼）闻之也，刳胎杀夭则麒麟不至郊，竭泽涸渔则蛟龙不合阴阳，覆巢毁卵则凤皇不翔。何则？君子讳伤其类也。夫鸟兽之于不义也尚知辟（避）之，而况乎丘哉！"（《史记·孔子世家》）这里，麒麟和走兽是同类，走兽为胎生。"刳胎杀夭"指将尚处于孕育中的走兽处死的灭绝动物的行为。麒麟看到同类被杀就遁而远亡（不至郊）；蛟龙能兴风作雨，与水有直接的关系，因此与水生的鱼类为同类。"竭泽涸渔"指彻底破坏鱼类的生境（泽）而断绝鱼种的行为。蛟龙看到同类被绝就隐而远之（不合阴阳，即不兴风作雨），凤凰看到同类被毁就避而远之（不翔）。这说明，伤害生物同类中的个体也会涉及其他个体，从而会破坏生物种群的完整性。因而，"讳伤其类"（不忍伤害同类）就具有自然保护的价值。二是要求个体要爱护自己的种群。《荀子·礼论》讲了这样一个事例，鸟兽对自己的同类具有一种很强的爱护意识，当它们丧失了群匹后，不管时间过去了多久，仍会返回原地，鸣号不已，徘徊不止，大者如此，小者也如此。燕雀失掉了配偶和同类后，啁噍不断，然后才远去他乡。由此，他得出了这样一个结论，"凡生乎天地之间者，有血气之属（指动物）必有知，有知之属莫不爱其类"。这里，通过对鸟兽丧失同类后表现出来的悲戚心情和难舍难离行为的描述说明，任何一个生物都是不能离开同类中的其他生物的，个体都要爱护自己的种类。《礼记·三年问》几乎一字不差地重复了荀子的上述话语，"凡生天地之间者，有血气之属必有知，有知之属莫不知爱其类。今是大鸟兽，则丧其群匹，越月逾时焉，则必反巡过其故乡，翔回焉，鸣号焉，踯躅焉，踟蹰焉，然后乃能去之。小者至于燕雀，犹有啁噍之顷焉，然后乃能去之"（《礼记·三年问》）。由此可见儒家对这个问题的重视程度。因而，"有知之属，莫不知爱其类"就具有了自然保护的价值。

三是要求保障生物种群所要求的特定的生态条件。《易传》一方面提出了"类族辨物"（《易传·同人·象传》）的主张，另一方面又提出了"辨物居方"（《易传·未济·象传》）的要求。"类族辨物"和"辨物居方"之间具有一种递进的关系。"类族辨物"也就是要求人们要注意事物共性和个性的关系，要认识和划分生物种群。在此基础上，"辨物居方"将重点放在了"居方"上，看到各种生物种群所依据和要求的生态条件各不相同，如居川者不能居山，居山者不能居泽。因而，应该让他们各居其所（居方），要注意保护每个物种所要求的特定的生境，这样维护生境的多样性也就成为其内在的要求了。因此，"辨物居方"就具有了自然保护的价值。由上可见，"类"确实为儒家的自然保护的思想提供了生态学基础。

第三，"类"的逻辑根据和认识论意义。儒家思想中并不缺乏逻辑思维，儒家关于生物种群的思想也不仅仅是经验的直观，而是有一定的逻辑根据。儒家将认识和划分事物的种类作为了认识的目的，"古之学者，比物丑类。"（《礼记·学记》）这里，"丑"可训为"比"，"比物丑类"也就是指在人类的认识过程中要以同类事物相比方，这样则可以尽快地把握事物的本质。儒家看到"类"不是孤立的，"类不能自行"（《荀子·君道》），事物之间存在的共同点、相似点为进行"比物丑类"提供了客观依据。因而，在逻辑上，"类"就是对事物共同点和相似点抽象的结果，"凡同类者，举相似也。"（《孟子·告子上》）这样，"类"就具有了认识的功能。在思维过程中要"以类度类"（《荀子·非相》），只有看到事物之间的联系才可以避免认识的失误，"类不悖，虽久同理（接受时间的考验），故（因此）乡乎邪曲而不迷（透过事物的表象而抓住实质），观乎杂物而不惑（从杂多中看出联系），以此度之"。（同上）因而，我们不能割断作为逻辑的"类"和作为生态学的"类"的内在关联，生态学上的"类"（种群）为从逻辑上规定"类"提供了客观依据，逻辑上的"类"则为从生态学上划分和认识"类"（种群）提供了思维手段。这样，注重事物的种类（包括认识和划分生物种群）就具有重大的意义。"顺其类者谓之福，逆其类者谓之祸，夫是之谓天政"（《荀子·天论》），这就是说，类是为客观事物本身所固有的（天政），遵从和认同事物的种类划分就是遵从客观规律，因而才能达到和实现行为的目的（福），反之则达不到行为的目的（祸）。这也就是"方以类聚，物以群分，吉凶生矣"的含义。在《易传·萃·象传》中，不管六爻有应无应，当位不当位，都说无咎（行为可行）。为什么呢？原来"萃"也就是聚，而聚就成类，萃、聚、类最能体现天地万物的本来面目，遇萃一律可行。因而，儒家关于"类"的思想也是逻辑思维的成果。

当然，儒家讲"类"有时（甚至往往）是为了论证上下等级秩序的政治目的服务的，"礼者，法之大分，群类之纲纪也，故学至乎礼而止矣。"（《荀子·劝学》）这里，将"礼"看成是"类"的"纲纪"就体现出了儒家关于"类"的思想的局限性，这是我们研究儒家"类"的学说时必须注意的一个问题。

2. 关于"群"的问题

儒家很注重"群"，但又是在不同的意义上来讲"群"的，一是在生态学的意义上来讲"群"，要求人们要"善群"；二是在社会学的意义上来讲"群"，将人看成是"群居和一"的存在物。尽管这两个意义上的"群"有差异，但二者并不是毫不相干的。

第一，关于"善群"的问题。儒家认识到，"群"是事物尤其是生物存在的基本方式之一，生物的存在离不开"群"，应将"善群"作为处理人和自然关系的一个重要原则。儒家从下述三个方面规定和揭示了"群"的生态学含义和价值。

其一，"群"所具有的作为生物群落的意义。儒家看到，世界上的万事万物在天地间占有不同的位置，"万物各得其和以生"（《荀子·天论》）。它们所依赖的生态条件也不尽相同，"万物得其宜"（《荀子·儒效》）。他们所要求的物质循环也有差异，"各得其养以成"（《荀子·天论》）。正是他们各自的特殊性才使他们不存在利害冲突，才能共处于世界上。儒家看到了在某个特定地区或自然生境里的多种种群的聚集情况，如在积石成山的自然环境中，草木、禽兽处于一种共生关系中，它们为人提供了宝藏，因而人和草木禽兽之间也具有一种共生关系，"今夫山，一卷石之多，及其广大，草木生之，禽兽居之，宝藏兴焉。"（《礼记·中庸》）在积水成河的自然环境中，鼋鼍（鼋音元，即绿团鱼；鼍音驼，即扬子鳄，俗称猪婆龙）、蛟龙、鱼鳖这些不同的种群处于一种共生的关系中，它们为人提供了物质财富，因而人和这些水生动物之间也具有一种共生关系，"今夫水，一勺之多，及其不测，鼋鼍、蛟龙、鱼鳖生焉，货财殖焉"。（同上）正因为这样，儒家将上述情况概括为，"群道当则万物皆得其宜，六畜皆得其长，群生皆得其命。"（《荀子·王制》）这里的"群"与现代生态学所讲的群落很接近。"一个生物群落是生存在一个特定地区或自然生境里的任何种群的聚集。"（[美]E.P.奥德姆等著，孙儒泳等译：《生态学基础》，北京：人民教育出版社，1981年，第136页）

其二,"群"所具有的生态学结构。处于一个群落中的不同种群具有互利共生的关系,但互利共生并非他们之间唯一的关系,群落内种群的相互作用具有多种形式。儒家注意到了,处于一个生境中的不同种群之间具有一种捕食和被捕食的关系。早在《左传》中就有对生物之间所具有的这种食物链的关系有所记述,"如鹰鹯(音沾,鸟名)之逐鸟雀也。"(《左传·文公十八年》)孟子曾记述过这么两个事例,一是处于"渊"这一特定生境中的獭和鱼这两个种群之间具有捕食和被捕食的关系,"为渊驱鱼者,獭也";二是处于"丛"这一特定生境中的鹯和雀这两个种群之间也具有捕食和被捕食的关系,"为丛驱爵(雀)者,鹯也。"(《孟子·离娄上》)可见,儒家对群落内种群关系的认识不是单一的、片面的,这与现代生态学也有接近的地方。"多年来吸引很大注意的群落生态学的一个方面是食物网的复杂性和它的稳定性之间的关系。在这里,'复杂性'增加通常被不严谨地用以指更多的种,更多的相互作用,因而更多的描述相互作用的参数。"([美]R.M.梅等著,孙儒泳等译:《理论生态学》,北京:科学出版社,1980年,第160页)

其三,"群"所具有的自然保护的意义。儒家讲"群"也不仅仅是出于纯学术的兴趣,而是尤为重视"群"的实践价值,要求人们要根据"群"的原理来认识和处理人与自然的关系,应将协调好各类生态关系作为人类的职责。"君者,善群也。群道当则万物皆得其宜,六畜皆得其长,群生皆得其命。故养长时,则六畜育;杀生时,则草木殖。"(《荀子·王制》)这里说的是,君王的职责就在于协调天、地、人的关系,使各类种群互利共处为一个整体,各类生态关系要和谐发展(有人将"善群"理解为"善能使人为群也",似有不妥,因为与下文没有衔接)。只有各类生态关系和谐发展,各类种群互利共生(群道当),事物所依赖的生态条件才能得到保障(万物皆得其宜),动物才能够生殖繁衍(六畜皆得其长),其他生物才能够存活(群生皆得其命)。人能够通过种群之间的关联网而对他们产生作用,人养育树木,则为动物的存活提供了条件(养长时,则六畜育);人斩杀动物,则为树木的存活提供了保障(杀生时,则草木殖)。由此看来,人的行为不是孤立于生态关联网之外的,人对万物的存在、动物的繁衍、其他生物的存活负有一定的责任。这样,儒家就运用"群"的原理论证了自然保护的合理性。这些就是儒家从生态学意义上所讲的"群"。

第二,关于"群居和一"的问题。在处理人和外部世界(尤其是禽兽)的关系上,儒家也采用了"贵人贱畜"的价值取向,将人和禽兽看成是不同种类的存在物。"鸟兽不可与同群"(《论语·微子》),这里的"群"是说,人和鸟兽分属于不同的种群,他们的生活方式各不相同,鸟兽以山林为居,而人则不能为了遁世以山林为居,否则就与鸟兽一样了。这里运用种群差异的生态学理论来论证儒家的社会政治主张，要求人们应该积极入世。儒家看到水火、草木、禽兽、人分属于不同的种群（种类），具有不同的物理和生物特征（这是儒家关于"类"的思想的继续），而人与水火、草木、禽兽相区别的根本特征在于人能"群"，"水火有气而无生，草木有生而无知，禽兽有知而无义，人有气、有生、有知，亦且有义，故最为天下贵也。力不若牛，走不若马，而牛马为用，何也？曰：人能群，彼不能群也。"（《荀子·王制》）儒家看到了"人生不能无群"（同上）的事实，看到了人与人之间所具有的"群居"性，也看到了"群"可以协调社会关系的作用，"以群则和"（《荀子·荣辱》）。但儒家将"义"看成是"群居"的本质，"人何以能群？曰：分。分何以能行？曰：义。故义以分则和，和则一。"（《荀子·王制》）这样儒家的"群"就从生态学层次过渡到了社会学水平。"义"被不恰当地夸大成了第一位的原则，"群居终日，言不及义，好行小慧，难矣哉。"（《论语·卫灵公》）义成为"群"的内在规定和实质内容。但是，儒家所说的"义"只是伦理道德之类的东西，"夫义者，所以限禁人之为恶与奸者也。"（《荀子·强国》）因此，"群"成为论证等级制度合理性的工具，"贵贱之等，长幼之差"，"是夫群居和一之道也"（《荀子·荣辱》）。这就是说，人之所以是"群居和一"的存在物，就在于人群中存在着等级差别，只有将不同等级的人联合协调起来，才可能推动社会的正常运转。因而，"明分使群"（《荀子·富国》）成为儒家的重要的社会政治和经济主张，而这正是儒家社会历史和阶级局限性的表现。

3. 关于"离"的问题

儒家所讲的"类"接近于生态学所讲的种群，儒家所讲的"群"接近于生态学所讲的群落，种群和群落之上的生物组织水平为生态系统，那么，儒家对生物结构的认识达到了生态系统的层次吗？我们认为，儒家在对待生物和生境的关系上（包括人和自然的关系）也具有一种系统意识，其中"离"最能代表儒家关于生态系统的思想。

第一，儒家对生态系统概念的认识。"离"是《易经》六十四卦中的第三十卦。"离"的基本含义是"丽"，但不是美丽的丽，而是附丽的丽，作为附丽的丽借为"麓"。那么，什么是"麓"呢？据《说文》，"麓，草木相附麓土而生，从草，丽声。"丽的本义是对草木附丽于土壤这一生态关联进行揭示的概念，这是世界上普遍存在的一种现象。不仅生物和环境之间存在着附丽关系，而且人和环境之间也存在着附丽关系；不仅人和人、人和社会之间存在着附丽关系，而且人和自然之间也存在着附丽关系。《易传·彖传》对附丽的普遍性、重要性和价值性作出了这样的揭示，"离，丽也；日月丽乎天，百谷草木丽乎土，重明以丽乎正，乃化成天下，柔丽乎中正，故亨，是以畜牝牛吉也。"（《易传·离·彖传》）这里，"日月丽乎天，百谷草木丽乎土"说的是世界上普遍存在的附丽关系，它指出日月附丽于天而构成了天体系统，百谷草木附丽于阳光雨露而形成了生物系统（百谷草木根下而头上，而上为天，天对万物博施阳光雨露，提供了生命存在的条件）。"重明以丽乎正，乃化成天下"是对附丽的重要性的揭示。太阳（重明）博施阳光（以丽乎正），才使一切生命的存在成为可能（乃化成天下）。"柔丽乎中正，故亨，是以畜牝牛吉也"是对附丽的价值性的揭示，认为柔顺和中正的结合具有重大的生态价值，人像牝牛一样柔顺则可事事成功（畜牝牛吉也）。是什么柔顺呢？当然是柔顺自然事物。用今天的话说就是，人要服从和尊重自然规律。可见，儒家所讲的"离"很接近于现代生态学所讲的生态系统概念。最早提出生态系统概念的英国学者坦斯利认为，"我们对生物体的基本看法是，必须从根本上认识到，有机体不能与它们的环境分开，而是与它们的环境形成一个自然系统"，"整个系统（在自然意义上），不仅包括生物复合体而且包括构成所谓环境的全部复杂的自然因素。"（[英] A.G.坦斯利《植被概念和术语的使用问题》，《生态学》1935年第16期，第284—307页）同时，"离"也为自然保护提供了依据，要求人们要遵从自然规律（畜牝牛吉）。

　　第二，儒家对生态系统结构的认识。在生态系统中，生物成分与环境因子之间、生物与生物之间存在着复杂的相生作用，这些相互作用的不可分割性构成了生态系统的结构。儒家认识到生态系统的结构具有以下特点：一是生态系统的结构和功能的非线性。"万物同宇而异体"（《荀子·富国》），说的就是这个意思。儒家认识到，生态系统中的各个部分是不相同的（异体），但他们能够共处于一个整体之中（同宇）。这就是说，结构和功能不是一一对应的，生态系统整体的功能是由不同部分之间的相互关系的整体结构决定的。二是生态中部分和部分之间的叠加性。"万物为道一偏。一物为万物一偏"（《荀子·天论》），说的就是这个意思。《荀子》一书中的道多指道理和道术，唯独这里的道是指大自然（参见梁启雄：《荀子简释》，上海：古籍出版社，1957年，第231页）。"偏"也就是半，引申为一个方面或一个部分的意思。这句话说的是，世界上的万事万物都是大自然的一部分，每一具体的事物又是万事万物的一个部分。换言之，自然界本身是一个系统，它是由万事万物构成的；而万事万物也是一个整体，它是由具体的一草一木、一山一水、一牛一羊构成的。这些层次的叠加才构成了自然系统。三是生态系统整体功能的有序性。下面这段话说的就是这个意思："仲尼祖述尧、舜，宪章文、武（文王、武王）；上律天时，下袭水土。辟如大地之无不持载，天不覆帱，辟如四时之错（措）行，如日月之代明。万物并育而不相害，道并行而不相悖。小德川流，大德敦化，此天地之所以为大也。"（《礼记·中庸》）这段话说的是，天地之所以是一个系统（天地之所以为大也），就在于它是包含有许多不同的部分的（无不持载，天不覆帱），尽管它的组成成分具有杂多性，但其功能却具有有序性，各部分之间具有一种共生的（并育、并行）互利关系（不相害、不相悖）。虽然儒家对生态系统结构的认识不可能达到数量化的水平，但对生态系统复杂性和稳定性关系的认识却很接近现代生态学的科学认识，"多样性和稳定性之间具有极密切的联系。生物的多样性增强了环境的稳定性"（［比利时］P.迪维诺著，李耶波译：《生态学概论》，北京：科学出版社，1987年，第98页）。

第三，儒家认识生态系统的方法论根据。儒家关于生态系统的理论并不单纯是经验的直观和天才的猜测，而有一定的方法论根据。儒家看到处于整体联系中的各部分都有自己的特殊性，每一个事物都各有优劣，如果以某一事物的特点为准绳来衡量其他事物，认识就会陷入片面性之中而不能自拔，而这正是人的认识的致命之处，"凡万物异则莫不相为蔽，此心术之公患也"（《荀子·解蔽》）。因而，"正名"和"解蔽"就成为儒家方法论的主要目的和基本要求。"正名"也就是要确定每一部分在整体中的位置，不能以小凌大；"解蔽"也就是要看到部分之间的整体联系，不能以偏概全。因而，儒家的思想方法论就具有一种整体性——朴素的系统思维。"以类行杂，以一行万"（《荀子·王制》）就体现出了这种系统思维的特点。这说的是，世界上的事物是各各不同的，但并不是杂乱无章的，而是有一定的种类的（以类行杂），这些不同的部分都是处于一个整体之中的（以一行万）。儒家强调整体的重要性，但并不是要调和矛盾，他们看到客观事物本身是有差异的，"夫物之不齐（事物的差异性），物之情也（为事物自身所固有）"（《孟子·滕文公上》）。因而，在处理整体和部分的关系时要突出重点。这正如《易经·艮》卦辞所讲的那样，身是整体，背是部分，但背却是一身的要害所在。因此，顾及和突出背部则可无咎；人是庭的主体，但庭是人的居所，人无居则不安，因此，突出庭则可无咎。"艮其背，不获其身；行其庭，不见其人，无咎。"（这里，艮是止的意思，引申为驻足的意思，驻足则要观望，因而艮又有观望、照顾的意思）这种思想方法论对儒家的生态系统理论有着直接的影响，"圣人知心术之患，见蔽塞之祸，故无欲无恶，无始无终，无近无远，无博无浅，无古无今，兼陈万物而中悬衡焉。是故众异不得相蔽以乱其伦也。"（《荀子·解蔽》）这里的十个"无"字在于强调反对认识的片面性的重要性，要求人们不能只见树木而不见森林；"兼陈万物而中悬衡"要求的是，人们要将世界上的万物看成是一个整体，认识要有全面性（兼陈万物），但又要突出重点，抓住要害（中悬衡）。因而，"兼陈万物而中悬衡"可视为儒家的生态学方法。而这与现代生态学也有相通之处，"从作用上讲，部分不能从整体隔裂开来，因此生态系统是应用系统分析技术（systems analysis techniques）最合适的生物组织层次。"（［美］E.P.奥德姆等，孙儒泳等译：《生态学基础》，北京：人民教育出版社，1981年，第9

页）当然，儒家的系统思维不可能与现代系统科学同日而语，况且儒家的这种生态系统思维往往是与他们强调社会人伦的整体性这一点有着很大的关系。

可见，"类""群""离"三者深化了孔子提出的"多识于鸟兽草木之名"的要求，而且将之系统化了。孔子在谈到《诗》的功用时，将"多识于鸟兽草木之名"放在了与道德教化等同的位置上，"小子何莫学夫诗？诗，可以兴，可以观，可以群，可以怨。迩之事父，远之事君。多识于鸟兽草木之名。"（《论语·阳货》）孔子为什么将"多识于鸟兽草木之名"摆在了如此重要的位置上呢？这在于他看到了人和鸟兽草木的生态关联，正如清儒刘宝楠指出的："鸟兽草木，所以贵多识者，人饮食之宜，医药之备，必当识别，匪（非）可妄施。故知其名，然后能知其形，知其性。"（《论语正义·卷二十》）因而，《尔雅》有专篇专门解释鸟兽草木之名，《神农本草经》又详尽地记述了它们的性质和用途。因此，《礼记》才说："昆虫之异，草木之实，阴阳之物备矣。凡天之所生、地之所长，苟可荐者，莫不咸在，示尽物也。"（《礼记·祭统》）凡此种种都可说明，"博物之学，儒者所甚重矣。"（[清]刘宝楠：《论语正义·卷二十》）而"类""群""离"正是儒家"博物学"的有机组成部分，它们也代表着儒家对生物结构中种群、群落和生态系统三个层次的认识成果和水平，是儒家生态学的内在构成部分。

（二）"得养则长，失养则消"的生态流程说

一种生物体要在某个环境中生存和繁殖，必须要得到生长和繁殖所需要的各种生态条件，其中最为重要的是与环境之间建立起生态学流程即物质变换过程，不断地从环境中摄取物料、获得能源、获取信息。在这个意义上，生命的本质就是生长、自我繁殖和物质合成等这些变化过程的持续。正因为这样，有人将生态系统的组成成分划分为以下六个部分，一是参加物质循环的无机物，二是联结生物和非生物成分的有机化合物，三是气候状况、温度和其他物理因素，四是生产者、自养生物，五是大型消费者或噬养者，六是小型消费者、腐养者或渗养者。在夏商周三代至春秋初期对生态学流程认识的基础上，儒家将对生态流程的认识向前推进了一大步，对生态学流程作出如下概括，"苟得其养，无物不长；苟失其养，无物不消。"（《孟子·告子上》）这一论断最能代表儒家对生态学流程的认识。

1. 儒家对环境因子和生态学流程形式的认识

作为生命存在条件的环境因子和作为生命本质的生态学流程之间有着直接的关系，那些能被生命所吸收、摄取和利用的环境因子就能够进入生态学流程从而成为生态学流程的基本形式，而生态学流程的形式则是根据环境因子在物料、能量和信息转换过程中的作用来划分的。《易经》中的八卦最能代表儒家对这个问题的看法。

第一，从八卦看儒家对环境因子和生态学流程形式的认识。《易经》中原本无八卦之说，作传者看到了在六十四卦中只有乾、坤、震、巽、坎、离、艮、兑八卦是上、下卦相同的，而其余五十六卦是由这八卦上下卦排列组合而成。因此，才将八卦从六十四卦中抽象出来，这样才有了六十四卦是由八卦衍变而来的说法。现概括《易传》的论述，将八卦的基本情况用表3表示。

由表3可以看出，八卦既不单纯是八种常见的自然实体或元素，也不单纯是八种基本的属性和功能，更不单纯是八种抽象的符号。八卦是实体和关系的统一，结构和功能的统一。它按照这一原则，将天、地、人统一了起来，将世界上的万事万物看成是一个由实体和关系的统一、结构和功能的统一而构成的系统。因此，可以将表3看成是一个泛生态学系统图。从实体的角度来看，八卦可视为儒家所理解的几种基本的环境因子，我们可用表4来表示这一点。

表3 八卦基本情况

卦名	卦象	取象之物						基本属性	基本功能
		稳定部分	灵活部分						
		八种自然物	动物	植物	农业或土地	其他	人事		
乾	☰	天	马	木果			金、玉	君、父	健、刚、君	阴阳相薄
坤	☷	地	牛		于地为黑(黑壤)	柄、釜、布	母、众	顺、柔、藏	万物致养
震	☳	雷	龙	苍筤竹萑苇	于稼反生(叶向上，果实向下如萝卜)		长子	动、起	万物出乎震
巽	☴	风	鸡	木			长女、等近利市三倍	入、教	万物絜齐
坎	☵	水	豕	为坚多心	沟渎		于人为忧、盗	陷、润	万物所归
离	☲	火	雉、鳖蟹等	科(棵)上槁		日、电	甲胄、戈兵，于人为大腹	丽、炬	万物皆相见
艮	☶	山	狗、鼠等	为坚多节				止	万物终始
兑	☱	泽	羊		于地为刚卤(咸)		少女、妾	说(悦)	万物致说(悦)

表4 八卦与环境因子的对应

八卦卦名	乾	坤	震	巽	坎	离	艮	兑
八种自然物	天	地	雷	风	水	火	山	泽
对应的环境因子	光照、温度(天为日所在的地方)	土壤	温度(雷→火→凶→)水分、湿度(雷→雨→水→湿)	风	水分湿度	光照温度	土壤	水分盐碱度

通过表4我们可以看出，乾（天）、震（雷）、巽（风）、离（火）四者可归为一类，这类大体上就是天文和气象因子；再具体一点，可将乾（天）与巽（风）视为一类，震（雷）与离（火）视为一类。而剩余的四者为另一大类，这类大体上就是自然地理因子；再具体一点，坤（地）与艮（山）为一类，坎（水）与兑（泽）为一类。

从属性和功能相统一的角度来看，八卦可视为儒家所理解的几种基本的生态学流程，我们可用表5来表示这一点。

通过表5可以看出，八卦与生态学流程的形式之间不是一一对应的关系。从物质循环方面来看，具有地化循环意义的有坤（地）、艮（山）两卦，具有矿物循环意义的有乾（天）、坤（地）、艮（山）、兑（泽）四卦，具有水循环意义的有震（雷）、巽（风）、坎（水）、兑（泽）四卦。从能量流动的方面来看，具有这一功能的有乾（天）、震（雷）、巽（风）、离（火）四卦。

表5　八卦与生态学流程的对应

八卦卦名	乾	坤	震	巽	坎	离	艮	兑
八种自然物	天	地	雷	风	水	火	山	泽
对应的生态学流程	①气候状况 ②矿物循环（乾又取象金、玉）③能流(天为日)	①地化循环 ②矿物循环	①气候状况 ②水循环(雷→雨→水) ③能流(雷→电)	①气候状况 ②水循环(风→雨→水) ③能流(风能)	水循环	能流（火→热→热能）	①地化循环 ②矿物循环	①水循环 ②矿物循环（兑又取刚卤之地）

第二，儒家关于环境因子和生态学流程学说的价值。从表5我们可以看出，作为儒家环境因子学说和生态学流程学说的八卦理论比五行学说更为深刻和全面。具体来讲，一是八卦比五行在数目上有所增加。同时，八卦注重从每个因子的功能上来认识生态学流程的结构，注重从生态学流程的功能上来看环境因子，注重从环境因子和生态学流程的统一上来看生物和环境的关系。二是八卦在强调"和"在生态学流程中的作用的同时，又突出了元、亨、贞三者在生态学流程中的作用。《易传》用元亨利贞四者来解释乾的属性和功能，又用乾来解释世界万物的形成和演化（当然是在与坤相对的意义上），《文言》对此的解释是："元者，善之长也；亨者，嘉之会也；利者，义之和也；贞者，事之干也……君子行此四德者，故曰：'乾，元、亨、利、贞。'"这里，"利"也就是五行学说中的"和"，但它又是与元、亨、贞处于整体联系之中的。三是虽然《周易》对环境因子和生态学流程的认识还没有达到数量化的水平，但与五行学说比起来，在形式化方面却迈出了重要的一步。它运用"—"（阳爻）和"--"（阴爻）两个符号，经过复杂的运算构造出了一个泛生态系统体系。因此，八卦不仅是中国古代的符号学，而且也是中国古代"生态系统理论的形式化模型"（当然，这只能在发生学意义上来理解，切不可将古人现代化）。虽然不能将"八卦"与数学中的二进制等同，但八卦确实对莱布尼茨创建二进制产生过一定的启迪作用，从而使这位德国大哲、微积分的发明者（之

一）对《周易》推崇备至。八卦之于"二进制"的关系，如同凯库勒梦中所见到的一条咬着自己尾巴的蛇的形象之于苯的环状结构的关系，这说明想象和类比在科学发现和发明过程中具有重大的作用。正因为这样，我们认为，八卦理论比五行学说更为深刻和全面。当然，八卦中仍有不少神秘和迷信的东西，因为八卦的直接目的是为了卜筮，而传易者也多有牵强附会之处（或许，我们的上述看法也很牵强附会，因此，我们说：当心啊！科学《易》！）因而，我们可用荀子的一段话来总结这个问题了："在天者莫明于日月，在地者莫明于水火，在物者莫明于珠玉，在人者莫明于礼义。"（《荀子·天论》）

也许大家感觉到儒家关于环境因子和生态学流程的分类显得有些混乱、牵强，但事实上，"生态分类，这是功能的分类，而不是真正物种的分类。"（[美] E.P.奥德姆等，孙儒泳等译：《生态学基础》，北京：人民教育出版社，1981年，第10页）

2. 儒家对生物和生境关系的认识

从理论上讲，有机体周围的一切天文、气象、地理、生化因子都构成了它的环境，但事实上，动植物的捕食行为的活动范围却是有限的，动植物捕食行为所达到的范围就是它的生境。可见，环境和生境是两个既有联系又有区别的概念，"对于任何一个动物而言，生境的定义就是在采食期中日常活动能达到的区域。"（[美] R.M.梅等著，孙儒泳等译：《理论生态学》，北京：科学出版社，1980年，第28页）。因此，要研究生态学流程的问题，还必须要具体地研究生物和生境的关系。儒家从下述几个方面揭示出了生物和生境的辩证关系。

第一，生境决定生物。儒家看到，生物的存在和繁衍离不开一定的环境，生境对生物具有一种限制和决定作用。对生物来说，这种限制和决定作用具有正和负两个方面。所谓生境对生物的正作用是指，生物只有在一定的环境条件下才能存活，生境决定生物的存在，如鱼鳖、蛟龙以水为生存的主要条件，但只有水达到一定的数量时，鱼鳖、蛟龙才可能成活。因而，荀子才说，"川渊者，龙鱼之居也"（《荀子·致士》），"积水成渊，蛟龙生焉"（《荀子·劝学》），"川渊深而鱼鳖归之"（《荀子·致士》）。又如鸟兽以山林为生存的环境，但只有在山林茂、树成阴的情况下，才会有鸟兽的存在。因而，荀子才说"山林者，鸟兽之居也"，"山林茂而禽兽归之"（《荀子·致士》），"树成荫而众鸟息焉"（《荀子·劝学》）。因而，荀子才引孔子的话对这个问题作了这样的概括："为人下者乎，其犹土也。深抇（音胡，掘的意思）之而得甘泉焉，树之而五谷蕃焉，草木殖焉，禽兽育焉，生则立焉，死则入焉。多其功而不息（即德）。"（《荀子·尧问》）这就是说，一切生物（五谷、草木、禽兽甚至包括人）只有在土地和水分得到满足的生境条件下才能存活。所谓生境对生物的负作用是指，生境可以限定生物的存在，恶劣的环境可以迫使生物迁徙、减少或灭绝，水烦、川枯则不利于鱼鳖、蛟龙的成长。因此，《礼记》说，"水烦则鱼鳖不大"（《礼记·乐记》）；荀子说，"川渊枯则龙鱼去之"（《荀子·致士》），山林险夷则不利鸟兽的成长，因此，"山林险则鸟兽去之"（同上）。同样，"土敝则草木不长"（《礼记·乐记》）；对这种情况可以作出如下概括，"气衰（阴阳之气衰乱）则生物不遂（成）"（同上）。这就是说，生物的不兴旺是由生境的恶劣造成的。这两个方面就构成了生境决定生物的内容。从总体上来看，儒家的这一认识还没有上升到理论的高度，但对问题的认识是全面的、科学的。其中"气衰则生物不遂"可看作是儒家揭示出来的生境决定生物的生态学法则（"气"不仅代表着中国哲学本体论的发达水平，也可代表中国科学的发达水平，"气"是中国古代科学尤其是医学的基本范畴）。

第二，生物选择生境。儒家看到，虽然生物为生境所限制和决定，但生物在生境中并不是消极的，生物对生境的这种主动作用表现为两个方面：一是生物能择善而居，会选择适合自己生存的生境而存活下来。据《孔子世家》记载，"而卫孔文子将攻太叔，问策于仲尼。仲尼辞不知，退而命载而行，曰：'鸟能择木，木岂能择鸟乎！'"（《史记·孔子世家》）。这里虽然是用鸟择木的行为来类比人事行为，但事实上，儒家认识到了生物选择生境的主动性。二是生物在利用现有生境的条件下，能够根据自己的需要来改善生境条件，从而使生境能更好地为生物自身服务。这正如，"夫鱼鳖鼋鼍犹以渊为浅而堀（同"窟"）其中，鹰鸢犹以山为卑而增巢其上（增巢同橧巢）。"（《荀子·法行》）这里虽然说的是一些生物的本能活动，但也看到了生物对生境的能动作用。儒家关于生物选择生境的看法与现代生态学有相通之处。现代生态学已揭示出，"动物活动的范围确定着生境的规模"（[美] R.M.梅等著，孙儒泳等译：《理论生态学》，北京：科学出版社，1980年，第28页）。

第三，生物和生境的关系是一个动态的过程。生境决定生物和生物选择生境二者并不矛盾，它们是一个统一过程中的两个不同方面。生物和生境的关系并不是僵死的、一成不变的，而是随着某些情况的变化而不断变化的。儒家也看到了生物和生境关系的动态性，尤其是《易经·渐》对这一点有着形象而具体的认识。渐是继艮之后的一卦，其卦象是下卦为山，上卦为木，木在山上，木因山而高，这恰象进而有序，因此，该卦的卦名为渐。渐的基本含义是进，"艮者，止也。物不可以终止，故受之以渐。

渐者，进也。"（《易传·序》）通过鸿与岸、磐、陆、木、陵和陂六种生境的关系来说明渐的含义，在这个过程中，也就描绘出了一幅生物和生境关系的动态画面。鸿所达到的第一个生境是岸。鸿也就是雁，雁是一种水鸟，现在它虽然困于岸上，但离水已不远了，它的生境是有利于它存活的，因而，这种情况于事无妨。鸿所达到的第二个生境是磐。磐是水边大石，与岸比起来，磐离水更近了，更有利于鸿的存活，饮食也有了保障，因而这种情况为吉。鸿所达到的第三个生境是陆。陆为高原之地，远离水域，不利于鸿的存活，因而这种情况为凶。鸿所达到的第四个生境是木。鸿雁的脚有脚蹼，按其本性，不能栖于树上，但它找到了一根横平的枝柯，也可以立得稳，与陆比起来有所好转，因而这种情况于事无妨。鸿所达到的第五个生境为陵。陵是高岗，是鸿雁栖息的最高处，可避免弓箭的伤害，因此，这种情况为吉。鸿所到达的第六个生境为陂。陂为水池，有利于鸿雁的存活，因此，这种情况为吉。所以，《易传》对渐作出了这样的解释，"渐，进也"，"进得位，往有功也。进以正，可以正邦也。其位，刚得中也。"（《易传·渐·彖传》）这就说明，生物离不开生境（位），但生境必须要有利于生物的存活（其位，刚得中也），而这种有利条件必须要争取才能得到，故行为必须要主动（进），这种主动性的行为也得按照一定的规矩来进行（进以正），才能起到应有的作用（可以正邦也）。由此可见，儒家对生物和生境关系的认识是比较全面的。

3. 儒家对生态学流程内在机制的认识

生物和生物之间、生物和环境之间通过生态学流程而结合为一个整体，这在于生态学流程在他们之间建立起了合理而有效的物料和能量分配关系，它是按照一定的数量比和能级进行的。可用一句俗语将这一机制形象地描述出来：大鱼吃小鱼，小鱼吃虾米，虾米吃烂泥。这就是现代生态学所讲的"食物链"或"食物网"的问题。儒家用一个"养"字揭示了生态学流程的内在机制。

第一，"养"的必要性和可能性。生命（包括人在内）是一种感性存在物，其存在和延续需要不断地进行新陈代谢才是可能的，因此，它需要不断地从外界获得食物来吸收营养补充能量。这样它就得与其他生物以及环境建立起食物链关系，而外界生物和环境的属性和功能则为这种需要提供了可能。儒家也看到了这一点，"物稚不可不养也，故受之以需。需者，饮食之道也。"（《易传·序》）这就是说，事物的发育和成长（物稚）必需的生命条件必须要得到保障（不可不养），而生命的最大需要是饮食，因此必须要保证生命的食物来源（需者饮食之道也）。饥而欲食、寒而欲暖也是每一个人都具有的生命本能，"人之所以为人者，何已也？曰：以其有辨也。饥而欲食，寒而欲暖，劳而欲息，好利而恶害，是人之所生而有也，是无待而然者也，是禹、桀之所同也。"（《荀子·非相》）这就是说，人对饮食的需求是一种与生俱来的本能（人之所生而有也），不是什么后天的因素决定的（无待而然者也），不管是像禹这样尽善的人还是像桀这样极恶的人都有这种需要（禹桀之所同也）。但是，生物不可能自己来满足自己的需要（一小部分自养生物除外），只得诉诸外界，作为一个整体的外界事物的属性和功能恰好能满足这一点，"物畜然后可养，故受之以颐。颐者，养也。不养则不可动。"（《易传·序》）这就是说，只有外界事物达到一定规模或积蓄物质财富（物畜），才可能为生命提供这种条件（然后可养），否则生命也就不成其生命了（不养则不可动）。而外界事物中规模最大、功能最全的莫过于天地了，因此只有天地（自然系统）才构成了生命之源，"天地养万物，圣人养贤以及万民。"（《易传·颐·彖传》）这样，万物的"养"才成为可能。可见，儒家并不是抽象地谈"正其谊（义）不谋其利，明其道不计其功"（《汉书·董仲舒传》），连董仲舒也承认人的物质利益的正当性，"体不得利，不能安"（《春秋繁露·身之养重于义》）。儒家要求的是，生命需要的满足（利、养）必须要按照一定的社会行为准则来进行（义），他们在义利之辨上的基本立场不是舍利取义甚至反利取义的，也不是重义轻利，而是"以义衡利"。而"存天理灭人欲"的说法则是后话。儒家在这个问题上的局限性在于承认"圣人养贤以及万民"，看不到只有从事物质生产的劳动者才为人类自身和社会提供了物质财富和资源。

第二，"养"的结构。处于生态系统或食物链中的生物，按照其采食行为可分为生产者（或自养生物）、大型消费者（或噬养者）和小型消费者（或腐养者或渗养者）三种类型，或者更为简单地将他们分为生产、消费和分解三种功能。儒家也观察到了生物采食行为的差异，对之进行了描述。一是描述了生物的自养性。生物系统中的一些生物能够在不依赖外界条件的情况下，通过调节自身的机理而存活，这类生物就是自养生物。有一些生物虽然不是自养生物，但也能运用一些自养的方式来补充生命所需要的物料、能量和信息。儒家也看到了这种情况的存在，如树木的存活要依赖于外界的阳光、水分和土壤等生态条件，它在生态系统中处于生产者的地位，但树叶落地堆积腐烂后又可补充树木存活所需要的养分，因而它又有一定的自养性。荀子所说的"树落则粪本"（《荀子·致士》）正是对这种情况的描述。二是描述了生物的消费性。许多生物之间存在着一种捕食和被捕食的行为关系，以捕食其他生物来存活的生物就是消费者，一般来说，动物是生态系统中主要的消费者。其中，像羊这样的食草动物为一级消费者，像狼这样的食肉动物为二级消费者，像人这样的杂食动物为高级消费者。荀子所说的"养长时则六畜育，杀生时，则草木殖"（《荀子·王制》），反映的是一级消费者的情况，六畜是以草木为食的一级消费者。孟子所说的"为渊驱鱼者，獭也；为丛驱爵（雀）者，鹯也"（《孟子·离娄上》），反映的是二级消费者的情况，以鱼为食的獭、以雀为食的鹯为二级消费者。而人则是杂食动物，人主要是以五谷杂粮为食的，"五谷不绝而百姓有馀食也"（《荀子·王制》），人具有一级消费者的特点；另一方面，动物食品也是人类重要的消费食物，"鸡豚狗彘之畜，无失其时，七十者可以食肉矣"（《孟子·梁惠王上》），人又具有二级消费者的特点。可见，动物的消费关系是很复杂的。三是描述了生物的分解性。在生态系统中，一些生物（主要是细菌和真菌）能够分解已死的原生质的复杂化合物，自身吸收某些分解产物，释放一些能为生产者所利用的无机营养物，也释放某些可作为能源和生态系统中其他组成成分的抑制剂或兴奋剂的有机物，这种生物就叫做食物链中的腐养者（分解者）。儒家也看到了这种现象在自然界中的存在，记述了三类腐养者：第一类是"肉腐出虫"（《荀子·劝学》），事实上是虫来分解腐烂了的肉类；第二类是"鱼枯生蠹"（同上），事实上是蠹来分解枯干了的鱼类；第三类是"醯（音牺，肉汁）酸而蜹（蚊子之类的昆虫）聚焉"（同上），事实上是蜹来分解变了质的肉汁。尽管儒家在这个问题上倒果为因，但在放大和显微设备还没有发明出来的情况下，能观察到生物的分解性的存在已难能可贵了。这样，儒家基本上描述了食物链中的各类生物及其生活习性，可用荀子的一句话来概括儒家对这个问题的认识，"万物各得其和以生，各得其养以成"（《荀子·天论》）。而这与现代生态学对食物链的认识也很一致，在现代生态学看来，"把来自植物的食物能转化为一连串重复取食与被取食的有机体，叫做食物链"（［美］E.P.奥德姆等，孙儒泳等译：《生态学基础》，北京：人民教育出版社，1981年，第61页）。

第三，"养"的功能和价值。食物链的主要功能在于维系生命的存在，构成了生态学流程的主要内容，将生物和环境联系起来从而构成了生态系统。因而，人类能否正确理解和把握这一关系直接会影响到生态系统能否正常运转。儒家看到了由于人不能正确理解"养"的功能，不理解"养"对于生命的意义，从而造成了对自然的破坏。"牛山之木尝美矣，以其郊于大国也，斧斤伐之，可以为美乎？是其日夜之所息，雨露之所润，非无萌蘖之生焉，牛羊又从而牧之，是以若彼濯濯也。人见其濯濯也，以为未尝有材焉，此岂山之性也哉？""故苟得其养，无物不长；苟失其养，无物不消。"（《孟子·告子上》）这里，美与濯濯是相对而言的，美是指草木茂盛之状，濯濯是指无草木之貌。这段话说的是，牛山本来是一个草木茂盛的地方，由于它邻近大城镇，人们时常来此取材，因而它的正常的生态运转遭到了破坏。尽管这种情况有所间歇，也有阳光雨露的哺育，也时常长出嫩芽新枝，但人们又在此放牧牛羊，牛羊乱啃又使它变成了光秃秃的样子。人们见到了光秃秃的牛山，以为它原本就无草木，难道牛山真是这样吗？孟子形象地向人们描绘出了一幅处于食物链联系中的木与山、人与木、畜与木、人与畜的生态画面，看到人的不适当活动对自然系统的食物链破坏所带来的不良生态后果。由此概括出一个具有普遍意义的生态学法则：假如物种生存的食物链能够正常运转，那么没有一个物种不能生存下去（苟得其养，无物不长）；假如物种生存的食物链不能够正常运转，那么没有一种生物能够存活下去（苟失其养，无物不消）。这样，儒家关于"养"的学说不仅具有普通生态学意义，是用中国语言概括出来的"食物链"概念，"苟得其养，无物不长；苟失其养，无物不消"是"具有中国特点"的"食物链"法则，而且，这一学说也具有自然保护的意义，为人们进行自然保护提供了科学说明。"牛山之木"这个例子本身就是建立在"养"的基础上的一个古代自然保护的例子，在现代生态学看来，广义的自然和自然资源的保护，即是保护自然的生态学系统中的各种流程的正常循环。

可见，在儒家思想中形成了对生态学流程即物质变换的较为系统的看法，当然，它还处于一种经验性的描述水平。

（三）"虽有镃基，不如待时"的季节节律说

生态演替是生态系统的一个重要特征，而群落具有的时间结构则是生态演替的一项基本内容，在农业社会的条件下，对时间结构中的季节节律又尤为重视。上古时代，我们的祖先用"时"来反映和概括生态学的季节节律（群落的季节演替规律），形成了一些重要的认识。在此基础上，儒家对"时"的认识又向前推了一步，孟子曾引用过的一句齐人谚语最能代表儒家对这个问题的认识，"虽有智慧，不如乘势；虽有镃基，不如待时。"（《孟子·公孙丑上》，"镃基"是像耒耜之类的农具）由此可以看出，儒家很重视生态学的季节节律。那么，儒家对作为生态学季节节律的"时"形成了一些什么重要的看法呢？

1. 关于作为生态学季节节律的"时"的宇宙论前提

群落的季节演替是随着春夏秋冬四时的更迭而形成的，而春夏秋冬的更替是随着日月等天体的运动而进行的，生态学的"时"和宇宙论的"时"之间存在着重要的关联（这也是近几年来兴起的"天地生"综合研

究的重要依据）。因此，如何从宇宙论上来认识和把握"时"直接制约着能否从生态学上来正确认识和把握"时"。儒家的思想学说并非是纯粹的社会政治和伦理道德理论，宇宙论在儒家思想中也占有重要位置，善于从宇宙论上的"时"推出生态学的"时"又是儒家的一个重要特点。

第一，"时"的自然性。

在儒家看来，"时"的首要特点在于它的自然性。这包含以下两层意思。

一是说"时"是一种自然而然的现象，不是由超人格的上帝和神决定的。正如孔子所指出的，"天何言哉？四时行焉，百物生焉。"（《论语·阳货》）这不是说四时和百物是由天决定的，而是说四时的运行和百物的生成就是天的外在体现，四时的运行就体现了天的运行。在天者莫过于日月，日月的运动变化造成了寒暑的更替，寒暑的更替才有了春夏秋冬的区别，四时才得以形成，"在天成象，在地成形，变化见矣"，"日月运行，一寒一暑"（《易传·系辞上》）。这样，天地、日月和四时就成为一种三而一、一而三的东西。天地、日月是本来就存在的，而运行更替是为天地、日月自身所固定的，这种现象是不会出现什么偏差的。因而，四时是一种自然而然的现象，"天地以顺动，故日月不过而四时不忒（差错）。"（《易传·豫·彖传》）因此，"时"是可为人观察、认识和把握的，一个重要的途径就是通过观察天象来预测季节的变化，"观乎天文，以察时变"（《易传·贲·彖传》）说的就是这个意思。这个意义上的"时"也不是纯宇宙论的，它内在地包含着生态学问题，将万物的生成（百物生焉）看成是与"时"系统发生的现象。

二是说"时"是自然界普遍存在的一种现象，没有一种事物是不具备"时"的特点的。"日中则昃，月盈则食，天地盈虚，与时消息，而况于人乎？况于鬼神乎？"（《易传·丰·彖传》）这就是说，时间的流逝是天地之间存在的一种普遍现象，日至中而盛极，但它总要落山（日中则昃）；月至望而满盈，它总要亏缺（月盈则食）。整个自然界就处于这种此消彼长、此盛彼衰、此盈彼缺的变化过程中（天地盈虚）。而所有这些变化都是以时为进退的，时间既是变化的基本条件，也是变化的基本内容，时间决定变化的性质和方向（与时消息）。天地之间的一切神奇、奇妙的东西，都不是神秘不可测的，都是这种时间性的体现，都是自然而然的（况于鬼神乎）。不仅人事行为和社会治乱是与此相一致的，而且人自身就是处于这种时间变化之流中的（而况于人乎）。这层意义上的"时"也不仅仅是纯宇宙论的，而是包含着宇宙论和生态学两层意思在内。事实上，它承认了人和自然的统一性（而况于人乎）。

儒家承认"时"的自然性也就是肯定了"时"对于人的价值和意义，"从时"就是"时"的自然性的内在要求。这样，从宇宙论上的"时"也就真正过渡到了生态学上的"时"。"是故夫礼，必本于大一，分而为天地，转而为阴阳，变而为四时，列而为鬼神，其降曰'命'，其官于天也。夫礼必本于天，动而之地，列而之事，变而从时，协于分艺。"（《礼记·礼运》）这就是说，由于自身内在的矛盾，世界自身（大一）进行了一场自组织的演化过程（必本于大一），在上者成为天，在下者成为地（分而为天地）。这其实也就是充塞于天地之间的阴阳二气（转而为阴阳），春夏秋冬四时就是在这个过程中形成的（变而为四时），世界上没有什么东西是可奇怪的，其实都是自然而然的（列而为鬼神）。这一切都具有强制的、必然的意义（其降曰命），但其最终来源是"天"（其官于天也）。因此，人就必须按照这一法则行事，时止则止，时行则行，遵从自然规律（从时）。这样，"时"就完全成为生态学意义上的"时"了。

第二，"时"的变革性。

在儒家看来，流逝性或一维性也是"时"的一个重要特点。孔子对此有着深刻的体会。面对流水，他发出了"逝者如斯夫！不舍昼夜"（《论语·子罕》）的感叹。那么，"时"的这种流逝性或一维性又是如何形成的呢？在儒家看来，这是由"时"的另一个重要特点——变革性造成的。所谓"时"的变革性包含两层相互关联的意思。

一是说"天地革而四时成"。天地本身是处于革化代新过程之中的，天地的变革形成了春夏秋冬的差异。而四时之间也具有一种代新的关系，取代冬则成为春，取代春则成为夏，取代夏则成为秋，取代秋则成为冬。正由于四时具有代新的特点，因此，把握规律的客观性至关重要。儒家还由此提出了"革命"的概念："天地革，而四时成。汤武革命，顺乎天而应乎人。革之时大矣哉。"（《易传·革·彖传》）尽管"时"是由于革（革化代新）形成的（天地革而四时成），但革自身必须要适时，该革的时候一定要革，不该革的时候千万不能革（革之时大矣哉）。同时，革必须要顺应客观规律，只有顺应客观规律的变化才可算化"革"，其中最为重要的是要看到天和人的一致性，要善于协调人和自然的关系（顺乎天而应乎人）。这里"天地革，而四时成"讲的是宇宙论问题，"顺乎天而应乎人"则具有了生态学意义。现代全球性的环境问题不正是由于不注重协调人和自然的关系而形成的吗？这样，儒家就从宇宙论问题推出了生态学问题。

二是说"天地节而四时成"。天地内部矛盾着的各部分处于一种相互制约的关系之中，阳气节制阴气，阴气也节制阳气（从实体上讲，阴阳就转化为天地；从功能上讲，天地就转化为阴阳），天地的节制才形成了春夏秋冬四时。而四时之间也具有一种节制的关系，冬不可无限地长，要由春来节制它，使它适可而止，这是刚节柔；夏也不可无限制地长，要由秋来节制它，使它适可而止，这是柔节刚。正由于四时具有节制性的特点，因此人的行为能否适可而止就成为一个重要的问题，"天地节，而四时成。节以制度，不伤财，不害民。"（《易传·节·彖传》）尽管"时"是由于节而形成的（天地节，而四时成），而节本身必须要按一定的规则来进行才是适当的，遇节而不节固然不对，节而无方也必须加以禁止。因此，儒家主张"当位以节，中正以通"（同上）。其中，在社会人事问题上能否处理好节的问题直接影响到社会存在的基础。所以，一个贤明的统治者不仅要善于加强制度建设，令行禁止，不能人浮于事（节以制度），还要厉行节约，不能浪费、挥霍物质财富，不能贪得无厌地一味从外界获取资源（不伤财）。对老百姓的剥削也要适可而止，绝对不能横征暴敛，应该体察民情（不害民）。这里"天地节，而四时成"讲的是宇宙论问题，"节以制度，不伤财，不害民"讲的是社会学问题，这样儒家就将人和自然统一了起来。将节看成是从自然到社会普遍存在的一个规律，而生态学问题就在这个过程中产生了。同时，节又具有重要的自然保护意义，"节以制度，不伤财，不害民"客观上会限制人们贪得无厌地获取自然资源的行为，有利于人们保护自然。现代全球性的生态环境问题不正是由于人的物质欲望的畸形膨胀造成的吗？

可见，儒家谈宇宙论问题也具有很强的实践性，"时"既是一个宇宙生成和演化的问题，也是一个生物和环境相协调的生态学问题。

2. 关于"时"所具有的生态学内容的有关问题

在注重考虑"时"的宇宙论前提、注重把握宇宙论的"时"和生态学的"时"的关联的同时，儒家对"时"所具有的生态学内涵进行了深入而细致的发掘，从而对生态学的季节节律也形成了较为科学、全面的认识，《礼记·月令》就代表着儒家以至整个中国传统文化对"时"认识的最高水平。《月令》以"时"为核心和主干，构筑起了一个"泛生态系统"模型。具体来讲如下。

第一，划分"时"的客观根据及其生态学意义。

在《尚书·尧典》和《夏小正》中，都有根据天象和物候的整体关联来划分"时"的论述，将天文历和自然历统一了起来，并揭示出了"时"所具有的生态学意义，看到了生物和环境（主要是天生因子）的内在联系。而《月令》在此基础上，总结了上古至春秋时期的生产劳动成就和科学技术成果，并综合了这个时期的哲学宇宙论观点。根据太阳在天体中的位置、晨昏南中所见的星宿等天象变化情况，参照天象、气象和物候等因素之间的内在关联和整体变化，第一次明确地将一年分为春夏秋冬四季，每季又分为三个月，统之以孟、仲、季。这样，对"时"的划分就进一步客观和科学了。同时，它还突出了"时"的生态学意义，看到了生物和环境之间的整体联系，描述了草木、昆虫、禽兽、鱼鳖随着季节的变化而发生的生态学演替。现将之用表6表示。

表6 《月令》天象、气象、物象与季节、月份对应

季节		春			夏			秋			冬		
月份		孟春	仲春	季春	孟夏	仲夏	季夏	孟秋	仲秋	季秋	孟冬	仲冬	季冬
天象	日	日在营室	日在奎	日在胃	日在毕	日在东井	日在柳	日在翼	日在角	日在房	日在尾	日在斗	日在婺女
	昏	昏参中	昏弧中	昏七星中	昏翼中	昏元中	昏亢中	昏建星中	昏牵牛中	昏虚中	昏危中	昏动壁中	昏娄中
	旦	旦尾中	旦建星中	旦牵牛中	旦婺女中	旦昏中	旦尾中	旦毕中	旦觜觿中	旦柳中	旦七星中	旦轸中	旦氐中
气象		东风解冻	天始雨	虹始见，春雨已降		小暑至	温风始至	凉风至，(大风)白露降	盲风至，雷收声	霜始降	水始冰，地始冻，虹不见	冻益壮，地始坼(音彻，裂开)	
物象	植物	草木萌动	桃花盛开	桐树开花浮萍生成	王瓜生苦菜秀		腐草为莹		鞠(菊)有黄华(花)				
	昆虫	蛰虫始震			蝼蝈鸣，蚯蚓出	螳螂生，蝉始鸣	蟋蟀居壁	寒蝉鸣	蛰虫伏				
	禽兽鱼鳖	鱼上冰，獭祭雨，鸿雁来	仓庚鸣，鹰化为鸠	田鼠化为鴽(音如，鹌之属)		鵙始鸣(音局，伯劳)		鸿雁来，玄鸟(燕)归	鸿雁来宾，爵(雀)入大水为蛤，豺祭兽戮禽	雉入大水为蜃	鹖旦(古鸟名)不鸣，虎始交	雁北乡，鹊始巢，雉雊(音够，叫鸡乳)	

这里，突出了天象变化是季节变化的决定性作用，日指太阳在天体中的位置，昏、旦指昏晨南中所见的星宿，营室等是星宿的名称。当时已经建立了一个天空恒星背景的统一坐标系，它在黄道带与赤道带两侧绕天一周而选取了二十八个星官作为观测天象时的标志，将之平均分为四组，并与东西南北四个方向联系了起来，用苍龙、白虎、朱雀、玄武四种动物形象加以命名，形成了一个便于描述某一天象发生位置的较为明确的参照系统——二十八宿体系和四象。在此背景下，《月令》进一步将自然历（物候）纳入了天文历之中，根据天文变化来确定季节更替、气象变化和物候。它对生物季节演替的描述基本上是明确和科学的，但对一些情况的描述则是不科学的，如"鹰化为鸠"等。即使这样，它也具有科学意义，看到了物质之间的互相转化（物质循环）和物质的不灭性。

第二,"时"的生态学要求。

在中国这个农业大国中,"经世致用"几乎成为一切学问和学说所追求的目的。儒家也不例外。在对待"时"的问题上,《月令》不仅着眼于对"时"所具有的天文学、气象学、物候学等纯学理性的东西的探究,而且更为注重"时"的实践价值。它根据生态学季节节律的客观性、普遍性和有效性,对诸如生活方式、宗教、刑狱、礼乐、兵事、农事和资源利用等一系列人事活动都提出了特殊的生态学要求,要求人们应根据"时"的变化来合理安排人事活动,要求一切人事活动都要适时和顺时。这样,《月令》就认同了人和自然的统一性和一致性,以"时"为媒介将人和自然联系了起来,从而就从普通生态学过渡到了人类生态学。

其一,"时"的环境管理价值。《月令》以"时"为根据,不仅要求统治者要根据季节的变化来安排自己的衣食住行等生活方式(如春衣白、夏衣黑、秋衣青、冬衣朱等),而且要求统治者要根据季节的演替来合理安排宗教、政事、兵事、礼乐、刑狱等政事活动。因而,它就具有一定的环境管理意义。

其二,"时"的生态农学价值。《月令》将一般的"时"转化为农时,要求统治者不能因为兵事等政治活动来贻误农时,而应根据季节的变化来加强农事的管理,要求耕稼者应根据季节的变化来合理安排农事。因而,它就具有一定的生态农学意义。

其三,"时"的自然保护价值。《月令》要求人们要根据季节的变化来合理安排获取自然资源的活动,不得在动物孕育或幼小的时候行猎,不得在树木茂盛的时候进行砍伐。同时,它对虞的职责也多有规定。因而,它就具有一定的自然保护意义。

可见,"时"构成了《月令》的核心内容,而《月令》则是"时"的具体应用。儒家由此不仅深刻地揭示出了生态学季节节律的诸多特征和详细内容,而且构筑了一个以"时"为核心的泛生态系统模型。《月令》强调"时令",强调"纪时行事",无论对先秦还是后世都有重大影响,在两千余年的过程中不断增益《月令》者大有人在。当然,理论是一回事,实践又是一回事。正如张横渠指出的:"秦为月令,必取先王之法以成文字,未必实行之。'道千乘之国,敬事而信,节用而爱人,使民以时',此皆法外之意。"([宋]张载:《经学理窟·月令统》)

第三,乖舛"时"的生态学后果。

尽管统治者不一定会按照月令的要求来行事,但是儒家在详尽地发掘"时"所具有的生态学内容的同时,也很注重探讨"时"的实践价值。看到了违时、逆时、失时的行为可带来一些可怕的生态后果,会给人们带来一些重大的灾害。从而告诉人们,"时"是与人的生产和生活息息相关的一个实际问题。

春天为万物复苏的季节，行夏令、秋令则为逆时，行冬令则为失时，春时行夏秋冬令皆为不妥，现将其情况用表7表示（根据《月令》的论述编制，下同）。

表7　逆、失春时可引发的生态后果情况

月份	行夏令引发的不良后果	行秋令引发的不良后果	行冬令引发的不良后果
孟春	风雨不时,草木早落	飙风暴雨,杂草丛生	雪霜不已,首种难入
仲春	暖气早来,虫螟为害	大水,寒气并来	阳气不胜,麦不熟
季春	时雨不降,山林无产出	淫雨早降	寒气时发,草木皆肃

夏天为万物生长的季节，行秋冬令则为逆时，行春令则为失时，夏时行秋冬春令皆为不妥，现将其情况用表8表示。

表8　逆、失夏时可引发的生态后果情况

月份	行秋令引发的不良后果	行冬令引发的不良后果	行春令引发的不良后果
孟夏	苦雨数来,五谷不饱满	草木早落,后发大水	蝗虫为灾,秀草不实
仲夏	草木早落,果实早成	雹冰伤谷	五谷晚熟,百螣时起
季夏	水涝成灾,木稼不熟	风寒不时,鹰隼早鸷	谷实鲜落,国多风咳

秋天为万物收获的季节，行冬令、春令为逆时，行夏令为失时，秋时行冬春夏令皆为不妥，现将其情况用表9表示。

表9　逆、失秋时可引发的生态后果情况

月份	行冬令引发的不良后果	行春令引发的不良后果	行夏令引发的不良后果
孟秋	阴气大胜,介虫败谷	国多火灾,寒热不节	阳气复还,五谷无实
仲秋	风灾数起,草木早死	秋雨不降,草木生荣	蛰虫不藏,五谷复生
季秋	土地分裂	暖风来至,民气懈惰	国多大水

冬天为万物闭藏的季节，行春令、夏令为逆时，行秋令为失时，冬天行春夏秋令皆为不妥，现将其情况用表10表示。

表10　逆、失冬时可引发的生态后果情况

月份	行春令引发的不良后果	行夏令引发的不良后果	行秋令引发的不良后果
孟冬	冻闭不密,地气上泄	国多暴风,蛰虫复出	雪霜不时
仲冬	蝗虫为败,山泉皆竭	国多大旱	天时雨汁,瓜瓠不成
季冬	胎夭多伤	时雪不降,冰融水涝	白露早降,介虫为妖

因而，表7至表10是对表6作出的最好的生态学解释。

正是基于这样的认识，儒家才提出了一系列从时、顺时、遵时的要求。

其一，在中国古代政治、科学和文化生活中，"君子以治历明时"（《易传·革·象传》）成为一项重要的内容。在儒家看来，天地之间最大、最显著、最容易理解的变化是春夏秋冬四时的交替，君子观察四时的变化，应从中悟出"治历明时"的道理，做好历法工作，以此来指导农业生产和人们的起居饮食，使人和自然之间的生态循环合理而有序地进行。这恐怕是中国古代农业天文学较为发达的一个原因。

其二，在中国古代的农业和自然保护过程中，"先王以茂，对时育万物"（《易传·无妄·象传》）成为一项重要原则。在儒家看来，自然界万物生长和发育，都是按照四时规律进行的，统治者统治百姓以至于对待山川草木昆虫等自然物，也要按照四时的规律进行，使他们各得其宜。这恐怕是中国古代生态农业和自然保护思想较为发达的一个重要原因。

其三，在中国古代哲学和伦理学中，要求统治者和君子"与四时合其序""后天而奉天时"（《易传·乾·文言》）成为一种重要的价值取向。在儒家看来，四时的变化最能体现天道，而天道是不可违背的，圣王和君子应该与四时合拍，时时、处处都要做得恰如其"时"。因而，要将"与四时合其序""奉天时"作为道德修养的目标和重要内容，对待自然万物也要具有一种仁德，而这正是体察和把握天道奥秘的必由之路。这恐怕是中国古代生态哲学和生态伦理学早熟的一个重要原因。而这一切归结到一点也就是要求人们要"趋时"（《易传·系辞下》）或"与时偕行"（《易传·益·象传》）。

总之，"时"构成了儒家环境意识的第三根支柱，因为它是儒家生态学的一项重要内容。当然，在这个过程中，儒家也宣扬了一些"天人感应"理论，将兵荒马乱看成是违时、逆时的结果，具有唯心主义性质，而不能（当然也不可能）从当时的政治体制上来寻找原因，不能对现实持有一种批判的、革命的态度。

三、物我合一——自然保护的对象和类型

如何确定自然保护的对象和类型，这是关系到自然保护能否顺利而有效地进行下去的关键。因为只有把握住了特殊对象的特殊矛盾，才可能真正解决问题。一般来说，每一种资源问题都要求有不同的保护措施和对策，因而有一种资源问题就会有一种自然保护的类型。当今世界，人类正面临着一系列全球性的资源问题，土地退化、沙漠化、水旱灾害、水质恶化和供应不足、海洋和海岸资源恶化、水土流失、森林减少和植被退化、物种大量灭绝，正越来越严重地威胁着人类的持续发展和生存条件。为了解决这些问题，自然保护工作的分工也日益专门化，人们概括每一种资源问题的类型形成了不同的自然保护的对策，其中最为重要的是形成一系列专门化的法律，如解决土地问题的有土地法，解决森林问题的有森林法，解决草原问题的有草原法，解决水问题的有水法，解决海洋问题的有海洋法，解决物种问题的有野生动物保护法、野生珍稀植物保护法和自然保护区法等。

儒家所处的社会历史条件不可能产生这样复杂的资源问题，因而儒家也不可能形成这样完整的保护措施和法律体系，但儒家概括当时的社会历史条件和所面临的问题，提出不同的保护措施，形成了有自己特色的自然保护理论。"草木荣华滋硕之时则斧斤不入山林，不夭其生、不绝其长也；鼋鼍、鱼鳖、鳅鳣孕别之时，罔罟毒药不入泽，不夭其生、不绝其长也。春耕、夏耘、秋收、冬藏，四者不失时，故五谷不绝而百姓有馀食也；洿池、渊沼、川泽，谨其时禁，故鱼鳖优多而百姓有馀用也；斩伐养长不失其时，故山林不童而百姓有馀材也。"（《荀子·王制》）这里明确指出了以下几点：第一，利国富民，保证人类生产和生活资料来源的持续性，是自然保护的根本目的（百姓有馀食，百姓有馀用，百姓有馀材）。第二，遵从生态学的季节节律是保护自然的主要手段，该禁必须要禁，该用一定要用，这一切都要根据季节节律来进行（谨其时

禁，不失其时）。而"谨其时禁"又具有一定的强制意义，也可以说是一种运用法律手段保护自然资源的措施。第三，注意资源的持续存在和永续利用（不夭其生，不绝其长）是自然保护中必须遵循的一个重要原则。同时，这里也将自然保护划分为以下几种类型：一是森林资源的保护问题（草木荣华滋硕之时则斧斤不入山林），并提出了具体的保护措施（斩伐养长不失其时，故山林不童而百姓有馀材也）；二是动物资源的保护问题（鼋鼍、鱼鳖、鳅鳝孕别之时，不夭其生、不绝其长），并提出了具体的保护措施（罔罟毒药不入泽，谨其时禁）；三是农业资源的保护问题，并提出了相应的措施（春耕、夏耘、秋收、冬藏，四者不失时，故五谷不绝，而百姓有馀食也）。荀子的这一思想不仅可以代表儒家关于自然保护的理论，而且也最能说明我国古代自然保护理论的完整性和科学性。

（一）"草木零落，再入山林"的保护山林资源的思想

森林是重要的自然资源，除了能为人提供生产用材和生活用材外（其中包括食用价值），还具有调节地球生态系统的功能，可以起到防风固沙、调节温度和涵养水源等一系列作用。它自身还构成了一个特殊的生态系统——森林生态系统，不仅是林木和土壤的结合，还包括其他大量的植物、动物。因而，保护森林资源具有重大的价值。我国夏商周等朝代曾制定了保护和管理山林的制度与禁令，《逸周书·大聚篇》里记载的《禹禁》说，"春三月，山林不登斧斤，以成草木之长"（这可以称为我国最早的森林保护法规）。周王朝林政较为发达，设山虞、林衡等一系列专门化很强的机构来管理林政，而《伐崇令》明文规定，"毋伐树"，"有不如令者，死无赦"。所有这些，对森林保护起了很好的作用。在此基础上，儒家根据自己的生态学理论和社会政治主张，提出了自己的保护山林的思想。

1. 保护山林资源的出发点

在儒家看来，注意保护山林资源的持续存在和永续利用，是人们保护山林资源的出发点。孟子最先意识到了破坏山林资源可能带来的不良生态后果，并由此概括出了一个具有普遍意义的生态学法则——物养互相长消的法则。"牛山之木尝美矣，以其郊于大国也，斧斤伐之，可以为美乎？是其日夜之所息，雨露之所润，非无萌蘖之生焉，牛羊又从而牧之，是以若彼濯濯也。人见其濯濯也，以为未尝有材焉，此岂山之性也哉？……故苟得其养，无物不长；苟失其养，无物不消。"（《孟子·告子上》）这恐怕也是中国历史上最早对森林破坏情况的记述，并从生态学上进行了说明。儒家对山林的其他生态价值也形成了许多重要的认识，他们看到了山林、树木作为鸟兽栖息地的价值。"山林者，鸟兽之居也"（《荀子·致士》），即认为只有山林茂密、树木成阴的良好生境才能为鸟兽提供生命存在的条件，"山林茂而禽兽归之"（同上），"树成荫而众

鸟息焉"（《荀子·劝学》）；反之则可能威胁到鸟兽的存在，"山林险则鸟兽去之"（《荀子·致士》）。因而，儒家对山林和鸟兽的生态关联形成了这样一种认识："养长时则六畜育，杀生时则草木殖。"（《荀子·王制》）同时，儒家也看到了树木所具有的净化环境、自身补充营养的功能，提出了"树落则粪本"（《荀子·致士》）的思想。不仅如此，儒家更为注重山林对于人类的价值。孟子强调山林所具有"林木之用"，"斧斤以时入山林，材木不可胜用也"（《孟子·梁惠王上》）；荀子强调的也是这一点，"百姓有馀材"。基于这样的认识，儒家不仅提出了"多识于草木之名"的要求（《论语·阳货》），而且提出了"斧斤以时入山林"（《孟子·梁惠王上》）这样的保护山林的对策，其出发点就在于保持林木的持续存在（不夭其生、不绝其长）和永续利用（"材木不可胜用"，见《孟子·梁惠王上》）。可见，儒家关于保护山林资源的思想一开始就是从生态学出发的。

2. 保护山林资源的措施

在儒家看来，遵从林木的季节演替规律，是人们保护山林资源的主要措施。具体来讲，它包含以下两层意思：一是在林木发芽、生长的阶段，严禁采伐林木。从季节上来说，春夏两季为林木发芽、生长的季节，因此严禁在春夏两季砍伐树木。荀子所说的"山林泽梁以时禁发而不税"（《荀子·王制》）说的就是这个意思，"以时禁"也就是在春夏两季即林木生长阶段严禁入山伐木，只有这样才能保证林木的顺利成长。因此，荀子才说"草木荣华滋硕之时则斧斤不入山林，不夭其生、不绝其长"（同上）。二是林木落叶、枯黄的时候，才能砍伐树木。从季节上来说，秋冬两季为林木的生长停滞期，因此只有秋冬两季才能进山采伐，"草木零落，然后入山林"（《礼记·王制》）。儒家一般要求"斧斤以时入山林"（《孟子·梁惠王上》），"林、麓、川、泽以时入而不禁"（《礼记·王制》），这里的"时"指的是秋冬两季。儒家根据树木生长发育的季节演替规律，就人们采伐、利用山林资源曾制定出了一个详细的"时间表"，现根据《礼记·月令》的有关论述用表11表示。

表11 依"时"采伐林木资源

月份	保护山林资源的具体措施
孟春	天子命祀山林川泽,禁止伐木
仲春	保障树木发芽,禁止伐木
季春	命令野虞阻止人们砍伐桑柘
孟夏	
仲夏	禁止用艾蓝作染料,禁止烧灰

(续)

月份	保护山林资源的具体措施
季夏	树木方盛,命野虞进驻山林进行管理,禁止斩伐
仲秋	
季秋	草木开始零落,可以开始伐薪烧炭
孟冬	
仲冬	采伐能够食用的野生植物(树木),以补食用,虞人要作好安排,禁止掠夺
季冬	开始收薪柴,保证郊庙、百姓取暖所用

可见，这些措施是儒家关于"时"的学说在采伐林木活动中的延续和应用，儒家关于保护山林资源的措施是有坚实的生态学基础作后盾的，而这与现代森林保护形成的共识是一致的，"森林资源和森林土地应以可持续的方式管理，以满足这一代人和子孙后代在社会、经济、文化和精神方面的需要。"(《关于森林问题的原则声明》,《迈向21世纪——联合国环境与发展大会文献汇编》，北京：中国环境科学出版社，1992年，第75页)同时，儒家也注重从政治制度上来管理和保护山林资源，强调虞在这个过程中的作用。在季春、季夏、仲冬这三个关键月份，要求虞这一林木管理机构的人员尽职尽责。另外，儒家也注重运用经济手段来管理山林资源，禁止人们在树木幼小、不成材的时候用之获利，"木不中伐，不粥于市"(《礼记·王制》)。这样，儒家就从生态学（时）、环境管理（虞）和环境经济（市）三个方面提出了保护山林资源的措施。其中生态学是其基础和核心，环境管理和环境经济都是围绕着"时"展开的。

3. 保护山林资源的伦理道德价值

在儒家看来，按"时"保护森林资源也具有伦理道德意义，可以起到道德教化的作用。《礼记·祭义》提出，"树木以时伐焉"，"断一树"，"不以其时，非孝也"。我们知道，孝本来指的是亲亲的人际道德，"弟子入则孝"(《论语·学而》)，"三年无改于父之道，可谓孝矣"(同上)。那么，怎么能将不以时伐树看成是不孝的表现呢？原来在儒家看来，"孝"有三种形式，"小孝用力，中孝用劳，大孝不匮"(《礼记·祭义》)。以时伐木正是"不匮"的表现，表现出儒家对天地万物具有一种包容、宽广的胸怀，"博施备物，可谓不匮矣"(同上)。这样，儒家就从这种保护山林资源的"森林生态道德"过渡到了民本主义的社会立场上，强调山林所具有的实用价值，"材木不可胜用"(《孟子·梁惠王上》)，"百姓有馀材"(《荀子·王制》)，将"山林"看成是"民所取材用"(《礼记·祭法》)的来源。因而，儒家关于保护山林资源的思想又具有很强的民本主义的特征。

由上可以看出，较之夏商周三代，儒家关于保护山林资源的思想更为成熟和完善了，也更显示出一种超时代的价值。

(二)"钓而不纲，弋不射宿"的保护动物资源的思想

动物是自然资源的重要组成部分。在食物链的某些方面，起着架通人和植物的作用，具有重要的食用、药用、衣用价值。它还是生物多样性的组成部分，起着稳定生态系统的作用。它自身物种的多样性就具有重要的生态价值。因而，保护动物资源具有重要的意义。我国夏商周三代形成了一些具有动物资源保护法意义的禁令，夏朝规定，"夏三月，川泽不入网罟，以成鱼鳖之长"（[清]严可均：《全上古三代秦汉三国六朝文·全上古三代文·卷一》）。周朝的规定更为详尽，据《逸周书·文传解》记载，"川泽非时，不入网罟，以成鱼鳖之长。不麛不卵，以成鸟兽之长。"而《伐崇令》的规定则更为严格，"毋动六畜"，"有不如令者，死无赦"。所有这些，对保护动物资源起了很好的作用。在此基础上，儒家根据自己的生态学理论和社会政治主张，提出了自己的保护动物资源的主张。其中孔子提出的"钓而不纲，弋不射宿"（《论语·述而》）的思想就是儒家关于保护动物资源的代表。

1. 保护动物资源的出发点

在儒家看来，注意保护动物资源的持续存在和永续利用，是人们保护动物资源的出发点。儒家已看到，动物资源对人具有"养"的价值，"至于犬马，皆能有养"（《论语·为政》）。这里的"养"指犬马能够养人。它包含以下几层意思：一是说动物可为人食，动物食品是人类重要的食物来源，"鸡豚狗彘之畜，无失其时，七十者可以食肉矣。"（《孟子·梁惠王上》）同时，这也是政治稳定的基础，"谷与鱼鳖不可胜食……是使民养生丧死无憾也。养生丧死无憾，王道之始也。"（同上）二是说动物具有工具价值，可以代人出力，"假舆马者，非利足也，而致千里。"（《荀子·劝学》）同时，人们还可以利用动物进行农业生产，畜力是一种重要的农业生产力，"童牛之牿，元吉"（《易经·大畜》）。这里的牿指置于牛角上的横木，可以避免伤害童牛之角，又有牛被人利用之象。同时，儒家对动物的其他价值也有认识，如刘宝楠在解释孔子提出"多识于鸟兽草木之名"（《论语·阳货》）的原因时指出，鸟兽还具有医药价值（参见[清]刘宝楠：《论语正义·卷二十》）。正因为这样，儒家要求保护动物资源的行为要着眼于动物的持续存在和延续发展（不夭其生、不绝其长），使他们保持一定数量（鱼鳖不可胜食），这样人们才能够永续地利用动物资源（百姓有馀用）。可见，儒家关于保护动物资源的思想一开始就是从生态学出发的，因为"养"正是儒家所理解的"物质循环"法则。

2. 保护动物资源的措施

在儒家看来，遵从动物的季节演替节律是保护动物资源的主要措施。具体来讲，包含以下两层意思。

一是在动物孕育、哺乳的阶段，严禁捕捞、宰杀。根据这一原则，儒家提出了一系列保护动物物种的要求。其一，昆虫为蛰伏动物，当它们未启蛰（生长）时，用火烧田就会灭绝幼虫。因此，儒家提出了"昆虫未蛰，不以火田"（《礼记·王制》）的要求。其二，卵生巢居是鸟禽重要的生物学特征，毁卵覆巢就会灭绝鸟禽物种。因此，儒家提出了"不卵""不覆巢"（同上）的要求。其三，胎生、乳养是走兽重要的生物学特征，杀胎、斩幼就会灭绝走兽物种。因此，儒家提出了"不麛"（不捕幼鹿）"不杀胎""不殀夭"（不斩杀刚出生的走兽）的要求（同上）。另外，儒家还提出了其他一些保护动物物种的要求，如不能食用幼小的鱼鳖，"不食雏鳖"（《礼记·内则》），这样就可避免断绝鳖种。一般来说，春夏为动物孕育、哺育的阶段，因此在春夏两季禁止捕捞、斩杀动物，"洿池、渊沼、川泽谨其时禁，故鱼鳖优多而百姓有余用也。"（《荀子·王制》）这里"谨其时禁"也就是要求不得在春夏行猎和行渔。因而，儒家明确提出了不能在春季"竭泽而渔"，"国君春田不围泽，大夫不掩群，士不取麛卵"（《礼记·曲礼下》）。

二是在动物成熟的时候才能捕捞斩杀它们。一般来说，秋冬两季为动物的成熟时期，只有秋冬两季才能行渔、行猎。"禽兽以时杀焉"（《礼记·祭义》）说的就是这个意思，这里的"时"指秋冬两季。即使这样，也不能一味地乱捕滥杀，而必须有所节制。人还有责任和义务来保护动物资源。其一，不能采取灭绝动物物种的工具。儒家要求人们停止使用像"纲""数罟"和"离"等破坏物种作用较强的工具来捕获动物。《易经》讲了一个类似于"网开三面"的典故，一方面认为，"飞鸟离之，凶"（《易经·小过》）。这里的"离"指的是一种捕鸟的网，在作《易经》者看来，飞鸟投入罗网是一种不祥之兆。另一方面说，"解而拇，朋至斯孚"（《易经·解》）。这里的"拇"也就是"罟"，也是一种类似于网的工具。这一句爻辞说的是，某人解开了"罟"并放兽而归，他人看到了该人的这种行为，就都来和他交朋友，认为此人诚实有信。孔子主张"钓而不纲"。这里，"钓"是指的一种系钩而取鱼的方法，"纲"是罗列多钩取鱼的方法。一钩取鱼少，多钩取鱼多，孔子为什么要舍多取少呢？因为他不愿意采用灭绝性较强的工具，注意鱼类的持续存在和永续利用。孟子要求"数罟不入洿池"（《孟子·梁惠王上》）。"数罟"是密细之网，密细之网是用来捕捞小鱼鳖的，是一种破坏物种的工具。因此，孟子要求禁用它。其二，不能采用灭绝物种的捕获行为。

在儒家看来，人们捕获动物有不得不为之的原因，但在捕获的过程中也要给动物留下一条生路，不能斩尽杀绝。《易经》中讲了一个类似于"里革断罟"的典故，"王用三驱，失前禽，邑人不诫，吉"（《易经·比》）。它说的是，古代田猎，划一定范围，三面刈草以为长围，一面置旃（音毡，纯赤色的曲柄旗）以为门，打猎时猎者从门长驱而入，禽兽受到惊吓后，面向猎者从门跑掉的，就任其自然，不予追逐、射杀，留一条生路给他们（这其实是留下了动物持续存在的条件）；禽兽背着猎者往里跑的，由于三面已围，因此是跑不掉的，都成为追猎、射杀的对象（这其实是有限制地利用动物资源）。尽管邑人（古代的一种官职或君王近旁的人）吓走了鸟兽，但他不会受到君王的责怪和惩罚（不诫）。后来，"三驱失前禽"就由古代田猎的一种习俗发展成为田猎的一种行为规范。正因为这样，孔子主张"弋不射宿"。"弋"是指用生丝系矢而射鸟的一种方法，"宿"指的是夜宿之鸟。白天射鸟难，夜晚射鸟易。孔子为什么要舍易取难呢？因为他不想灭绝物种，要给它们留下生路。儒家根据这些原则，以动物的季节演替规律为依据，制定出了详细的利用和保护动物资源表，现根据《礼记·月令》的有关论述，用表12表示。

表12 依"时"保护、利用动物资源

月份	保护动物资源具体措施
孟春	禁止用母畜雌兽作为牺牲用品,禁止覆巢毁卵,禁止毁杀幼虫、胎夭、飞鸟,禁止捕获幼鹿
仲春	养育幼少,祭祀不用牺牲(动物祭品)
季春	做好牛马配种工作,统计好驹犊头数 禁止用罝罘(兽罟)、罗网(鸟罟)、毕翳(小而柄长之罟)等工具 禁止用毒药捕兽
仲夏	让怀胎的母畜离群,以加保护
季秋	可以进行田猎
孟冬	命令水虞、渔师做好渔政管理工作,收取山泉池泽之赋
仲冬	可以田猎禽兽,以补充食物之不足,但必须听从野虞的指挥,不得自行其事,禁止猎者之间互相掠夺
季冬	命渔师开始捕鱼

可见，这些措施是儒家关于"时"的学说在保护动物资源过程中的延续和应用，儒家关于保护动物资源的思想是建立在坚实的生态学基础上的。同时，儒家也注重从政治制度上来管理和保护动物资源，强调虞和渔师在保护动物资源过程中的作用。另外，儒家也注重运用经济手段来管理动物资源，要求水虞、渔师按时收取山泉池泽之赋，规定在禽兽鱼鳖幼小、还不能斩杀的时候，不得在市场上买卖，"禽兽鱼鳖不中杀，不粥于市"（《礼记·王制》）。这样，儒家就从生态学（时）、环境管理（虞、渔师）和环境经济（市）三个方面提出

了保护动物资源的措施。其中生态学是基础和核心，环境管理和环境经济都是围绕着"时"展开的。而这一切至今仍具有重大的意义，"只有一种方法能保证野生动物保持它们在地球生态中的地位，那就是确保它们在自然界维持充裕数量，而不遭受过多的人为干扰。"（［美］ N·J·格林伍德等著，刘之光等译：《人类环境和自然系统》，北京：化学工业出版社，1987年，第400页）。

3. 保护动物资源的伦理道德价值

在儒家看来，按"时"保护动物资源也具有伦理道德意义，可以起到道德教化的作用。保护动物资源是伦理道德的内在要求。荀子提出了"杀大蚤，朝大晚，非礼也"（《荀子·大略》）的价值准则。这里，"大"同"太"，"蚤"同"早"，"杀大蚤"指的是一种不依"时"斩杀动物的行为。为什么要将"杀大蚤"放在伦理道德的准绳下加以衡量呢？我们知道，礼是明辨区分等级秩序的一种德目，"事君尽礼""君使臣以礼，臣事君以忠"（《论语·八佾》）。但从礼的来源和范围来讲，它却是无所不包的，"礼有三本，天地者，生之本也；先祖者，类之本也；君师者，治之本也。无天地恶生？无先祖恶出？无君师恶治？三者偏亡焉，无安人。故礼，上事天，下事地，尊先祖而隆君师，是礼之三本也。"（《荀子·礼论》）显然，将礼只局限于人际关系是不全面的，只有将礼运用于天、地等外界的自然物，只有将礼也运用于人和动物的关系上，礼才是全面的，礼才成为礼。正因为这样，《孔子集语》中讲了这样一个典故，巫马期（人名）去看望季子（人名），见季子夜中捕鱼时将捕上来的小鱼都释放了。巫马期回来后向孔子禀报了这件事，孔子听后感叹地说，"季子这个人真是道德完备啊。"（见《子贡》篇）其实，这也说明，儒家也很注重运用伦理道德手段来保护动物资源。在当时的社会历史条件下，儒家能形成这样较为完备的保护动物资源的思想，体现出了儒家思想的超前性。

（三）"往来井井，涣其群吉"的保护水资源的思想

保护农业资源的一个重要内容是保护水资源。水循环是整个地球系统中生物地球化学循环的重要组成部分，水是生命存在的重要的生态条件，水也是人类生产和生活的重要资源，水资源短缺、枯竭是人类所面临的一个重要的资源问题。因而，保护水资源具有重大的意义。我国夏商周三代也很注重水资源的保护，西周颁发的《伐崇令》明确规定，"毋填井"，"有不如令者，死无赦"。这恐怕是世界上最早的水资源保护法。这对保护水资源具有重大的作用。在此基础上，儒家根据自己的生态学理论和社会政治主张，提出了自己的保护水资源的思想。

1. 保护水资源的出发点

在儒家看来，水是人类生活中重要的资源，人不可须臾离开水，这是

人们保护水资源的根本出发点。《易经》六十四卦很少取真体实物为象，只有井和鼎两卦除外。鼎卦取鼎为象，说明它对饮食和祭祀的重视，鼎既是食具也是祀器；井卦取井为象，说明它对水资源很重视，因为井是获取水资源的重要设施。在儒家看来，井能为人提供水资源，"井冽，寒泉食"（《易经·井》），甘洁的寒泉流出来的水清凉甜美，可为人饮用。因而，井的功能就在于养人，是人类生命存在的重要条件，"井，养而不穷也。"（《易传·井·彖传》）君子根据井水上行而养人的道理，应实行劳民劝相的政策，"木上有水，井。君子以劳民劝相"（《易传·井·象传》），使大家相助相养，合理地保护水资源，为人类永续地利用。一个"养"字说明，儒家保护水资源的思想一开始就是建立在坚实的生态学基础上的，因为儒家所说的"养"也就是物质循环或生态学流程。

2. 保护水资源的措施

在儒家看来，遵从生态学季节节律和合理利用水资源设施，是人们保护水资源应采取的科学措施。儒家看到，尽管水资源是"不穷"的，但由于季节的变化，对水的需求量是不同的，因而也会影响到出水量。春季为万物生长的季节，很需要水，但这时往往少雨，地表水和地下水就显得很重要，故《礼记·月令》在仲春之月提出了"毋竭川泽，毋漉陂池"的要求。它要求人们不得竭取流水（毋竭川泽），不得放干蓄水（毋漉陂池）。同时，儒家对人们生活用水也提出了"时"的要求，看到人们有节制地利用水资源才可能保证水资源的持续存在和永续利用，"食之以时，用之以礼，财不可胜用也。"（《孟子·尽心上》）这里的食包括饮水在内。儒家又直接将水看成是饮食的内容之一，而饮食要顺时、适时。这就是说，人们生活用水也要遵从"时"的要求（这里的水指五行中的水，尽管与水资源不完全吻合，但将其纳入了饮食之中，应将它理解为水资源）。同时，按"时"利用水资源，也是保证社会和睦、稳定的重要基础，"无旷土，无游民，食节事时，民咸安其居，乐事劝功，尊君亲上，然后兴学。"（《礼记·王制》）这其实已认同了包括水在内的自然资源在社会存在中的重要地位。儒家要求按照"时"的要求来保护水资源，这就保证了儒家关于保护水资源的措施的思想的科学性，因为"时"正是儒家所理解的生态学季节节律。不仅如此，儒家还要求人们要善于利用和维护水资源设施，看到井久不修治，致使井泥沉滞，使它丧失掉了原本具有的功能，连禽兽都不来光顾了，显示出一幅毫无生机的样子。"井泥不食，旧井无禽"（《易经·井》）讲的正是这个意思。这从反面强调了维护井的重要性。同时也看到，只要人们整修和保护好水资源的设施，那么不管遇到什么大的变化也无妨大事。"井甃，无咎"（同上，六四），讲的就是这个意思。这里的甃是砌垒、修治的意思。这是从正面强调了维修"井"的重要性。这其实也就是讲了维护井的两条措施，一是要经常淘井，不要使井泥积淀。二是要修护和加固好井壁，不要毁井。这反映出儒家保护水资源的思想具有很实际的人本学意义。

3. 保护水资源的社会准则

在儒家看来，资源为大家共享是保护包括水资源在内的一切自然资源时应遵循的一个基本原则。儒家政治上崇尚"天下为公"（《礼记·礼运》）的理想，在资源的分配、利用和保护的问题上，倡导资源为大家共享的价值取向。在对待水资源的问题上，儒家形成了两个基本的主张：

一是"往来井井"（《易经·井》）。在儒家看来，井是公用设施，来来往往的一切人都可使用这个井，井不能为一人一己所独霸。因此，汲上水后，不能把井封得过死，好让他人来按需随意取水。只有这样，大家才可和睦相处，共同发展，有诚心才能事事顺利。"井收勿幕，有孚元吉"（《易经·井》）说的就是这个意思（收是汲水的意思，幕指井盖，孚是诚实的意思）。

二是"涣其群"（《易经·涣》）。在儒家看来，外界原本存在的水资源（如河、川等）更不是专属一家一姓的，应为大家所共享，而涣是专门讲这个问题的。涣的卦象是水下风上，有风在水上吹过、水流动之象，因此卦名为涣，"涣其群，元吉。涣有丘，匪夷所思。"（同上）这里说的是，水资源应该为大家共享（涣其群），这样才使人和人、人和水融为一体，遇事才可大吉大利（元吉）。由于共享水资源这一纽带，将原有的小群体和其他群体联合起来而变成更大的群体（涣有丘），这是超常的事情（匪夷所思），却是切实可行的。

儒家关于水资源为大家共享的思想是与中国的自然地理条件和社会历史条件相适应的，马克思在谈到"亚细亚生产方式"时就指出，"节省用水和共同用水是基本的要求"（《马克思恩格斯文集》第 2 卷，北京：人民出版社，2009年，第 679 页）。在此基础上，一切资源为大家共享成为儒家的重要的价值取向。儒家一方面禁止人们互相掠夺资源，如《礼记·月令》规定，在仲冬之月，人们可以上山采摘果实、捕获禽兽，但不能随意进行，必须听从野虞的安排。同时，人们之间不能为了争夺资源而混战、格斗，如果发生争执和格斗，则要绳之以法。"山林薮泽，有能取蔬食、田猎禽兽者，野虞教道之。其有相侵夺者，罪之不赦。"这里强调的是以下几点：一是资源应为大家共享；二是野虞具有引导大家共享资源的职责；三是应运用法律手段来维护资源的共享性。因而，这一规定客观上有助于人们保护自然资源。既然大家能够按照资源共享的原则来利用资源，禁止了掠夺和争夺，就不会对资源造成破坏。另一方面，儒家又将资源共享和天下为公二者结合起来，积极倡导这一理想，"鸣鹤在阴，其子和之。我有好爵，吾与尔靡之。"（《易经·中孚》）爵指爵禄，引伸为物质财富或物质资源的意思。"靡"是分散、共有的意思。这一具有韵味的话是说：一只鹤得到了一些可食用的东西（我有好爵），就招呼同类（鸣，其子和之），让他们来共享（与尔靡之），由此呈现出一派和睦、吉祥之象（鸣鹤在阴）。这里强调的是以下几点：一是生物的群居性，以此来比喻"天下为公"的理想（鸣鹤在阴，其子和之）；二是资源的共享性（我有好爵，与尔靡之）。当然，在私有制的条件下，这一切都只能是空话。但是，在全球性的生态环境问题的背景下，有越来越多的人认识到，我们大家共处于一个地球上，地球上的资源应该为大家共享，大国、富国不能独霸资源。"对世上的自然资源没有绝对的使用权利。人类必须尽可能公平地维护和共享之，不论其所处的地理位置如何。"（[意]奥雷利奥·佩西著，汪帼君译：《未来的一百页——罗马俱乐部总裁的报告》，北京：中国展望出版社，1984年，第159页）。

4. 保护水资源的伦理道德价值

在儒家看来，保护水资源也具有伦理道德意义，可以起到道德教化的作用。孔子提出了"知者乐水"（《论语·雍也》）的价值原则。我们知道，知也就是智，是明白事理或聪明的意思，"知者不惑"（《论语·子罕》）。那么，怎样才算聪明呢？孔子在回答"樊迟问题"时，对知作出了最具权威性的回答，"务民之义，敬鬼神而远之，可谓知矣。"（《论语·雍也》）在孔子看来，致力于义就叫作知，而不必求神问鬼。孔子所讲的义也就是我们今天所讲的伦理道德，"君子义以为质"（《论语·卫灵公》）。为什么孔子要将水包括在义的范围中来呢？在儒家看来，"夫水者，缘理而行，不遗小闲，似有智者动而下之，似有礼者蹈深不疑，似有勇者障防而清，似知命者历险致远，卒成不毁。似有德者天地以成，万物以生，国家以宁，万物以平，品物以正。此智者所以乐于水也"（[清]刘宝楠：《论语正义·卷七》）。原来，人们不仅可以从水中领悟出做人的道理，而且水具有成天地、生万物、宁国家的生态功能。这样，儒家不是将生态道德看成是所谓的一般道德在自然领域中的应用的问题，而是将道德看成是本来就包括人际道德和生态道德两个方面内容在内的完整体系。

儒家关于保护水资源的思想多发前人之未发，这是其保护自然思想中最具有价值的一部分。

(四)"得地则生，失地则死"的保护土地资源的思想

土地是作为国民经济基础产业部门的农业的最基本的生产资料和最重要的物质条件，保护土地是保护农业自然资源的重要组成部分。土地是由地貌、土壤、岩石、水文、气候、植被等各种自然因素长期的相互作用以及人类活动的影响所形成的自然综合体，具有数量有限、分布固定、产生随机等特点，因而更容易受到破坏。保护土地资源就是保护人类生存的基础。我国夏商周三代已形成了一系列保护土地资源的重要措施：传说中的"神农之禁"有"谨修地利"的规定（《全上古三代秦汉三国六朝文·卷六》）；周代形成了严格的土地管理制度，设有大司徒、司书、原师、土方氏、职方氏、掌固等专门的管理土

地资源的机构。在此基础上，儒家根据自己的生态学理论和社会政治经济主张，也提出了自己的保护土地资源的思想。荀子说，"得地则生，失地则死。"（《荀子·天论》）由此可见儒家对这个问题的重视程度。

1. 保护土地资源的出发点

在儒家看来，注意维持土地的使用价值，使它能够为人永续地利用，是人们保护土地资源的根本出发点。儒家已认识到土地具有重要的生态功能和资源价值，是人和其他生物根本不可能离开的重要的生态条件。具体来讲，土地具有以下价值：其一，生的价值。世界上的一切事物都是由土地变化而来的，万物出于土，又复归于土，"至哉坤元，万物资生，乃顺承天。"（《易传·坤·彖传》）因而，儒家将生看成是土地最重要的品格，"天地之大德曰生"（《易传·系辞下》）。其二，载的价值。世界上的一切事物都是存在于土地之上的，不可须臾离开土地，土地包容了一切事物，"坤以藏之"（《易传·说卦》）。因而，儒家将载看成是土地另一个重要的品格，"坤厚载物，德合无疆。"（《易传·坤·彖传》）。其三，"养"的价值。世界上的一切事物都是从土地中获得自己存在的条件的，尤其是生物要从土地中获取自己生命所必需的营养，"取财于地"（《礼记·郊特牲》）。因而，儒家将"养"看成是土地最基本的属性，"坤也者，地也，万物皆致养焉，故曰致役乎坤。"（《易传·说卦》）由此，儒家描述出了一幅土地生、藏、养万物的生态良性画面，土地"深扣（掘）之而得甘泉焉，树之而五谷蕃焉，草木殖焉，禽兽育焉，生则立焉，死则入焉"（《荀子·尧问》）。同时，儒家也看到不良的土地条件会影响到生物的存在，"土敝则草木不长"（《礼记·乐记》）。这样，儒家就提出了"教民美报"的保护土地的原则（《礼记·郊特牲》），要求人们要保护好土地资源。可见，儒家关于保护土地资源的思想也是从一开始就建立在科学基础上的，是从物质循环（养）的道理出发提出保护土地资源的要求的。

2. 保护土地资源的原则

在儒家看来，因地制宜是保护土地资源的基本原则。儒家认识到，由于土地资源的状况不同，人们的生产和生活也不尽相同，"凡居民材，必因天地寒暖燥湿，广谷大川异制。民生其间者异俗，刚柔、轻重、迟速异齐，五味异和，器械异制，衣服异宜。"（《礼记·王制》）面对这种差异性，儒家不是要一味地强调同一，而是强调差异和同一的统一，要求人们要充分尊重各地的土地资源状况所带来的生活方式的差异，在此基础上来达到政教上的一统，"修其教，不易其俗；齐其政，不易其宜"（同上）。因而，应根据土地资源的状况来合理安排生产，再根据农业生产所用土地资源的状况来合理安排生活用地，"凡居民，量地以制邑，度地以居民。地、邑、民、居，必参相得也"（同上）。要求统筹安排生产和生活用地（必参相得也），这同时体现了儒家具有一种朴素的辩证思维。正因为这样,"因地制宜"不仅成为儒家保护土地的基本原则,"乃别五土之性,而物各得其所生之宜,咸得厥所"(《孔子家语·相鲁》),而且成为儒家社会政治经济学说的基本主张,"因地事地"(《礼记·礼器》)。

3. 保护土地资源的措施

在儒家看来,遵从生态学的季节节律(时),也是保护土地资源的基本措施。相对于天而言,地顺天是地的最基本的特点,而天是按"时"运行的,因而地也必须顺"时"。他们不仅要求司空要"执度度地""时四时"(《礼记·王制》),而且根据季节的变化,制定出了一个详细的利用土地资源的时间表。现根据《礼记·月令》的有关论述,用表13表示。

表13 依"时"利用土地资源

月份	保 护 措 施
孟春	认真辨别、区分土地类型(丘陵、陂险、原隰),根据土地情况确定适宜种植的农作物,以此来指导农业生产
仲春	挑选良辰吉日,命民祭祀土地之神(社)
季春	
孟夏	禁止起土功(挖土盖房之类的事)
仲夏	
季夏	不可以兴土功
孟秋	禁止割地
仲秋	可以筑城郭,建都邑,穿窦窖,修囷仓
季秋	开始降霜,命百工休
孟冬	地始冻,闭寒而成冬
仲冬	禁止作土事。不得盖房,应紧闭地气。如果使地气泄流,则触动天地的居所,蛰伏的昆虫会致死,百姓会得疾疫,以致于丧命
季冬	

通过表13,我们可以看出:其一,儒家很注重按照"时"的需要来保护土地资源。但与保护生物资源所要求的"时"不同,这里禁止在夏冬两季利用土地资源。因为夏季为农作物的生长季节,使用土地会破坏农作物的生长;冬季为土地休闲的季节,冬季使用土地会使土地丧失掉持续利用的价值,所谓紧闭地气也就是要让土地有一个缓冲、休整的机会。可见,儒家在这个问题上,也是具体问题具体分析的,要求人们因时制宜、因地制宜。

其二,儒家保护土地资源的措施是立足于生态学和民本主义社会历史观两个基点之上的,看到不按照季节节律来使用土地会带来两个方面的不良后果:一个是会使"地气上泄",致使"诸蛰则死",破坏了自然界的生态平衡;另一个是会带来"民多流亡""民必疾疫,又随以丧"的后果,破坏了社会的稳定与和谐。事实上就认同了人和自然界的一致性,生态学和民本主义社会历史观的统一就使得儒家关于保护土地资源的思想具有了人类生态学意义。另外,儒家还要求人们要运用法律来保护土地。儒家也不是一味地以仁义道德为重,他们也强调运用法律的手段来保护土地资源。孟子要求将乱垦土地者绳之以刑,"善战者服上刑,连诸侯者次之,辟草莱、任土地者次之"(《孟子·离娄上》)。这里的"辟草莱""任土地"皆指开垦和利用土地的行为。儒家将"辟草莱""任土地"这种开发土地的行为看成是仅次于"善战""连诸侯"的必须加以处罚致死的罪过。那么儒家是否一味地反对人们开发土地呢?不是。在儒家看来,有地而不治也是统治者失职的表现,"地广大,荒而不治,此亦士之辱也"(《礼记·曲礼上》),"荒而不治"也是一种应力戒的行为。同时,儒家也主张"耕者有田",统治者有多余的土地,而老百姓却无田可耕,这也是统治者的耻辱,"地有余而民不足,君子耻之"(《礼记·杂记下》)。反对"辟草莱"和反对"荒而不治"二者之间并不矛盾,关键在于是从什么目的出发来开发土地的,"今之事君者皆曰:'我能为君辟土地,充府库。'今之所谓良臣,古之所谓民贼也。君不乡道,不志于仁,而求富之,是富桀也。"(《孟子·告子下》)原来,儒家要求必须在仁的统率下来致富,"辟土地"也得遵循一定的社会行为规范,"不行仁政而富之,皆弃于孔子者也"(《孟子·离娄上》)。那么,违反这一规定的行为都是必须加以禁止和反对的,就将矛头指向了农家(辟草莱、任土地)、兵家(善战者)和纵横家(连诸侯)。但这一主张事实上有助于人们保护土地资源,禁止了在战火纷争中争夺、破坏土地的行为。因而,"善战者服上刑,连诸侯次之,辟草莱、任土地次之"可看成是儒家提出的运用法律手段保护土地资源的思想。

由上可见,儒家提出的保护土地资源的措施是有其科学性和合理性的,他们能从生态学的角度(时)来看待土地资源的使用和保护,这体现出了其科学性。同时,他们要求将使用和开发土地的行为纳入社会的行为规范之中(仁)也有其符合当时历史情况的一面,具有合理性。在当前土地问题日益突出的情况下,儒家关于保护土地资源措施的思想对我们也有一定借鉴意义,"土地是一种有限的资源,也是自然资源的依托。随着人类对土地和自然资源需求的日益增长,乃产生了竞争和冲突,从而引起土地退化。解决的办法是需要一种对土地使用的综合措施,审查各种对土地的需求,以便进行最有效的交换。"(《21世纪议程(节译本)》,《迈向21世纪——联合国环境与发展大会文献汇编》,北京:中国环境科学出版社,1992年,第90页)。

4. 保护土地资源的伦理道德价值

在儒家看来,保护土地资源也具有重大的道德教化的作用,保护土地资源是进行道德修养的内在要求。儒家从土地包容万物的特点出发,要求人们要有宽广的胸怀,要善于兼容并蓄,"坤厚载物,德合无疆。含弘光大,品物咸亨。"(《易传·坤·象传》)君子应从土地的这一特点中吸取人生道德的源泉,不仅要爱人,而且要爱物,"地势坤,君子以厚德载物。"(《易传·坤·象传》)这样,厚德载物就成为中国传统伦理文化和道德修养中的两个基本命题之一,它与自强不息一起构筑起了中国传统道德和伦理学的基石。"天行健,君子以自强不息"和"地势坤,君子以厚德载物"在今天仍具有重大的价值。不仅如此,这还具有重要的生态伦理学意义,儒家从保护土地资源的思想出发,将伦理道德的触角自然而然地伸向自然领域,"安土敦乎仁,故能爱"(《易传·系辞上》)。这样,伦理道德反过来又具有了保护土地资源以及天下万物的生态功能,"爱物"成为儒家伦理思想中的一个内在的构成部分,"君子之于物也,爱之而弗仁;于民也,仁之而弗亲。亲亲而仁民,仁民而爱物"(《孟子·尽心上》)。因而,儒家的思想根本不是什么所谓的狭隘道德主义,它内在地构成了生态伦理学的发生之源。1948年,美国人利奥波德提出了"大地伦理"(land ethics)的思想。

儒家关于保护土地资源的思想既是自然保护理论的组成部分,也是其生态农学的内在要求。因而,孟子将土地看成是诸侯三宝之中的首宝(《孟子·尽心下》)。

四、

尊君民本——自然保护的主体和环境管理原则

现代全球性的生态环境问题的实质是将人和自然的矛盾日益突显出来了。由于人类一味地强调改造和利用自然，而忽视了对自然的维护和保护，破坏了人和自然之间合理的物质循环，致使自然界对人的盲目行为进行报复和惩罚，资源短缺、环境恶化成为制约人类社会发展的重大障碍。因而，在现代生态学、环境科学中，对全球问题中人的因素的关注日益加强，与此相适应，社会科学正在发生着结构和功能的转换。人们日益意识到掌握好自身的尺度对于解决环境问题的重大意义，政府具有的管理环境的职能日益加强，而一场由普通公众参与的全球性的环境保护运动正方兴未艾。这样，如何处理人的尺度和自然尺度的关系、如何摆正政府的环境管理和公众的环境参与的关系，成为自然保护中一个制约性的问题。只有将这两个问题同时解决好了，自然保护才可能切实而有效地进行下去。

儒家也很注重人和自然的关系，将人看成是一种优于其他存在物的"群居和一"的存在物，将"胜物"（改造自然）看成是人与其他动物相区分的重要标志，而人能够"胜物"的关键在于"礼义"，"宫室可得而居也。故序四时，裁万物，兼利天下，无它故焉，得之分义也"（《荀子·王制》）。人要"胜物"，"不可少顷舍礼义"（同上）。这就认同了人和自然关系的社会性，突出了人在人和自然关系中的主体地位。但儒家并不是一味强调人对自然的改造和利用，他们也要求"爱物"，对自然进行保护。因而，这事实上也就是说人是自然保护的主体。但并不是任何人都能胜任这一使命的，因为作为人的本质规定的礼义是由圣王制作的，"辨莫大于分，分莫大于礼，礼莫大于圣王"（《荀子·非相》）。因而，注重礼义等级制度的儒家将保护自然看成是"圣王之制"的内在规定，"圣王之制也，草木荣华滋硕之时则斧斤不入山林，不夭其生、不绝其长也；鼋鼍、鱼鳖、鳅鳝孕别之时，罔罟毒药不入泽，不夭其生、不绝其长也。"(《荀子·王制》)这其实是对政府所具有的环境管理的职能的重视,也恐怕是世界上最早的对政府环境管理职能作出的规定。在严格意义上,儒家的环境管理思想主要指自然资源管理。但儒家也看到了民在整个政治体制中的重要性,"民为贵,社稷次之,君为轻"(《孟子·尽心下》),因而儒家又将作为"圣王之制"的自然保护的重心放在了百姓上,"洿池、渊沼、川泽谨其时禁,故鱼鳖优多而百姓有余用也;斩伐养长不失其时,故山林不童而百姓有余材也"(《荀子·王制》)。这样,"尊君民本"不仅成为儒家关于自然保护的主体(承担者)的理论,而且成为儒家环境管理思想的一个基本原则和本质特征。

(一)"谨其时禁"与"圣王之制"的环境管理制度说

随着环境问题的日益全球化和严重化,人类为解决环境问题而付出的代价也日趋加大,客观形势迫使人们认识到,"我们是自然界的一部分,而不是在自然界之上;我们赖以进行交流的一切群众性机构以及生命本身,都取决于我们和生物圈之间的明智的、毕恭毕敬的相互作用。忽视这个原则的任何政府或经济制度,最终都会导致人类的自杀。"([美]弗·卡普拉等著,石音译:《绿色的政治——全球的希望》,上海:东方出版社,1988年,第57页)这样,能否将环境管理纳入政治体制之中,政府能否采用综合的对策来合理控制和调节人类的生态行为,就成为解决环境问题、协调人和自然关系的一个关键。可喜的是,环境保护成为越来越多国家的国策,环境管理已成为各国、各级政府的一项专门职能。环境管理在我国有着久远的历史,周代已形成了管理自然资源的严格的制度,连国外的一些专家学者也注意到了虞是世界上最早的环境管理部门这一历史事实。儒家一方面"祖述尧舜,宪章文武",一方面又根据自己的生态学理论和社会政治历史主张,将"谨其时禁"作为"圣王之制"的内在规定,要求人们要按照生态学的季节节律来保护山林资源、动物资源和农业资源。这样,就使环境管理成为了一种专门的制度(圣王之制)。而这一制度本身又是建立在生态学基础之上的(时),是有科学根据的。因而,儒家对环境管理制度也形成了一套自己的认识。那么,儒家的环境管理制度学说包括一些什么具体内容呢?

1. 关于环境管理与政治体制的关系

将"斧斤以时入山林"和"罔罟毒药不入泽"作为"圣王之制"的内在规定,这只是肯定了环境管理在政治制度中的地位。政治制度是通过一定的组织和管理方式体现出来的,这就是政治体制的问题。那么,儒家是如何看待环境管理和政治体制的关系的呢?荀子所说的一段话基本上回答了这一问题,"王者之法,等赋、政事、财万物,所以养万民也。田野什一,关市几而不征,山林泽梁以时禁发而不税,相地而衰政。理道之远近而致贡,通流财物粟米,无有滞留，使相归移也"(《荀子·王制》)。这里，"王者之法"是相对于"圣王之制"而言的。"圣王之制"是本，是不可更改的；"王者之法"为用，是灵活的。因此，可将"圣王之制"看成是制度，将"王者之法"看成是体制。

在儒家看来，政治体制（王者之法）的作用主要有以下几个方面：按等级定赋税（等赋），调节民事（政民事），管理生产（财万物，财同裁）。就其内容来看，包括以下三个方面：一是管理农业生产。将什一税（田野什一）作为收取地租的主要方式，同时要考虑地租的级差问题，要根据土地的肥瘠情况来定赋税等级（相地而衰政），要根据地理位置的远近来确定纳贡的数目（理道之远近而致贡）。二是管理商业。为了互通有无、调余补缺（"通流财物粟米，无有滞留，使相归移也"，归移指转移、输送），应发展和鼓励商业。管理商业的方式主要是，禁止欺行霸市、投机取巧的行为（"关市几"，几同讥，引伸为呵斥），但不收取赋税（不征）。三是对资源的管理。主要采用两种方式：第一是要根据季节的演替来管理资源的开发和利用，到了禁止的时候（如春夏）一定要禁，到了该用的时候（如秋冬）一定要用（以时禁发）；第二是采用不纳税方式进行管理（不税），鼓励人们利用自然资源。这样，"山林泽梁，以时禁发而不税"就成为"王者之法"的具体内容之一。儒家之所以将环境管理作为"圣王之制"的内在规定和"王者之法"的具体内容，这与他们对"礼义"的看法有着直接的关系。

儒家所讲的"圣王之制"和"王者之法"其实就是礼义制度，将礼义作为"圣王之制"和"王者之法"的本质规定。孔子看到，光用行政命令、杀戮刑罚，只能暂时解决问题，并不能管束人们的思想，最终还会产生新的问题，"道之以政，齐之以刑，民免而无耻"（《论语·为政》）。只有运用道德教化的方式来引导人们，用礼义来约束人们，才可能最终解决问题，"道之以德，齐之以礼，有耻且格（方正，引伸为规矩）"（同上）。事实上，德、礼有着政、刑不可能具有的功能。因此，尽管以后的历史条件变了，但儒家对礼义政治的注重却没变，直至荀子提出了"法先王，统礼义，一制度"（《荀子·儒效》）。正因为这样，儒家将礼看成是"政之本"，"内以治宗庙之礼，足以配天地之神明。出以治直言之礼，足以立上下之敬。物耻足以振之，国耻足以兴之。为政先礼，礼其政之本与！"（《礼记·哀公问》）而礼本身是与天地自然万物有着本质的联系。从礼的起源来看，礼起源于对天地、四时、阴阳、人情的效法和模仿之中，天地自然万物构成了礼的模本，不承认这一点，就搞不清礼的起源，"凡礼之大体，体天地，法四时，则阴阳，顺人情，故谓之礼。訾之者（不承认这一点），是不知礼之所由生也"（《礼记·丧服四制》）。从礼的作用来看，礼的作用就在于根据天时、地宜来区分、归类、整理万物，"礼也者，合于天时，设于地财，顺于鬼神，合于人心，理万物者也"（《礼记·礼器》）。因而，"政教之本"在于礼，礼之本在于"理万物"，"古之制礼也，经之以天地，纪之以日月，参之以三光（星辰），政教之本也"（《礼记·乡饮酒义》）。这样，政教、礼、万物就成为一个内在统一的整体，环境管理的职能（理万物）通过礼这一中介就被纳入到了政治体制之中（政教之本）。

2. 关于天子（君王）的环境管理的职责

礼义政治的实质是突出天子（君王）至高无上的地位和无所不及的作用，强调君君、臣臣、父父、子子的伦常秩序。既然儒家将环境管理作为礼义政治的重要职能，那么他们自然要求天子（君王）也要履行环境管理的职责。儒家民本主义的价值取向又不容将天子（君王）的地位和作用无限夸大，要求来制约和限制天子（君王）的行为，而"天"正好能起这个作用。因而，"替天行道"成为了天子的职责。在这一大前提下（其作用有正反两方面效应，暂且不论），儒家也要求天子（君王）遵守一定的生态行为规范，要适时、顺时，不得违反生态学的季节节律，不仅要根据季节的变换来安排自身的衣、食、行等活动，而且要根据季节的变化来安排政事活动。《礼记·月令》要求统治者要根据季节的变化来进行统治和管理，为天子安排了一个政事活动时间表，现用表14表示如下。

表14 天子（国君）按时进行政事活动时间表

月份	迎时	仪式	宗教活动	刑狱礼乐	其他
孟春	立春之日，天子亲率三公、九卿、诸侯、大夫，在东郊举行迎春仪式	天子在元日向上帝祈求五谷丰登		命乐正入学练舞	向下施惠，兼及百姓
仲春		挑选良辰吉日，命民祭祀土地之神	省囹圄，去桎梏，转肆掠，停狱讼	命乐正入学练舞乐，天子亲往视之	
季春		天子着黄衣向先帝祈求福祥		择吉日大合乐，天子亲往视之	天子布德行惠，命开仓济贫，招贤纳士
孟夏	立夏之日，天子亲帅三公、九卿、诸侯、大夫，在南郊举行迎夏仪式		断薄刑，决小罪	命乐师司令礼乐	命太尉举贤荐能，根据其才能和品德，行爵出禄
仲夏		举行求雨的宗教仪式，以求风调雨顺，五谷丰登		命乐师整修礼乐所用的鼓、箫、竽、钟等器乐	

(续)

月份	迎时	仪式	宗教活动	刑狱礼乐	其他
季夏		命四监聚合百县的幼畜,以作牺牲而畜养。令民皆出力,以供上下诸方之神			不可以合侯
孟秋	立秋之日,天子亲帅三公、九卿、诸侯、大夫,在西郊举行迎秋仪式		修法制,缮囹圄,具桎梏,禁止奸、慎罪邪。决狱法,必端平,戮有罪,严断刑		禁止封诸侯,立大官。禁止割地出使
仲秋		精心挑选祭祀用的牺牲,以飨上帝	命有司申严百刑,斩杀必当		开关通市,以便民事。来商旅,纳货贿
季秋		大飨上帝	用狱刑,不得留有罪	命乐正入学练吹	天子与诸侯合议税法之重、贡职之多少
孟冬	立冬之日,天子亲帅三公、九卿、大夫在北郊举行迎冬仪式	命太史用龟贞卜,预测吉凶	断党祸		赏死事,恤孤寡。命工师制作器皿
仲冬			筑囹圄		罢官之无事,去器之无用
季冬		命官赋牺牲,令民献其力,以供上下诸方各神		命乐师大合吹	天子与公卿、大夫共商国典

从上表我们可以看出:第一,天子(君王)在自然规律面前并不是无所不能的,他也得适应和遵从自然规律,尤其要以生态学季节节律(时)为生活和政事的准则,他要亲自履行"谨其时禁"这一职责。第二,天子所进行的宗教活动是以一定的生态学为基础的,宗教活动往往是天子政事活动的一个重要组成部分。宗教仪式不仅要遵从生态学的季节节律(时),也要遵从自然地理环境的位置分布规律(方位)。在进行迎春、迎夏、迎秋、迎冬仪式时,儒家将四时与四方结合起来,说明儒家不仅认识到了时空的统一性(大部分是在人本学意义上),而且将各类环境因子看成了一个整体。这说明儒家的生态因子理论又向前跨出了一大步,这就是将天之因子、气象因子和地理因子看成是具有整体关联的东西。第三,政事活动要与季节节律一致,这事实上认同了人和自然的统一性。例如,春夏为万物生长的季节,因此天子在这个时候要省刑狱,以成万物之长;秋冬为万物萧杀的季节,因此天子在这个时候要严刑狱。可见,儒家的礼义政治并不是一味地强调伦理道德的作用,他们也注重刑罚等法律手段的作用。但他们不主张乱杀滥伐,而是要求要按照季节节律来有节制、有节律地运用刑狱手段,而用刑狱也要有正当的准则。第四,儒家并不是一味

地"轻商斥技"，他们也注重商业和技术活动，要求统治者要根据季节的节律来合理安排商业和技术活动，商业和工艺不得与农时冲突，要在农闲的季节进行。可以说，这符合农业社会的社会历史条件。当然，儒家所讲的商、技往往隶属于农和官。这样，儒家就将礼义政治体制所具有的环境管理的职能在天子的身上体现出来了。

3. 关于军队(军事、战争)的环境管理的职责

为了实践政治体制所具有的环境管理的职能，军队也必须履行一定的环境管理的职责。军队有责任、有权利、有义务去保护自然资源，战争不得破坏自然资源，西周颁布的《伐崇令》正是针对战争提出的军事生态行为规范。这在于战争是流血的政治，政治是不流血的战争，"有文事者必有武备。有武事者必有文备"(《史记·孔子世家》)。儒家的礼义政治并不是一味地反对兵事和武事，他们也看到了军队存在的合理性，"今大道既隐，天下为家，各亲其亲，各子其子，货力为己，大人世及以为礼。城郭沟池以为固，礼义以为纪；以正君臣，以笃父子，以睦兄弟，以和夫妇，以设制度，以立田里，以贤勇知。以功为己，故谋用是作，而兵由此起"(《礼记·礼运》)。但儒家赞成的是"正义"之战，也就是只有符合礼义的战争才是正义的，才可以进行，"天下有道，则礼乐征伐自天子出；天下无道，则礼乐征伐自诸侯出。自诸侯出，盖十世希不失矣；自大夫出，五世希不失矣；陪臣执国命，三世希不失矣。天下有道，则政不在大夫。天下有道，则庶人不议"(《论语·季氏》)。但正义之战也不是能随随便便进行的，也必须遵守一定的行为规范，其中包括遵守一定的生态行为规范。儒家提出了两条重要的军事生态行为规范。第一，不能进行争夺自然资源而损害人的利益的战争，战争不能将自然价值置于人的价值之上，"争地以战，杀人盈野；争城以战，杀人盈城，此所谓率土地而食人肉，罪不容于死"(《孟子·离娄上》)。这里的"率土地而食人肉"指的就是为了争夺自然资源而涂炭生灵的行为，因此，孟子要求"善战者服上刑"(同上)。第二，不能违背生态学的季节节律进行战争。《礼记·月令》提出，孟春之月"不可以称兵，称兵必天殃。兵戎不起，不可从我始。毋变天之道，毋绝地之理，毋乱人之纪"，这就是说，军事行为必须要建立在一定的生态学基础之上，不得破坏自然资源（毋绝地之理），不得违背自然规律（毋变天之道），不得违背季节节律（毋乱人之纪。春为仁，仁之时应举义事）。《月令》根据季节节律为军队安排了一个时间活动表，现用表 15 表示。

表 15 按"时"用兵时间表

月份	军事(生态)行为规范
孟春	毋聚大众,毋置地郭

(续)

月份	军事(生态)行为规范
仲春	养幼少,存诸孤。毋肆掠
季春	
孟夏	毋发大众
仲夏	
季夏	不可以起兵动众,举大事则有天殃
孟秋	天子赏赐军帅武人于朝。天子命将帅选兵习武,用来征不义,诛暴慢,这一切的目的是为了明好恶
仲秋	凡举大事,毋逆天数,必须其时,慎因其类
季秋	
孟冬	固封疆,备边境;定要塞,谨关梁
仲冬	毋发室屋,及起大众
季冬	

从表 15 可以看出：第一，儒家要求兵事必须遵从生态学的季节节律，不得在春夏冬三季进行征伐。这在于，春夏为万物生长的季节，在春夏举兵事会贻误农时，破坏动植物的孕育生长，断绝了他们的持续存在和永续利用，冬季为万物闭固的季节，在冬季举兵事会泄地气，破坏土地资源，农闲时节重在闲，不得破坏农业劳动力。儒家要求只能在秋季举行兵事，这在于秋季为万物萧杀、农事已毕的季节，举兵事既不会破坏自然资源，也不会耽误农时。第二，即使在秋季举行兵事，也不能随便进行，除要遵循一定的社会规范外，也得遵循一定的生态行为规范。一是要遵循自然规律，不得逆规律而行（毋逆天数）；二是要掌握好发兵事的时机，到了该发兵的季节和时候才能发兵（必顺其时）；三是要按照事物的类型来发兵事，其中似可包括对种群、群落、生态系统等生物结构的遵从（慎因其类）。第三，不能为了发兵事而发兵事，"征不义""诛暴慢"和"明好恶"是进行战争的根本目的，舍此则不得发兵事、起大众，"专任有功，以征不义，诘诛暴慢，以明好恶"（《礼记·月令》）。因此，举兵、议兵必须以仁义为本，"彼兵者，所以禁暴除害也，非争夺也"（《荀子·议兵》）。因而，兵（武）是否能够做到履行环境管理的职责，能否认识到战争与环境的这一关系，在解决现代环境问题中尤为重要。"战争定然破坏持久发展"，"和平、发展和保护环境是互相依存和不可分割的"（《里约环境与发展宣言》，《迈向 21 世纪——联合国环境与发展大会文献汇编》，北京：中国环境科学出版社，1992 年，第 32 页）。

4. 关于环境管理专门化的问题

随着环境问题的日益严重和复杂以及人类环境管理实践的发展，在政府机构中设立专门的环境管理部门显得十分必要，专职环境管理部门在解决环境问题中有着其他部门或部门联合体不可能起到的作用。在我国历史上，许多朝代都设立过与现代环境管理部门很接近的机构。根据《周礼》的记载，周代的环境管理部门已达到了制度化和规模化的水平（当然《周礼》也可能包括对先秦各代有关机构工作经验的总结和概括），这就是虞和其他机构。儒家也很注重虞所具有的独特的环境管理职能，就如何确定虞的地位、职能等一系列问题谈了自己的看法。具体来说有以下几点。

第一，虞是进行环境管理的不可少的机构，虞人是环境管理不可少的人员。儒家要求人们狩猎一定要在虞的指导下进行，否则就不能达到预期的目的。《易经》讲了这样一件事：古人狩猎，必有虞人设驱逆之车将禽兽赶到田野里，然后才能有所收获。假如逐鹿而无虞人导引，则不仅不会有所收获，猎者也会困入林中（鹿入林中，猎者逐鹿而至）。遇到这种情况，求之不如舍之，假如还要强求的话，那么也不会有什么好的效果。因此，《易经》说："即鹿（即逐鹿）无虞，惟入于林中，君子几（求）不如舍，往吝（发生错误后生悔）。"（《易经·屯》）通过这个事例，儒家向人们指出，虞和虞人具有其他机构和人员不能起到的作用。

第二，虞是隶属于整个礼义政治制度的，虞人不可违礼而行。尽管虞（人）很重要，但儒家也要求他们按礼而行。这就是孟子曾两次提到的如下事例：齐景公田猎时，曾用旌（装有羽毛的旗）招唤虞人，虞人至死也不来。为什么呢？原来齐景公用错了礼。旌是用来招唤士的，招唤虞人只能用皮冠（古代打猎时所戴的一种皮帽子），齐景公用招唤士的礼来招唤虞，虞当然可以至死不从。孟子对虞人的这种有节操的行为很赞赏，"志士不忘在沟壑，勇士不忘丧其元（脑袋）"（《孟子·万章下》）。儒家通过这个事例是要说明，虞（人）不得违礼，他们的行为必须要受到礼仪的约束。

第三，虞（人）负有保护自然资源的专门职能，他们应按照生态学的季节节律来进行管理工作，尤其是在几个关键的月份要做好工作。例如，孟春之月会出现"獭祭鱼"的物候，这是万物开始复苏、生长的季节。在这个关键季节里，虞人已进入工作岗位，严加管理泽梁，禁止人们灭绝动物物种的行为，"獭祭鱼，然后虞人入泽梁……昆虫未蛰，不以火田。不麛，不卵，不杀胎，不殀夭，不覆巢。"（《礼记·王制》）季春之月，桑树开始长叶，为蚕提供食物。因此，野虞要做好保护桑树的工作，"命野虞毋伐桑柘"（《礼记·月令》）。季夏之月，树木方盛，这时砍伐树木就会影响它们的生长。因此，虞人要做好保护树木的工作，天子"乃命虞人入山行木，毋有斩伐"（同上）。仲冬之月，人们可以进入山林采摘一些可食用的林木产品和进行田猎，但这必须在野虞的合理安排下进行，野虞要指导人们进行采摘和田猎。如果遇到互相掠夺资源的，则有责任去禁止他们，严重的要绳之以法，"山林薮泽，有能取蔬食、田猎禽兽者，野虞教道之。其有相侵夺者，罪之不赦。"（同上）由上可见，虞（人）的工作是以"时"为转移的（生态学季节节律），这就保证了它的科学性。

第四，必须明确虞在整个政治体制中的地位。儒家从政治学的角度指出，虞是整个王者序官中一个独立的部门，与宰爵、司徒、司马、大师、司空、治田等机构是平行的关系。荀子在论序官（论王者序官之法）时，对虞的职责作出了明确的规定："修火宪，养山林薮泽草木鱼鳖百索（即蔬），以时禁发，使国家足用而财物不屈，虞师之事也。"（《荀子·王制》）这就指出，为了国库充裕，财物不竭（国家足用，财物不屈），特设立了虞师一职。其职责是颁布火令，不得由于火灾而损害国家财物和自然资源（修火宪）；要按照生态学的季节节律（以时禁发），做好保护自然资源的工作，不得让人们随意破坏自然资源（养山林薮泽草木鱼鳖百索）。经过儒家的这一规定，我们可以看出，虞确实是中国古代历史上的专门环境管理机构，对于保护我国的自然资源起过重大的作用，从而为今天的环保部门的规范化和制度化建设提出了有益的历史经验。

当然，儒家能够对历史上早已存在的虞的职责作出这样明确的规定，既是由虞本身的实践作用决定的，也是受到了他人理论探讨的影响。例如，在《管子·立政》中对虞的职责也作出了类似的规定，"修火宪，敬山泽，林薮积草，夫财之所出，以时禁发焉。使民足于宫室之用，薪蒸之所积，虞师之事也"。

由上可见，儒家关于环境管理制度的学说是为了礼义等级制服务的，反映了他们历史和阶级的局限性。但他们能用天时来限制天子（国君）和兵事（军队）的行为，又有其合理性，反映了儒家注重环境管理的倾向。此外，他们能够对虞的职责和功能作出明确规定，要求虞（人）要按照季节节律开展工作，反映了儒家关于环境管理制度学说在生态学上具有科学性，在政治学上具有实践性。这些思想反映了儒家关于环境管理学说的早熟性和超时代性。

（二）"神明博大"与"圣王之用"的环境管理主体说

要想切实而有效地解决环境问题，有了良好的环境管理制度的同时，还必须要有具有良好素质的环境管理主体。因为制度是预定的和被动的，而人则是后成的和主动的，人既是制度的制定者，又是制度的执行者。正因为这样，在现代环境管理中，十分注重加强环保人员的队伍建设问题。"国家在确定环境保护方针政策以后，环境保护人才的多少和水平的高低，就成为能否搞好环境保护工作的关键性问题之一"，除了要提高环保科技人才的素质外，"提高环境管理干部的水平，是摆在我们面前的一项重要任务"（曲格平：《中国环境问题及对策》，北京：中国环境科学出版社，1987年，第50、51页）。由于生产力发展水平和社会历史条件的制约，古人只能将保护自然资源、调节人和自然关系的希望寄托在圣王和君子的身上,如商汤和里革这样的人。

儒家也将圣王和君子作为环境(资源)管理的主体,要求他们要一身而二任,既要爱人,调节人际关系,进行社会管理,又要爱物,调节生态关系,进行环境管理。在儒家看来,圣王的功用就在于:对上能够顺天时,遵从生态学的季节节律;对下能够养地财,遵从生态学的物质循环法则,使天地万物各得其养,皆得其所。虽然礼义在圣王一人身上,但其功能却可由近及远,遍及万事万物。圣王具有的这种德性和智慧是这样的博大精深,但其实质却很简约,无非两个"一":一个是"以类行杂,以一行万"(《荀子·王制》)之"一",能够以一理(天地人联结依赖之理)审察万物事理;一个是"义以分则和,和则一"(同上)之"一",能够以一义(社会伦常秩序)遍及万民。能够做到这些,也就是圣人(因此,像孔子这样的圣人又被称为"素王")。因而,荀子说:"圣王之用(功用)也,上察于天,下错(措)于地,塞备(充塞)天地之间,加施万物之上,微而明,短而长,狭而广,神明(德性和智慧)博大以至约(简约)。故曰:一与一是为人者谓之圣人(前一个'一'是指'以一行万',后一个'一'指'和则一')。"(同上)这样,儒家就肯定了圣王(君子)是环境管理的主体。那么,圣王(君子)怎样才能搞好环境管理呢?

1. 统治者必须摒弃"佚游"之道,力戒沉溺于声色犬马之中

儒家倡导礼义政治,要求统治者要勤于政事,加强道德修养。既要像天那样自强不息,又要像地那样厚德载物;要坚决摒弃一些不良的行为,其中包括要力戒"佚游"之道,不能一味地以游猎从禽为乐,"乐佚游……损矣"(《论语·季氏》,佚同逸,游为游猎)。这事实上是要求统治者要树立和培养生态行为的弃恶性原则,坚决反对那些破坏自然的行为。

第一,提出"乐佚游""损矣"的根据。儒家是站在总结历史兴衰的高度来提出这一原则的。儒家看到,天无常道,既可以把政权交给某个统治者,也可以将政权从他的手里夺过来。关键是看统治者是否勤于政事,能否克尽职守,其中一个重要的方面就是要看统治者的田猎行为是否适当。在历史上,有励精图治、卧薪尝胆、不敢沉溺于田猎而得天下者,如文王和越王勾践。文王勤于政事,"不敢盘(盘桓)于游田"(《尚书·周书·无逸》)。而勾践则说:"吾年既少,未有恒常(事业无建树),出则禽荒(以田猎为乐),入则酒荒(以饮酒为乐)。吾百姓之不图,唯舟与车。上天降祸于越,委制于吴(指吴灭越)。"(《国语·越语下》)正是由于他们在田猎问题上能够严格约束自己,所以才能得天下。同样,在历史上,也有沉溺于声色犬马之中而丧失性命和天下者,如后羿和太康。后羿沉溺于田猎之中而不能自拔,不理政事,家众就起而杀之(见《左传·襄公四年》)。这是以田猎灭身的例子。而太康则由于游田而失国(据《尚书·夏书·五子之歌》)。由此,儒家总结出一个经验教训,"好田

（田猎）、好女者亡其国"（《礼记·效特牲》）。儒家正是从这个角度提出"乐佚游""损矣"的。

第二，"乐佚游""损矣"的自然保护价值。儒家是出于维护礼义政治的长治久安而提出反对"乐佚游"的，"今之君子好实（富）无厌（满足），淫（放）德不倦，荒（迷乱）怠敖慢，固（故）民是尽，午（忤）其众（逆族类）以伐有道，求得当（称）欲不以其所……今之君子，莫为礼也。"（《礼记·哀公问》）这客观上会起到约束统治者行为的作用，在社会历史观上有其合理性。虽然儒家提出反对"乐佚游"的初衷是力劝统治者要勤于政事，但客观上也具有自然保护的价值。儒家要求统治者不要沉溺于声色犬马之中，这就会限制他们的田猎活动，会减少破坏动物物种的行为。当孔子力行"钓而不纲，弋不射宿"时，不正是这种要求的体现吗？当统治者尽职尽责时客观上又会有利于动物的生殖繁衍，从而保证了它们的持续存在，孔子"尝为乘田矣，曰：'牛羊茁壮长而已矣'"（《孟子·万章下》）。儒家也不是一味地轻视鄙事的，因此儒家又多次强调这一点，"畜牝牛吉"（《易经·离》）"用拯马壮，吉"（《易经·涣》），这就是将动物的生殖繁衍看成是一种好事情。后来，孟子对这一问题作了这样的概括，"流连荒亡，为诸侯忧。从流下而忘反（返）谓之流，从流上而忘反谓之连，从兽（田猎）无厌谓之荒，乐酒无厌谓之亡。先王无流连之乐，荒亡之行。惟君所行也"（《孟子·梁惠王下》）。这里的"惟君所行"也就是要求统治者要身体力行这一规则。

事实上，今天的一些动物物种濒危或灭绝，不正是由于人们不适当的狩猎活动造成的吗？"人是唯一能消灭他的牺牲者的食肉者。一旦牺牲者被消灭，人还可以转换其它食物以保持自身种群继续生存。甚至在历史时代早期某些动物种就因人类猎取而绝灭"，"另一方面，绝大多数的种不适应人类文明的发展，被文明所排挤"（［德］卓其姆·埃累斯著，许维枢等译：《动物·环境·历史》，呼和浩特：内蒙古人民出版社，1987年，第95、102页）。由此可见，将"乐佚游""损矣"作为环境管理者的行为规范是有其合理性和有效性的。

2. 圣王（君子）必须具有一种怜悯自然万物的道德同情心

儒家重道德教化，又往往强调人们道德心理上自觉的重大意义，不仅要求人们在处理人际关系时要具有一种爱心，"仁者爱人"（《孟子·离娄下》），而且要求人们在处理生态关系时也要有一种爱心，"亲亲而仁民，仁民而爱物"（《孟子·尽心上》）。儒家又往往用内在的、心理的东西来解释作为行为最高准则的人，"仁，人心也"（《孟子·告子上》）。这样，儒家在事实上就向作为环境管理主体的统治者提出了一个加强道德建设的问题，看到道德同情心在保护自然过程中的重大作用。

第一，怜悯动物的道德问题。儒家看到，禽兽对于自己的生命也具有一种爱惜感，尤其是它临死时会流露出一种悲痛欲绝的心情，往往正是这种心情会深深打动人心，引起人心理上的强烈共鸣，促使人们去爱护和保护它们，而这正是圣王（君子）的仁术的表现。齐宣王在向孟子咨询如何才能为王时，孟子问了这样一件事："我听说有一次，王坐在堂上，有个人牵着牛从堂下走过，王看见，问：'把牛牵到哪里去呀？'对方回答说：'要用它祭钟。'王就说：'放开它吧！我不忍看见它那种恐惧发抖的样子，这样无辜地被处死。'对方问：'那么就废除祭钟这个仪式吗？'王说：'怎么能废除呢？用羊换下牛来进行。'"当齐宣王肯定有这件事时，孟子就指出了"凭着这种心就足以可以称王于天下了。人们都认为王吝啬，我原本就知道王其实是有不忍之心的"。由此，孟子作出了这样一个结论："无伤也（没关系）。是乃仁术也（达到仁的途径），见牛未见羊也。君子之于禽兽也，见其生，不忍见其死；闻其声，不忍食其肉。是以君子远庖厨也。"（《孟子·梁惠王上》）这就指出，圣王（君子）对于禽兽也具有一种爱心（仁），看见它们在存活，就不忍心让它们死掉；听见它们被杀时发出的悲鸣，就不忍心食肉。因此，君子总是远离屠宰场和厨房的。这样，孟子就把圣王（君子）爱护动物的行为看成是伦理道德的一种表现（仁术），要求统治者将之作为处理生态关系时的行为规范和评价准则。同时，他又将这种行为规范和评价准则建立在了不忍之心的基础上。那么，什么是不忍之心呢？

第二，怜悯动物的心理基础。孟子所讲的不忍之心指的是人生来就具有的、不假外求的一种怜悯同情他人的道德心理，人类社会所独有的人伦常理就是这种心理扩展的结果，而这种心理是为每个人都具有的。孟子解释说，所谓"人皆有不忍人之心"说的是这样一种情况：看到一个小孩爬到井边，人人都会担心他掉下去，都会伸出手拉他一把。人们之所以这样做，并不是出于功利的目的，欲在小孩家长面前获得什么好处，或在乡里朋友面前博得个好名声，或其他什么东西。他只是出自内心之本然才这样做。这种怜悯同情心是人之所以为人的根本所在，具体表现为恻隐之心（同情心）、羞恶之心（羞耻心和正义感）、辞让之心（恭敬之心）和是非之心（分辨好坏的心）这样四种具体的道德心理。人们还以这"四心"为端发展出了仁、义、礼、智四德。人具有"四端"正如具有四肢一样，是自然而然、本来就存在的事情（见《孟子·公孙丑上》）。可将之概括为："恻隐之心，人皆有之；羞恶之心，人皆有之；恭敬之心，人皆有之；是非之心，人皆有之。恻隐之心，仁也；羞恶之心，义也；恭敬之心，礼也；是非之心，智也。仁义礼智，非由外铄（音朔，本义为美，引伸为修饰）我也，我固有之也，弗思耳矣。"（《孟子·告子上》）孟子看到这种道德同情心具有强大的威力，"以不忍人之心，行不忍人之政，治天下可运之掌上"（《孟子·公孙丑上》）。可见，人见动物临死时发抖而产生的怜悯之心与人见孩童将掉入井中而产生的怜悯之心是多么相似呵！这样，孟子就把道德心理这种本来是第二性的东西上升到了本体的高度，用它来说明人的道德行为的合理性和有效性，而且将它扩展到了人与禽兽的关系上。这样，不忍之心也就具有了生态道德的意义，从而说明了"君子远庖厨"的合理性和有效性。

第三，不忍之心的自然保护价值。站在物质本体论的角度来看，孟子关于不忍之心的先天性、"君子远庖厨"的合理性和有效性的说明显得那么荒唐可笑。而事实上，作为唯物论者的荀子不是也指出动物丧失"群匹"后会表现出一种悲痛的心情吗？（见《荀子·礼论》）但这当中的逻辑却又显得那么真实可信。他预设了不忍之心的先天性，从不忍之心推出了爱人之心，从爱人之心推出了仁义礼智，从仁义礼智推出了仁政王道，这是第一条逻辑线路；同时，他从不忍之心推出了不忍动物死、不忍食动物肉，从而推出了爱物，从爱物推出了仁术，从仁术推出了足可以称王天下，这是第二条逻辑线路。这样，孟子就以不忍之心为本体将人的社会行为和生态行为看成是具有同样基础的东西，事实上就认同了人和自然的统一性，从而就具有了自然保护的价值。而不忍之心也就成为像康德"绝对命令"这类的东西，具有极强的涵盖性和普遍性。抛弃掉这一学说中的唯心主义成分和政治上的欺骗性（鲁迅先生对"君子远庖厨"的政治上的欺骗性曾有入木三分的评说，见《病后杂谈》，《鲁迅全集》第6卷，人民文学出版社，2005年，第175页。），用不忍之心对待禽兽的理论其实也就是提出了生态行为的心理基础说，要求作为环境管理主体的统治者要以此来约束自己的行为。由此，儒家又向统治者提出了"弗身践"（不亲自杀生。践为剪音之借，是杀的意思），"君无故（祭祀）不杀牛，大夫无故不杀羊，士无故不杀犬豕。君子远庖厨，凡有血气之类，弗身践也"（《礼记·玉藻》）。因而，这客观上有助于保护动物资源。儒家也看到，君子所具有的这种"好生而恶杀"的品性会促进人和自然关系的和谐发展，会带来良性生态循环，"舜之为君也，其政好生而恶杀，其任授贤而替不肖。德若天地而静虚，化若四时而变物。是以四海承风，畅于异类，凤翔麟至，鸟兽驯德。无他也，好生故也"（《孔子家语·好生》）。这样，儒家就要求统治者和圣人要向舜学习，好生而恶杀，以宽广的胸怀包容万物，注意保护动物资源。

假如说"乐佚游""损矣"是从外在的方面对作为环境管理主体的统治者提出的要求，那么以不忍之心对待禽兽则是从内在的方面提出的要求。

3. 圣王必须具有适度消费的道德行为

儒家所倡导的礼义政治是一种有节制的政治，要求统治者要节制自己的行为，克制自己贪得无厌的欲望，适当地役使和剥削人民，实践礼制而对待臣民，把节约人、财、物上升到国策的高度。因此，当齐景公向孔子问政时，孔子直接指出，"政在节财"（《史记·孔子世家》）。这样，能否"节"就成为政治是否清明的一个重要标志。儒家提出"政在节财"的主张，主要是从政治和经济的角度来考虑问题的，但它客观上具有自然保护的意义。这在于，节财就包括要节制利用自然资源，节制利用自然资源就会避免对自然的掠夺，这样就会保护自然资源。具体来讲：

第一，从"节"的基础和根据看"节"的自然保护价值。事实上，儒家所提出的节约的主张一开始就是从生态学的角度出发的，儒家从天地自然万物所具有的适可而止的节律得出了人事行为要有"节"的结论。儒家看到，春夏秋冬四时之间具有一种互相节制的关系，春不可无限制地长，要由夏来节制它；夏也不可无限制地长，要由秋来节制它；秋同样不可无限制地长，要由冬来节制它；冬还是不可无限制地长，要由春来节制它。正是天地所具有的这种节制的关系才形成了四时的变化，因此在人事行为上就应该节约，"天地节，而四时成。节以制度，不伤财，不害民"（《易传·节·象传》）。这就是说，君子观察四时节制的现象，在人事行为上就应将节约上升到国策的高度，加以制度化（节以制度）。既不无谓地伤财，无节制地从自然界获取资源和财富，破坏自然资源（不伤财），也不要一味地盘剥老百姓的劳动果实，无节制地榨取老百姓的汗水（不害民）。儒家就是这样从天地自然万物所具有的"节"引申出人事行为上的"节"，这在事实上就认同了人和自然的统一性。因此，《易传》看到雷在山下、雷受山节制时，对颐卦作出了这样的解释："山下有雷，颐；君子以慎言语，节饮食。"（《易传·颐·象传》）

第二，从"节"的原则看"节"的自然保护价值。儒家毕竟是属于一个为上层统治者服务的阶层，他们在倡导节用的同时，要求将礼作为节用的原则，"节用以礼"（《荀子·富国》）。儒家认为，如果不以礼来节"节"，就会导致人们的私欲膨胀，巧取豪夺，也会破坏农业生产，影响农业收成，"以无礼而用之，则必有贪利纠譑（通"挢"，取的意思）之名，而且有空虚穷乏之实（农业歉收，颗粒不饱满）矣"（同上）。而这又是具有自然保护的价值的，因为他最后又落在了农业上。同时，儒家所讲的礼也包括对人和自然之间的生态关系的调节和控制过程，"礼，上事天，下事地，尊先祖而隆君师，是礼之三本也"（《荀子·礼论》）。

抛开儒家关于节用主张的历史和阶级的局限性，即使在今天它也具有实在的自然保护的价值。罗马俱乐部要求，"为了适应即将来临的稀缺时代，我们必须树立利用物质资源的新型道德观，并据此调整我们的生活方式"（[美]米哈伊罗·米萨诺维克等著，刘长毅等译：《人类处在转折点——罗马俱乐部研究报告》，北京：中国和平出版社，1987年，第135页）。事实也正是这样，即使在今天，节约仍然是解决资源短缺、合理利用资源、有效保护资源的一项合理而有效的对策。

由上可见，儒家向统治者提出的力戒"佚游"、对待禽兽要有不忍之心、力行节用等要求，既具有政治规范的意义，也具有生态规范的意义。事实上，这正是对作为环境管理主体的统治者提出的管理自然资源的行为规范。通过这些学说，儒家事实上也就向人们说明，只有圣王（君子）才能承担起保护自然资源的重任。这样，儒家就建构起了自己的环境管理主体说。当然，我们要注意批判其中的唯心主义成分和剥削阶级意识。

(三)"民养无憾"与"王道之始"的环境管理原则说

人们为什么要保护资源和生态环境？由于对这一问题有不同的理解，人们对环境管理的性质和方向的理解也就产生了差异，最终使环境管理所遵循的原则也各不相同，这反过来会影响和制约人们解决环境问题的历史进程。儒家在这个问题上的基本态度是，人们进行自然保护的根本目的是为了保证自然资源的持续存在和永续利用。因而，在环境管理的范围内，儒家将重点放在了自然资源的为人的永续利用上，并将之上升到了环境管理原则的高度。"不违农时，谷不可胜食也。数罟不入洿池，鱼鳖不可胜食也。斧斤以时入山林，材木不可胜用也。谷与鱼鳖不可胜食，材木不可胜用，是使民养生丧死无憾也。养生丧死无憾，王道之始也"（《孟子·梁惠王上》)，这就明确指出人们之所以要采用生态学的措施（不违农时，数罟不入洿池，斧斤以时入山林）来保护自然资源（谷、鱼鳖、山林)，根本目的是为了保证自然资源的持续利用性（谷与鱼鳖不可胜食，材木不可胜用)。这样，才可能保证人民群众的起码生活需要（使民养生丧死无憾也)。只有满足了人民群众的生活需要，才可能为统治者的统治提供真正的和坚实的基础（王道之始也)。在环境管理主体的问题上，儒家突出了圣王（君子）的作用，具有"尊君"（天子、圣王）的特征。而在这里，儒家则具有民本主义的倾向，将民本主义从社会历史观上的一种学说转化为环境管理问题上的一项基本原则。所谓民本主义有三层基本的含义：一是要求君要爱民，以一颗宽厚仁慈的心来对待民；二是要求君要利民，君的统治要照顾民的利益；三是要求君要治民，民要服从君的统治。那么，儒家在环境管理问题上是如何贯彻民本主义这一原则的呢？

1. 关于爱民的问题

儒家在要求统治者培养节俭之德、励精图治的时候，将爱民摆在了与节俭同样重要的位置上，"道（导，治理）千乘之国，敬事而信，节用而爱人，使民以时"（《论语·学而》)。这样，儒家就将爱民作为了民本主义的第一项构成内容，并将之作为环境管理的原则提了出来。

第一，爱民的基本含义。儒家所讲的爱人也就是要求统治者要以一颗仁慈宽厚的心来对待民众。其一，儒家往往用仁来释爱。当樊迟问仁时，孔子直接回答以"爱人"(《论语·颜渊》)。后来，孟子直接提出了"仁者爱人"(《孟子·离娄下》)这一命题。而仁的基本含义是力行"推己及人"之道，"夫仁者，己欲立而立人，己欲达而达人"(《论语·雍也》)。其二，儒家往往用民来释人，将人和民看成是具有同等意义的概念，人往往是指民。据《论语·乡党》记载，"厩(马棚)焚。子(孔子)退朝，曰：'伤人乎？'不问马。"显然这里的人是指民，因为统治者是远离马棚的。其三，儒家所说的爱人也就是要求统治者要对劳动人民力行"推己及人"之道，这也就是爱民的基本含义。在这个问题上，爱人的基本含义是一回事，爱人的阶级实质是另一回事。不能因为爱人的含义是爱民就抹煞其政治上的局限性，也不能因为爱人的阶级局限性而看不到它所具有的爱民的含义。总之，爱人也就是要爱民，而爱民就是要求君要以一颗仁慈宽厚的心来对待民，"容民畜众"(《易传·师·象传》)。

第二，爱民的具体措施及其自然保护价值。由于儒家是从维护君的统治的角度提出爱民的，因此儒家也是从如何维护君的统治的角度来提出具体的爱民措施的。主要有以下几点。

其一，"敬事而信"。所谓"敬事而信"指的是，君要将农事摆在重要的位置上，将重农作为一项基本的国策来对待。但是，君不能让民一味地为自己创造财富，应该给民以休养生息的机会，体察民之疾苦。儒家看到，天地自然有节制的变化也表现在风调雨顺上，只有风节雨，雨节风，风调雨顺，才能保证农业丰收。若风雨无节，或久旱不雨，或久雨不止，那么农业就会歉收，民就会处于饥饿之中。因此，作为民之风雨的农事也要有节，统治者应体察民之艰辛，给他们以休养生息的机会，这样才能最终维护君的统治。因此，儒家指出，"天地之道，寒暑不时则疾，风雨不节则饥。教者(道德教化)，民之寒暑也，教不时则伤世；事者(农事)，民之风雨也，事不节则无功(无收成)。然则先王之为乐也(以教为乐)，以法治也(以乐为治之法)，善则行象德矣(民之行顺，君之德也)"(《礼记·乐记》)。这虽然在社会历史观上有其局限性，但是这一思想也有其合理性。除了它所体现的民本主义倾向外，也具有自然保护的价值：这首先是从天地之道推出了"先王之治"的法则，事实上也就是从自然规律推出了人事法则，认同了人和自然的一致性；其次，它要求要按照生态学的季节节律(时)来对待民众和农事，将"时"作为了连通自然和人类的中介，使生态学季节节律的范围得以扩展；最后，它要求在农事上要有节，强调不能一味地役使耕稼者，这样既可以保护作为农业生产的最主要的生态条件——人的劳动力，又可以避免对土地资源的超负荷利用，从而也会保护土地资源。

其二，"节用而爱人"。儒家将爱人作为节用的目的，要求统治者为了能够"宽民畜众"就应该谨慎地对待自身的物质利益，励行节约。儒家看到，只有统治者谨慎地对待自身的物质利益，注意节约，又鼓励发展生产，不断地权衡利弊得失，才能使天下的财富丰裕。天下的财富丰裕了，则既可富己又可富民，大家都不为私，这才是政治统治的极高境界，"故明主必谨养其和，节其流，开其源而时斟酌焉。潢然使天下必有余，而上不忧不足。如是则上下俱富，交无所藏之，是知国计之极也"（《荀子·富国》）。在生产资料属于私人占有的社会历史条件下，这一切都是空话。但是，其事实不是有助于限制统治者的骄行吗？同时，这一主张本身就具有自然保护的价值。儒家又将节用和裕民联系起来，将"节用裕民"看成是足国之道，看到民富之后会焕发出不尽的生产力。这不仅会增加物质财富，从而会加强统治者的统治基础，而且会促使农民增加对土地的投入，从而会起到保护土地资源的作用，"裕民则民富，民富则田肥以易（治理），田肥以易则出实（收成）百倍"（《荀子·富国》）。反之，如果不将"节用裕民"作为一个整体原则来对待，则会挫伤民的生产积极性，这既会影响农产量，从而也就会削弱统治者的统治，也不可能促使农民增加对土地的投入和保护，还会破坏土地资源，"不知节用裕民则民贫，民贫则田瘠以秽（肥力递减，杂草丛生），田瘠以秽则出实不半，上虽好取侵夺（巧取侵夺），犹将寡获也（取之不多）"（同上）。可见，儒家关于"节用而爱人"的主张在事实上是从保护土地资源的角度提出来的。

其三，"使民以时"。儒家要求统治者应按照生态学季节节律来役使民作为政治统治的一个重要原则来加以运用，让民劳逸结合，只有农忙的季节里才能督导民的生产，在农闲季节里则要让他们休养生息。同时，需要动用民众的其他大事（兵事等）也应按照这一原则来进行。君用"时"来约束自己的行为，体现了君爱民的仁心，同时也体现出了对生态学季节节律的重视。

可见，儒家的爱民主张具有实实在在的自然保护意义。

第三，爱民的局限性。儒家之所以要求君要爱民，其根本目的还是为了维持和巩固君的长久统治，"故有社稷者而不能爱民……而求其为己用、为己死，不可得也。民不为己用、不为己死，而求兵之劲、城之固，不可得也。兵不劲，城不固，而求敌之不至，不可得也。敌至而求无危削、不灭亡，不可得也"（《荀子·君道》）。因此，儒家往往将爱民（爱人）看成是从政的基础，"古之为政，爱人为大。所以治爱人，礼为大。所以治礼，敬为大"，"其爱不亲，弗敬不正。爱与敬，其政之本"（《礼记·哀公问》）。可见，爱民决不是空洞的玄说，而也有其实际的阶级内容。

综上，作为民本主义重要构成内容之一的爱民所具有的自然保护价值在于：要求统治者要重视农业及农业的生态条件，要善于利用生态学的季节节律来为人服务，事实上是认同了人和自然的统一性和一致性。所以，爱民也是一项重要的环境管理原则。

2. 关于利民的问题

儒家在将节用和裕民联系起来之后，看到了"裕民则民富"，这样就从爱民过渡到了利民。利民是儒家民本主义的第二项重要构成内容，也是环境管理上的一项重要原则。

第一，利民的基本含义。儒家所讲的利民也就是要求统治者要尊重劳动者的起码的物质利益，做到"惠而不费"（《论语·尧曰》）。利民有两层基本的含义：其一，它要求君要对民做到"惠"。在儒家看来，物质财富对于统治者固然重要，但人比财富更为重要，适当地让利于民不仅不会减少统治者的物质财富，反而会使劳动者齐心协力地效忠统治者，从而为统治者守财、增财，"取天下者，非负其土地而从之之谓也，道足以壹人而已矣。彼其人苟壹，则其土地且奚去我而适它？"（《荀子·王霸》）它要求统治者对民要做到"惠"，而"惠"指的就是物质财富，"分人以财谓之惠"（《孟子·滕文公上》）。正因为这样，儒家又将"惠"看作是从政、进行统治的基础，"惠者，政之始也"（《大戴礼记·子张问入宫》）。其二，它要求君要对自身做到"不费"。儒家反对统治者对老百姓的横征暴敛，要求统治者对老百姓的盘剥要适可而止。他们指出，禽兽之间互相残杀都会遭到人的谴责，那么作为民之父母的统治者又怎么能残食老百姓呢？"兽相食，且人恶之，为民父母，行政不免于率兽而食人，恶在其为民父母也？"（《孟子·梁惠王上》）因而，君应该以"不费"的要求来约束自己，坚决反对浪费，要厉行节约。正因为这样，"无夺无伐，无暴无盗"（《孔子家语·辨政》）成为儒家对统治者从政提出的基本要求。所有这一切也就是要"因民之所利而利之"，君要照顾民的物质利益，"因民之所利而利之，斯不亦惠而不费乎？"（《论语·尧曰》）

第二，利民的基本措施及其自然保护价值。由于"利民"的根本目的是要通过增加社会财富的方式来合理调节君和民的关系，从而增加可供统治者享用的物质财富。因而，儒家所提出的利民措施有以下几条。

其一，"农分田而耕"。儒家所讲的"农分田而耕"（《荀子·王霸》）也就是主张"耕者有田"。"耕者有田"不同于"耕者有其田"，前者是要求将土地的所有权和经营权适当分离，土地为统治者所有，交给农民进行耕种，然后土地所有者收取地租；后者则是要求农民应拥有自己的土地并进行经营。儒家之所以提出"农分田而耕"的主张，就在于他们看到土地所有权和经营权高度集中的体制已阻碍了生产力的发展，这最终会瓦解统治者的统治。而将所有权和经营权适当分离后，由于农民的物质利益可以得到保障，这样就可调动农民的生产积极性，从而会促进生产的发展。因此，孟子认为，"民事不可缓也"，要求统治者要"置民之恒产"，认为这样才会维持统治者的长治久安，"有恒产者有恒心，无恒产者无恒心"（《孟子·滕文公上》）。同时，儒家看到这一措施有助于保护土地资源。在儒家看来，农分由而耕为治国之本，只有根据物质利益的原则来畜民，根据劳动力状况来授土地，才会使民胜任农事，土地的生产力才会得到维持和提高。这既可以保证民的生存，又使社会的生产与消费保持协调与平衡，并有一定的物质储备，这才是真正合乎法度的统治，"量地而立国，计利而畜民，度人力而授事，使民必胜事，事必出利，利足以生民，皆使衣食百用出入相揜（音称，同的意思），必时臧馀，谓之称数"（《荀子·富国》）。这里将"地——事——利"作为了一个整体，其实也就认同了"分田而耕"所具有的自然保护价值。

其二，"薄税敛"。儒家不仅要求统治者要"无夺无伐，无暴无盗"，而且要求他们对老百姓的剥削要适度，尤其是赋税不能太重，应该"施取其厚，事举其中，敛从其薄"（孔子语，见《左传·哀公十一年》），"薄税敛"（《孟子·梁惠王上》），"轻田野之税"（《荀子·富国》）。因此，中国的传统知识分子才会发出"苛政猛于虎也"的感叹。具体来讲，它又包括一系列具体的规定：一是要适当地免税。这主要用于人们利用自然（野生）资源的经济活动。除了按时封山之外，儒家还要求统治者要适当地开山禁，让老百姓适当地获取一些野生自然资源来补充生活之需，但不得向他们征税，"山林泽梁以时禁发而不税"（《荀子·王制》）。二是地租要有一定的级差。儒家要求统治者要根据土地的肥力状况和地理位置的远近来按照一定的级差来收取赋税，"相地而衰政（征）。理道之远近而致贡"（同上），切不可不依据自然生态条件而千篇一律地对待一切土地的赋税问题。三是地租要适度。儒家要求统治者对劳动者的剥削要适度，在赋税的比重上要采用"什一税"的形式，征取土地所产的十分之一，"田野什一"（同上）。儒家看到"薄税敛"可以起到两方面的作用：一方面可以起到保护劳动生产力的作用，"易（治）其田畴，薄其税敛，民可使富也"（《孟子·尽心上》），具有社会经济价值；另一方面，它可以起到保护农业生态条件的作用，"县鄙将轻田野之税，省刀布之敛，罕举力役，无夺农时，如是，则农夫莫不朴力而寡能矣（质朴而尽力于农事，无奸诈之心）……农夫朴力而寡能，则上不失天时，下不失地利，中得人和，而百事不废"（《荀子·王霸》）。这里，通过"农夫朴力而寡能"将"轻田野之税"与天时、地利、人和联系了起来，也就指出"薄税敛"可以鼓励农民增加对土地的投入，按照生态学季节节律办事，促进农业生产的发展。因而，"薄税敛"具有自然保护的价值。

其三，节用。儒家将裕民看成是节用的目的，看到统治者的节用可以利民，而节用既具有社会经济价值，也具有自然保护价值。

在当时的社会历史条件下，儒家提出的这些利民措施很难付诸实施，但它符合历史发展的总潮流，而其中的一些措施又具有自然保护价值，这是其合理之处。

第三，利民的局限性。其实，在生产资料为私人所有的社会历史条件下，劳动者的物质利益根本不可能得到尊重，利民只不过是要求统治者给老百姓一口饭吃罢了。因而，儒家所倡导的利民只不过是"食"，孔子所注重的四件事是"民、食、丧、祭"（《论语·尧曰》），看到"足食，足兵，民信之矣"（《论语·颜渊》）。即使如此，当民、食与整个政治统治相冲突时，儒家则要求"去食"。当子贡问食、兵、民信三者孰轻时，孔子要求"去兵"，这体现出儒家仁政的特点；当子贡又问食与民信孰轻时，孔子主张，"去食"，认为"自古皆有死，民无信不立"（同上），而这正是儒家礼义政治的实质。事实上，儒家对君所提出的利民、重"食"的要求，都是为了统治者更好地进行统治服务的，"惠则足以使人"（《论语·阳货》）。这就是利民的实质。

由上可见，儒家所倡导的利民其实是适度剥削论。它所具有的自然保护的价值就在于通过利民可促进农民对土地的投入和保护，从而有助于保护土地资源。所以，利民也是一项重要的环境管理原则。

3. 关于治民的问题

儒家所倡导的爱民、利民的根本目的是为了治民，这也是孔子提出的"庶—富—教"的公式。据《论语》记载，孔子带着冉有去卫国，一路上看见人丁兴旺，发出了"庶矣哉"（人口真多呵）的感叹。冉有就问孔子："既然人丁兴旺了，那么，又该干什么呢？"孔子回答说："让他们富裕。"冉有又问："富了之后，又该做什么呢？"孔子答："教之。"（见《论语·子路》）这里所说的"教之"也就是要治民。儒家要求统治者应临下"教民"，这样才能加强自身的统治，"临（临下）。君子以教思无穷，容保民无疆"（《易传·临·象传》）。

第一，治民的基本含义。儒家治民的主张重在一个"教"字，也就是要求统治者对老百姓进行道德教化，"振民育德"（《易传·蛊·象传》）。儒家要求统治者要运用"软性"手段来对待民，也就是要"道之以德，齐之以礼"（《论语·为政》）。将礼作为了贯彻于一切政事活动中的一个根本原则，用礼来统率人伦、辨讼、治军、宗教等一切治民活动，"道德仁义，非礼不成；教训正俗，非礼不备；分争辨讼，非礼不决；君臣上下，父子兄弟，非礼不定；宦学事师，非礼不亲；班朝治军，莅官行法，非礼威严不行；祷祠祭祀，供给鬼神，非礼不诚不庄"（《礼记·曲礼上》）。儒家将礼作为统治者的行为规范和从政原则，也作为了政治统治的基础和内容，"礼者，君之大柄也。所以别嫌明微，傧鬼神，考制度，别仁义，所以治政安君也"（《礼记·礼运》）。因而，这也是治民的基础含义。

第二，治民的基本原则及其自然保护价值。儒家要求统治者治民要有道，不可随意行事，"春秋致其时而万物皆及，王者致其道而万民皆治"（《孔子家语·致思》）。这里，从自然规律推出了人事法则，将道比附于"时"，事实上是认同了人和自然的统一性和一致性。那么什么是治民之道呢？在儒家看来，这就是要正确处理君和民的关系，"桀纣之失天下也，失其民也；失其民者，失其心也。得天下有道，得其民，斯得天下矣；得其民有道，得其心，斯得民矣"（《孟子·离娄上》）。这里所说的"得民心"无非是指通过道德教化的方式来感化民，从而达到治民的根本目的。因而，儒家在君与民的关系上达成了一系列共识，如认可君与民的关系是舟与水的关系，看到"水则载舟，水则覆舟"（《荀子·王制》）；将君与民的关系看成是心与体的关系，"民以君为心，君以民为体……心以体全，亦以体伤；君以民存，亦以民亡"（《礼记·缁衣》）。儒家看到，按照上述原则来治民，可以起到双重的作用：一方面可以维护和巩固统治者的地位，"用国者，得百姓之力者富，得百姓之死者强，得百姓之誉者荣。三得者具而天下归之……天下归之之谓王"（《荀子·王霸》）。因而，儒家关于君与民关系的论述对历代统治者都有一定的威慑作用；另一方面，它可以起到保护生产力和保护农业生态条件的作用，"敷其五教，导之以礼乐，使民城郭不修，沟池不越，铸剑戟以为农器，放牛马于原薮，室家无离旷之思，千岁无战斗之患"（《孔子家语·致思》）。

第三，治民的实质。儒家在强调礼来治民的同时，并没有否定像刑、罚这样的"硬性"手段在统治过程中的重大作用，看到"刑罚不中，则民无所措手足"（《论语·子路》）。因而，儒家又要求统治者对劳动者要"惩之以刑罚"（《荀子·王制》），要"起法正以治之，重刑罚以禁之"，这样才会"使天下皆出于治"（《荀子·性恶》）。这在于，儒家所强调的礼义政治是一种严格的等级制度，将"君君、臣臣、父父、子子"等伦常秩序加以制度化。这就是治民的阶级实质。但是儒家毕竟是儒家，他们要求统治者要恩威并重，软硬兼施，将"教"（软，礼义）和"诛"（硬，刑罚）结合起来，发挥它们的协同效应，"不教而诛，则刑繁而邪不胜；教而不诛，则奸民不惩；诛而不赏，则勤属之民不劝"（《荀子·富国》）。因而，"刑仁讲位，示民有常"（《礼记·礼运》）成为儒家所强调的治民术。

由上可见，儒家所强调的治民的根本目的是要维护礼义等级秩序。它所具有的自然保护价值在于，以道比附于时，认同了人和自然的统一性和一致性，并看到正确处理君与民的关系可以起到保护农业生产力和农业生态条件的作用。所以，治民也是一项重要的环境管理原则。

总之，由爱民、利民和治民所构成的民本主义，是一种既不同于民主主义也不同于专制主义的政治主张和社会学说。儒家要求统治者要按照民本主义的原则来对待和处理人际关系、生态关系，民本主义成为儒家提出的环境管理的基本原则。

五、重农顺时——自然保护的经济基础和生态农学

经济系统和自然系统之间具有密切的关系。一方面，人类的经济活动过程是不断地从自然界获取物料、能量和信息以满足人类需要的过程，同时自然系统又为经济系统提供了劳动对象、劳动场所、劳动资料甚至劳动者本身等生产力要素。在这个意义上，经济系统具有简化、削弱自然系统功能的趋向；另一方面，人类的经济活动又将消费过的物品不断地排放到自然界中去，这些排放物具有双重的生态功能，一些（一方面）可以起到物质循环的作用，另一些（另一方面）则可能会污染和破坏自然环境。同时，运用经济方式是稳定和增强自然系统的生态功能的重要措施。因此，我们说，"劳动首先是人和自然之间的过程，是人以自身的活动来中介、调整和控制人和自然之间的物质变换的过程"（《马克思恩格斯文集》第5卷，北京：人民出版社，2009年，第207—208页）。这样，经济系统和自然系统就构成了一个复合系统——生态经济系统。而农业生态经济系统则是生态经济系统中的核心层次和主干部分：一方面，农业是对自然系统依赖性最强的一个经济部门；另一方面，农业又是国民经济部门中的基础部门。因而，运用生态学的手段来改造和重组农业，不仅成为彻底解决人类生活需要的一项重要措施，而且也成为彻底解决人类面临的生态环境问题的一条重要途径，这就是生态农业。

在我国上古时期，我们的祖先早就将保护自然同国计民生联系了起来。在此基础上，儒家又根据自己的民本主义的社会政治立场，提出运用生态学方法（时）保护自然的直接目的是保证"百姓有余食""有余用"。这样，儒家事实上也就表达了自己的生态农学思想。那么，儒家又是如何认识农业生态经济系统的结构和功能的呢？孟子说："今夫麰麦（麰音谋，麰麦指大麦），播种而耰之（耰音优，原指平整土地的工具，此处作动词），其地同，树之时又同，浡然而生，至于日至（夏至）之时，皆熟矣。虽有不同，则地有肥硗（音敲，土

地坚硬瘠薄)、雨露之养、人事之不齐也。"(《孟子·告子上》)这就指出,"土之肥硗""雨露之养"和"人事"三者是制约农产量的三个因子,农业生态经济系统就是由这四者(天时、地利、人和、物丰)构成的。这不仅是对儒家生态农学思想的最好概括,而且是对儒家生态经济思想的总结。儒家就是通过对这四者的关系的阐述来表达自己运用经济手段协调人和自然的关系、保护自然资源的思想的,这构成了儒家环境意识的又一个重要方面。

(一)"天人之分"与"治吉乱凶"的自然灾害意识

农业生产必须凭借一定的生态条件才能进行,天时是重要的农业生态条件,光照、温度、水分等因子也是通过四时的变化对农作物产生影响的。但是,天时会出现反常,"天反时为灾"(《左传·宣公十五年》)。因此,灾害问题是从反面制约农业生产的季节因素。那么,儒家是如何看待灾害问题的呢?

1. 关于灾害的成因问题

如何认识灾害的成因问题,自古就存在着两条路线的斗争:一条路线是从客观自然界本身的运动变化过程中来寻找灾害的原因,一条路线是从客观自然界之外(上帝、人的意志等)来寻找灾害的原因。这两种倾向在儒家内部都有所表现。但总的说来,第一条路线构成了儒家在这个问题上的基本态度。首先,儒家对天事和人事作了区分,认为灾害只是天事异常的表现,与人事无关。荀子根据"天人相分"的学说对灾害的成因作出了唯物主义的说明,"夫星之队(坠),木之鸣,是天地之变,阴阳之化,物之罕至者也,怪之可也,而畏之非也"(《荀子·天论》)。这就为进一步客观地认识灾害的成因提供了客观正确的方向。最后,儒家还根据生态学知识进一步认识到了灾害的成因问题。鲁哀公十二年,"冬十二月,螽(音终,虫名)",田里生了蝗虫,季孙向孔子咨询,问该怎么来求神禳除虫灾呢?孔子根据以星相位置和物候变化相关联的规律来确定农事节令的方法(星位、物候、时节合而为一的生态学季节节律)观察到,那时大火心星黄昏时仍在西方地平线以上,这时的季节应为初冬,所以昆虫是会复出的。后蛰的昆虫的活跃并不是鬼神作祟,而是编制历书的官员错计了节令。当时鲁国采用的是周历,十二月只相当于夏历十月,因此后蛰的昆虫是会活跃的。"丘(孔子)闻之,火(星)伏而后蛰者毕(活跃)。今火(火星)犹西流(在西方地平线上出现),司历过也。"(《左传·哀公十二年》)可见,儒家不仅注重探讨生态学理论问题,而且也能够运用所获得的生态学知识来分析、认识和解决实际问题。这不仅使生态学实践化,而且使对灾害成因的认识进一步科学化,深化和具体化了"天反时为灾"的观点。这一切为儒家正确地提出减灾对策、保证农业生产合理利用天时提供了正确的思想前提和科学的方法。

2. 关于灾害的类型和表现问题

儒家根据"天反时为灾"的科学方法,对灾害的类型和表现作出了详尽的划分。现根据《礼记·月令》的有关论述,将儒家对灾害的类型和表现的认识用表 16 表示。

表 16 自然灾害的类型、成因、表现形式一览

灾害类型	发生原因	表现形式
水灾	孟春行冬令	水潦为败
	仲春行秋令	其国大水,寒气总至
	季春行秋令	天多沉阴,淫雨早降
	孟夏行秋令	苦雨数来,五谷不滋
	孟夏行冬令	草木早枯,后乃大水
	季夏行秋令	丘隰水潦,禾稼不熟
	季秋行夏令	其国大水,冬藏殃败
	仲冬行秋令	天时雨汁,瓜瓠不成
	季冬行夏令	水潦败国,冰冻消释
旱灾	孟春行夏令	风雨不时,草木早落
	仲春行夏令	国乃大旱,暖气早来
	季春行夏令	时雨不降,山林不收
	孟秋行春令	其国乃旱,阳气复还
	仲秋行春令	秋雨不降,草木生荣
	仲秋行夏令	其国乃旱,五谷复生
	仲冬行夏令	其国乃旱,氛雾冥冥
	仲冬行春令	水泉咸竭,民多痌疠
风灾	孟春行秋令	飙风暴雨至,藜莠蓬蒿并兴
	孟夏行春令	暴风来格,秀草不实
	仲秋行冬令	风灾数起,草木早死
	孟冬行夏令	国多暴风,方冬不寒
雹灾(含雪灾)	孟春行冬令	雪霜大挚,首种不入
	仲春行冬令	雹冻伤谷,道路不通
	季夏行冬令	风寒不时
	孟冬行秋令	雪霜不时,土地侵削
	季冬行夏令	时雪不降,冰冻消释
虫灾	仲春行夏令	暖气早来,虫螟为害
	孟春行春令	蝗虫为灾,秀草不实
	仲夏行春令	百螣时起,其国乃饥
	孟秋行冬令	阴气大胜,介虫败谷
	仲秋行夏令	蛰虫不藏,五谷复生
	孟冬行夏令	方冬不寒,蛰虫复出
	季冬行秋令	白露早降,介虫为妖
火灾	孟秋行夏令	国多火灾,寒热不节

通过表 16,我们可以看出:其一,儒家多是从乖舛时令的角度来看待灾害

的成因的，注重生态学季节节律对人的制约作用，从反面强调了"天地节而四时成"的重要性，从而说明顺时、从时、重时的重要性；其二，儒家多是从灾害对农业生产的消极影响来看待灾害问题的，突出灾害会产生的"五谷不滋""木稼不熟""瓜瓠不成""山林不收""秀草不实""首种不入"等农业歉收或不收情况，从而说明天时（生态学季节节律）对于农业生产的重要性；其三，儒家尤为关注的是水灾、旱灾和虫灾这三种常见的、对农业生产为害更严重的灾害，对这三种灾害的成因、表现形式的认识要比对其他灾害的认识全面、具体。这说明了儒家对农业生产的注重程度。

3. 关于减灾的社会经济对策

虽然灾害是由于"反天时"造成的，与人事（以及上帝、天命）无关，但通过尽人事可以减免灾害造成的损失，因而运用社会经济手段来减灾是进行减灾工作的一项重要对策。首先，儒家对由于灾害而造成的饿死人的现象进行了批评，认为尽管灾害可以造成歉收，但出现死人的现象却是由于统治者的管理不善造成的，说是由于灾害造成了死人，正如杀人者说是兵器杀人一样，是逃避责任的一种表现，"狗彘食人食而不知检（反躬内省），涂（途）有饿莩（音瞟，同殍）而不知发（开仓济贫）；人死，则曰：'非我也，岁（年成）也。'是何异于刺人而杀之，曰：'非我也，兵也。'王无罪岁（归罪于年成），斯天下之民至焉"（《孟子·梁惠王上》）。这样，儒家就要求通过尽人事的方式来作为减灾的主要对策，并将之作为圣君贤相的职责，"高者不旱，下者不水，寒暑和节而五谷以时孰（熟），是天之事也……岁虽凶败水旱，使百姓无冻馁（饥饿）之患，则是圣君贤相之事也"（《荀子·富国》）。在此基础上，儒家提出了"强本节用""养备动时"和"脩（循）道不二"三条具体的措施。

其一，关于"强本节用"的问题。所谓"强本节用"包含两层意思：一是要加强作为国家统治和人的生命基础的农业，二是要加强节用物质资源的工作。儒家将"强本节用"作为环境管理的一项原则，这一原则在减灾问题上也有效。儒家指出，禹执政期间曾十年连续遭受水灾，汤执政期间曾七年连续遭受旱灾。但是，天下却没有出现饿殍遍野的现象，尽管如此，十年之后他们都获得了农业丰收，而且积庆有余。为什么呢？就在于他们懂得强本节用的道理。一方面大力发展农业生产，增加社会的物质财富，以加强国家的经济基础；另一方面又厉行节俭，一点儿也不浪费物质财富，"故禹十年水，汤七年旱，而天下无菜色者，十年之后，年谷复熟而陈积有余。是无它故焉，知本末源流之谓也"（《荀子·富国》）。正因为这样，儒家将强本节用作为减灾的一条重要措施。遇到灾年，即使在像祭祀这样关系到礼义政治基础的问题上，也要奉行节俭的原则，"岁凶，年谷不登，君膳不祭肺，马不食谷，驰道不除，祭事不县；大夫不食粱，士饮酒不乐"（《礼记·曲礼下》）。同时，儒家也将之作为道德修养和得天下的重要方式，"夫子温、良、恭、俭、让以得之"（《论语·学而》）。总之，在这个问题上，只要大力发展农业生产又厉行节约之道，那么遇到再大的灾难也不可怕，"强本而节用，则天不能贫"（《荀子·天论》）。反之，假如忽视农业生产又奢侈浪费，那么即使天不降灾也会自己人为造灾，"本荒而用侈，则天不能使之富"（同上）。

其二，关于"养备动时"的问题。所谓"养备动时"包含两层基本的意思：一是要加强物资储备以备不测，二是要按时役使民众。儒家将"养备动时"作为环境管理的一项基本原则，这一原则在减灾问题上也有效。儒家将"百姓有余食""有余用"作为自然保护的目的，看到能否有足够的备用物资是能否有效减灾的一个重要制约因素，"今也制民之产，仰不足以事父母，俯不足以畜妻子，乐岁（丰收的年头）终身苦，凶年不免于死亡"（《孟子·梁惠王上》）。这就指出，没有足够的物资储备，不仅不会减灾，而且连老百姓的起码的生活需要都满足不了。另一方面，"明君制民之产，必使仰足以事父母，俯足以畜妻子，乐岁终身饱，凶年免于死亡"（同上）。这就指出，积蓄了足够的财富不仅可以满足人们的基本生活需要，而且可以以备不测，起到抗灾减灾的作用。只有发展生产才可能提供持续、有效的储备物资之源，而这又回到了强本的问题上。发展农业生产的一个重要途径就是要采取适度剥削的办法，不可强取豪夺，而这又回到了节用的问题上，"是故贤君必恭俭礼下，取于民有制（节制）"（《孟子·滕文公上》）。儒家还要求不能因为兵事、徭役等大事耽误农时，用兵必顺天时，否则就会殃及自身，"用水、火、金、木、饮食必时……故无水旱昆虫之灾，民无凶饥妖孽之疾"（《礼记·礼运》）。这里的火、金似与兵事有关。总之，在这个问题上，只有加强物资储备、动用民力适时，才可抗御自然灾害，"养备而动时，则天不能病"（《荀子·天论》）。反之，假如物资储备很少，动用民力无时，那么即使天不降灾，自己也会降灾，"养略而动罕，则天不能使之全"（《荀子·天论》）。可见，"养备动时"是儒家提出的一条重要的减灾措施。

其三，关于"脩道不二"的问题。所谓"脩道不二"也就是要求统治者要始终如一地按照"王者之道"行事，不可一意妄行，要处理好君与民的关系。儒家将"得民心"作为"王者之道"的核心内容和基本要求，并将之作为了环境管理的一项基本原则，这一原则在减灾问题上也有效。在儒家看来，"脩道不二"不仅可以起到减灾的作用，而且可以起到维护统治者统治的作用。鲁哀公曾向孔子的学生有若咨询过灾年如何解决国家财政困难的问题，有若要求统治者要体恤民情，不可强取豪夺。哀公问有若："由于遭受灾害而年成不好，王宫和朝廷所用不足，该怎么办才好呢？"有若说："能通过十分抽一这样的赋税比重来解决问题吗？"哀公说："我已采用了十分抽二的办法，还不够用，怎么能采用十分抽一的办法呢?"针对这种情况,有若指出:"如果老百姓足用,君王怎么能会不够用呢? 如果老百姓的用度不够,君王又怎么会够用呢?"(见《论语·颜渊》)因此,儒家要求统治者灾年时要保证满足老百姓的基本生活需要。同时,儒家要求统治者在灾年更要对老百姓实行仁政。邹国与鲁国发生冲突,邹穆公问孟子:"我的官吏死了三十多人,可是老百姓却没有一个为他们的长官而死的。杀这些不听话的老百姓吧,又杀不胜杀;不杀吧,他们又对自己长官的死听之任之,该怎么办才好呢?"孟子说:"灾荒年岁,老百姓饿殍遍野将近千人。而君王的粮仓里堆满了粮食,库房里装满了钱财。您的属下也不向您报告灾荒情况,谁又管过老百姓的死活呢? 老百姓见当官的死,漠然处之,这叫以其人之道还治其人之身啊!"因此,孟子提出,遇有"凶年饥岁"时,不仅要反对"上慢而残下"的作法,而且要"行仁政"(见《孟子·梁惠王下》)。这才是减灾的根本办法。正因为这样,儒家在这个问题上"不患寡而患不均""不患贫而患不安"(《论语·季氏》)。这就是说,儒家担心的不是灾害本身的问题(贫),而是遇有灾害时出现的财富积聚不均的情况(不均),儒家为君者囤积居奇而民饿尸遍野的情况忧虑。儒家担心的不是灾害带来的物质财富匮乏的问题(寡),而担心的是由于财富不均使天灾变为人祸的情况(不安),儒家为由于灾害带来的社会动荡和不安的情况而忧虑。总之,在这个问题上,只有统治者理顺了己与民的关系,则可抗御灾害,"脩道而不二,则天不能祸"(《荀子·天论》)。反之,假如君王背道而行,对老百姓毫无仁慈之心,那么即使天不降灾,也会自己降灾,"倍(背)道而妄行,则天不能使之吉"(同上)。

可见,儒家所提出的减灾社会经济对策具有重大的意义。在儒家看来,只有遵循上述三项原则(措施),则"水旱不能使之饥渴,寒暑不能使之疾,袄怪不能使之凶"(同上)。反之,有违上述三项原则(措施),则"水旱未至而饥,寒暑未薄而疾,袄怪未至而凶"(同上)。而这一切都在于强调尽人事的重要性,这才是减灾的关键,"受时与治世同,而殃祸与治世异,不可以怨天,其道然也"(同上),这才是"天人之分"的真实用意。

(二)"天时地利、人和物丰"的生态农业结构说

在自然条件下,农业生态经济系统的生产量是有限的。为了提高农产量,有必要对农业生态经济系统进行重组。这种重组既要稳定自然系统的生态功能,又要加强经济系统的生产功能,使二者处于最佳的匹配状态之中,这就是生态农学模式的问题。生态农学模式就是通过合理调整农业生态经济系统中各要素的关系,通过结构的优化促进农业生态经济系统的生态和经济两方面功能协同优化的方法,其实质就是将生态学原理运用到农业生产中,使农业的结构

进一步合理化和优化。儒家也在尝试着通过人类的合理管理来促进农业生态结构优化的问题，看到农业生态结构的优化可带来的重大的生态和经济效益，"今是土之生五谷也，人善治之则亩数盆（一种量器），一岁（年）而再获之（复种），然后瓜桃枣李一本数以盆鼓（计算数量），然后荤菜百疏（蔬）以泽量（不可计数），然后六畜禽兽一而剸（同专，指一兽满一车）车；鼋鼍、鱼鳖、鳅鳝以时别（产卵），一而成群，然后飞鸟凫雁若烟海，然后昆虫万物主其间，可以相食养者不可胜数也"（《荀子·富国》）。那么，如何才算善治呢？在儒家看来，只有抓住天时、地利、人和这三个重要的农业生态结构中的因素，就可达到物丰的目的。

1. 关于因时制宜的问题

在整个经济系统中，只有农业部门对生态学的季节节律具有明显的依赖性，农作物本身的生根、发芽、生长和成熟具有极强的季节节律。因而，如何认识和把握包括农作物在内的整个生态学季节节律会直接影响到农业的收成。儒家承认"雨露之养"对于农作物的重要性，看到了天时对于农业的重要，"万物资始，乃统天。云行雨施，品物流形（品物指万物，流形指从动态看万物之形）。大明（天）终始，六位时成（六位原指卦中六爻，此泛指万物以时而成）"（《易传·乾·彖传》）。因而，"不违农时"成为儒家关于农业生态结构说中的第一项构成内容，或可以将之称为因时制宜的原则。

其一，因时制宜的必然性和根据。儒家之所以要求农业生产应因时制宜，提出了"不违农时"的要求，就在于他们看到了遵从农时对于农业生产的重大意义。具体来说：一是只有遵从农时才可能保证农业丰收，为国家积聚物质财富，"百姓时和、事业（指农事）得叙者（农业生产依时进行），货之源也"（《荀子·富国》）。统治者不仅要重农，而且要重时，这样才能保证农业的收成，"务其业而勿夺其时，所以富之也"（《荀子·大略》）。二是只有遵从农时才能保障老百姓的起码生活需要，才可能最终加强统治者的统治。反之，假如不遵从农时，使民流离失所，那么就会削弱统治者的统治。因而，不违农时也应成为政治学中的一条基本要求，"彼夺其民时，使不得耕耨以养其父母，父母冻饿，兄弟妻子离散。彼陷溺其民，王往而征之，夫谁与王敌？故曰：'仁者无敌。'王请勿疑"（《孟子·梁惠王上》）。三是只有遵从农时，才可能稳定农业生态经济系统的生态功能，从而为农产量的不断增长提供持续的保障，"无夺农时，如是，则农夫莫不朴力而寡能矣……农夫朴力而寡能，则上不失天时，下不失地利，中得人和，而百事不废"（《荀子·王霸》）。总之，遵从农时具有经济、政治和生态三个方面的功能。因此，应将"不违农时"（因时制宜）作为优化农业生态结构的一项要求提出来。

其二，因时制宜的具体内容。根据上述原则，儒家提出的因时制宜的主张包含以下几层意思，一是"使民以时"（《论语·学而》）。这是对统治者在处理自身与老百姓的关系时提出的要求。儒家看到，一年四季不停地利用民力和地力是不会有什么好的后果的，在这个问题上也要适可而止，应该进行"节"，"事者（农业），民之风雨也，事不节则无功（无收成）"（《礼记·乐记》）。只有按照一定的时节役使老百姓才能劝他们务农，"时使薄敛，所以劝百姓也"（《礼记·中庸》）。统治者既不能动辄举兵、兴大事而贻误农时，也不能一味地对老百姓横征暴敛。只有这样，才可能增加国有的财富，"罕兴力役，无夺农时，如是，则国富矣"（《荀子·富国》）。二是"以四时为柄"（《礼记·礼运》）。这是儒家对统治者在对待自身问题上所提出的要求。在儒家看来，君对民要适时，君自身也要适时，也就是要根据四时的变化来合理安排农事活动，要通过严格的管理手段来保证不得破坏农时，"五谷不时，果实未熟，不粥于市"（《礼记·王制》）。只有这样，才可能保证农业生产按时进行，"以四时为柄（准则），故事（农事）可劝也"（《礼记·礼运》），也才可能保证老百姓的生活需要，"春耕、夏耘、秋收、冬藏四者不失时，故五谷不绝而百姓有余食也"（《荀子·王制》），这样才可以最终维持和巩固统治者的统治。

其三，因时制宜的具体措施。如何才能体现出"不违农时"的要求呢？或者，应该如何根据生态学季节节律来合理安排农事活动呢？儒家根据季节演替节律，制订出了一个详尽的农事月历，现根据《礼记·月令》的论述，用表17表示。

从表17我们可以看出：首先，儒家能够根据季节的变化来提出农事安排意见和农业管理措施，将时、农、政看成是一个连续的过程和统一的整体。这不仅承认人和自然构成了一个整体，而且承认农业系统和自然系统构成了一个整体。其次，儒家根据季节的变化提出了农事安排意见，对耕、种、耘、收、藏等农事活动都作出了合理安排，并根据农作物的生长情况提出了一些具体的田间管理措施，揭示的正是农业生态季节节律。再次，儒家将对农业的管理作为君王的重要的职责，要求他们要根据季节的变化来合理安排农业生产，应"治历明时"，"论时令"。这就体现出了礼义政治重农的特点，将农业作为国家经济和政治生活的基础。最后，儒家要求统治者应根据季节的变化来合理使用民力，应该让老百姓劳逸结合，不可一味地强使老百姓，强调在冬季的农闲季节里要"劳民以休息之"。这不仅是儒家民本主义的体现，而且说明儒家很注重保护作为农业生产的重要的生态条件——劳动力。

总之，儒家要求人们要遵从生态学的季节节律，力求做到"不违农时"、因时制宜。这是儒家关于生态农业结构学说中注重"时"的因素的科学性和合理性的体现。但是，儒家要求农业生产应将获取物质财富和巩固礼义政治统一起来，尽管突出了"时"的重要性，"有其礼，有其财，无其时，君子弗行也"

(《礼记·檀弓上》)，这又要求我们具体问题具体分析了。

表 17　农事月历(农业生态季节节律)

月份	天时(自然气候)状况及对农作物的影响	农作物生长状况及保护措施	农业管理措施
孟春	天气下降,地气上腾,天地和同,草木萌动		君王开始布置农事：①命田舍东郊,皆修封疆,整修道路；②善相土地类型,确定所宜种植的五谷,以之教民；③定农事准则
仲春	日夜分,雷乃发声,始闪电	安萌芽	①修农舍。②禁止作大事,以妨农事
季春	生气方盛,阳气发泄	萌者(芽)尽达(出芽),不可以内	
孟夏		驱兽毋害五谷。农乃登麦	①命野虞出行田原,为天子劳民劝民,不得耽误农时 ②命司徒巡行县乡,命民勉作,不得休闲于家
仲夏		农乃登黍	为保证农业丰收,命有司为民举行求雨仪式
季夏	树木方盛		不得举行大事以摇养气,不得发令而待,以妨神农之事。水潦盛昌,神农将持功,举大事则有天殃
孟秋	农乃登谷		①修宫室,坏墙垣,补城郭。②禁止割地
仲秋			①穿窦窖,修囷仓。②命有司督民收敛,务畜菜,多积聚。③劝民种麦,不得失实；若失时,行罪无疑
季秋	霜始降		①农事备收,命冢宰举五谷之要,将国库收入藏于神仓,若有用度,必先议后用。②合诸侯,制百县,商定赋税比重；以远近土地为度,用以郊庙之事,无有所私
孟冬			劳民以休息之
仲冬	日短至,阴阳争,诸生荡		①农有不收藏积聚者,取之不诘。②山林薮泽,有能取蔬食者,野虞教导之
季冬			①专而农民,毋有所使。②天子与公卿、大夫共饬国典,论时令,以待来岁(年)之宜

2. 关于因地制宜的问题

土地既是自然生态系统中的重要因子，也是农业生态经济系统这个自然——人工复合系统中的重要因子，为农作物的生长提供了场所、水分、养料等一系列生态条件。我们前面主要是从一般资源保护的角度考察了儒家关于保护土地资源的思想，这里我们着重考察儒家关于耕地资源的合理配置和使用问题的思想。因地制宜是中国传统农业和农学中的一条重要的生态学原则，儒家也是根据这一原则来看待土地在农业生态经济系统中的地位和作用的。

其一，因地制宜的必要性和根据。儒家看到，土地资源存在着一定的差异，由于这种差异也使得农业生产状况各不相同。因此，人们应根据土地资源的自然状况来合理安排农事。土地资源自然状况的差异性主要表现为：一是有高下的区别。土地资源在高度上的差异体现为有丘陵、阪险、原隰的区分，每一种类型的土地上都有着与土地类型相一致的农作物生长，高地适宜种植耐旱的农作物，低地则适宜种植喜水的农作物。也就是说，不是任何一种农作物都可在任何一种类型的土地上生长和存活。因此，儒家要求作为农业管理者的统治者要"善相丘陵、阪险、原隰，土地所宜、五谷所殖，以教道民"（《礼记·月令》）。二是有肥瘠的不同。同一高度上的土地也存在着差异，这种差异主要体现为土地的生产力各不相同，有的土地生产力较高，有的则较低，抛开其他因素外，其中一个关键的问题在于土地的肥力状况的不同。因此，儒家将"视硗肥"（区分土地的肥力状况）作为"治田"的职责，"相高下，视肥硗，序五种，省农功，谨蓄藏，以时顺脩（循），使农夫朴力而寡能，治田之事也"（《荀子·王制》）。儒家看到，只有根据土地资源的上述状况来合理安排农事，才可能保证农业丰收，"所志于地者，已其见宜之可以息（繁息）者矣"（《荀子·天论》）。因而，儒家将因地制宜作为农业和农学中的一个重要原则，要求人们要顺应自然地理条件，只有顺应自然地理条件才会有生态良性循环。

其二，因地制宜的具体内容。因地制宜就是要求人们要根据土地资源的状况来合理安排农业生产，这就是"相高下，视肥硗，序五种"的问题。在长期的农业生产实践和农业科学探索过程中，我们祖先形成了一系列因地制宜的具体措施。而儒家主要强调的是因地制宜的意义和价值，强调顺应自然条件所具有的重大的生态经济和社会价值，"故圣王所以顺，山者不使居川，不使渚者居中原，而弗敝也。用民必顺。故无水旱昆虫之灾，民无凶饥妖孽之疾。故天不爱其道，地不爱其宝，人不爱其亲。故天降膏露，地出醴泉"，"其余鸟兽之卵胎，皆可府而窥也。则是无故，先王能修礼以达义，体信以达顺故。此顺之实也"（《礼记·礼运》）。根据这一原则，儒家也提出了一些具体的因地制宜措施：一是要求将因地制宜和因时制宜结合起来。在土地生产的季节里要尽力发挥它的生产功能，在少投入的情况下力求多产出；在不适宜种植农作物的季节里（主要是冬天），则应让土地休息，切不可泄露地气（详见有关章节）。二是要求加强田间管理，特别要精耕细耨。儒家看到粗耕乱耘不仅造成了农业的歉收，而且会带来像饿死人这样的社会问题，"楛耕伤稼（楛音户，楛耕也就是粗耕），耘耨失薉（疑为"枯耘伤岁"，即楛耘失岁），政险失民，田薉（秽）稼恶，籴（音敌，买进粮食）贵民饥，道路有死人，夫是之谓人祅"（《荀子·天论》）。因此，儒家要求人们要加强田间管理，不得让杂草丛生，要"深耕易耨"（《孟子·梁惠王上》）。三是要加强对土地的投入，要根据土地的自然状况，合理投入水、肥。四是要加强农用地的保护，不得滥占耕地。儒家反对人们滥占耕地，要求殡葬亡人时要选择那些不宜耕种的土地。据《孔子世家》，孔子在任鲁国中都宰时，规定殡葬要"因丘陵为坟，不封不树"（《孔子家语·相鲁》）。这里的关键是禁止滥占耕地，这可能与古代的殡葬习俗有关，但客观上会起到保护耕地的作用，避免乱占耕地的行为。尽管《孔子世家》不能作为研究孔子思想的直接资料，但"不封不树"确实是儒家提出的保护耕地的措施，在《礼记·王制》中也有"不封不树"的规定。总之，儒家既认识到了耕地对人的重要性，又认识到了尽人事对于保护耕地的重要性，将耕地和人事看作是一个整体，"无土则人不安居，无人则土不守"，"土之与人也"，"国家之本作也"，"得之则治，失之则乱；得之则安，失之则危；得之则存，失之则亡"（《荀子·致士》）。

其三，因地制宜的社会内涵和政治意义。儒家要求将合理配置耕地资源上升到国策的高度来认识。儒家看到了耕地资源所具有的重要的生态价值和经济价值，要求人们要合理配置和使用耕地资源，其中最为根本的一条是要求将合理配置耕地资源上升到国策的高度来认识。具体来讲：一是土地所有制（及其由此产生的赋税制度）要与礼相符合。鲁哀公十一年，鲁国大夫季氏决定废除西周以来实行的丘赋制度（有了军旅之事才临时征用），实行田赋制（按田亩的多少出兵事）。季氏派冉有去征询孔子的意见，孔子认为丘赋制度比田赋制度要轻些，不主张采用田赋制。同时，他将"周公之典"（周公定下的制度）作为这个问题上进行取舍的标准（见《左传·哀公十一年》）。另外，季氏由于开垦土地，比周公还富，孔子认为这是一件不能容忍的事情，但他无奈于季氏，只好要求自己的弟子们对在季氏门下作家臣的学生冉求"鸣鼓而攻之"（见《论语·先进》）。二是土地所有制及其由此决定的赋税制度要与仁相符合。在孟子看来，井田制与仁政是相统一的，要实行仁政，在经济上就要恢复井田制，只有这样才可避免暴君污吏对耕稼者的盘剥，"夫仁政，必自经界始。经界不正，井地不钧，谷禄不平，是故暴君污吏必慢其经界。经界既正，分田制禄可坐而定也"（《孟子·滕文公上》）。而井田制指的是这样一种土地制度，"方里而井，井九百亩，其中为公田，八家皆私百亩，同养公田。公事毕，然后敢治私事"（同上）。尽管儒家的这些主张可能与历史进步的步伐不相合拍，但客观上有助于限制一些新兴的统治阶级在推动政治进步的同时来破坏耕地资源。要求运用礼和仁的标准来看待耕地资源的配置问题，这有助于人们根据中国的社会历史条件来配置耕地资源，从而起到保护耕地资源的作用。马克思在说到"亚细亚生产方式"时，将之作为亚细亚生产方式的重要特征，"同直接生产者直接相对立的，如果不是私有土地的所有者，而是像在亚洲那样，是既作为土地所有者同时又作为主权者的国家，那么，地租和赋税就会合为一体，或者不如说，在这种情况下就不存在任何同这个地租形式不同的赋税"（《马克思恩格斯文集》第 7 卷，北京：人民出版社，2009 年，第 894 页）。因此，"量地而立国"（《荀子·富国》）应是因地制宜的题中之义。

抛开因地制宜中"量地而立国"的含义外，因地制宜其实也就是要求人们要合理地使用耕地资源。即使在今天，这一要求仍具有重大的意义。人们看到，"不适当的土地使用是致使土地退化和土地资源耗竭的主要原因"，因此应"协调土地资源计划"（《21 世纪议程（节译本）》，《迈向 21 世纪——联合国环境与发展大会文献汇编》，北京：中国环境科学出版社，1992 年，第 95 页）。

3. 关于"人有其治"的问题

儒家承认农事是影响农产量的一个重要因素，也就是承认了人在农业生态经济系统中的作用。确实，人尤其是耕稼者是农业生态经济系统中的一个独特因子，既是消费者，又是生产者。人能够通过协调农业生态经济系统中各类因子的关系来稳定和提高农产量。但又要辩证地看这一问题，这正如揠苗助长典故所讲的那样，人既不能认为自己无益于农事而放弃耕耘，也不能因为自己有益于农事而揠苗助长。在这个问题上，也存在着一个正确处理尊重客观规律和发挥主观能动性的问题。正因为这样，儒家在承认天时、地利对于农事的重大意义的同时，也承认人治的重大作用，将人治看成是与天时、地利具有同等意义的第三个因子，"天有其时，地有其财，人有其治，夫是之谓能参"（《荀子·天论》）。那么，除了上面提到过的一些情况外，"人有其治"在农事上有一些什么具体的表现形式呢？

其一，"人有其治"在治水上的表现。

我们上面已从一般资源保护的角度说了儒家关于保护水资源的思想，这里我们着重考察儒家关于合理利用农业用水的思想。儒家向人们倡导要大力治水，要大力加强对水利及其设施的管理。

儒家不仅在道德修养上倡导自强不息的进取精神，而且在处理人和自然的关系时也要人们"戡天"。但这种对待自然的态度决不是要人们去盲目地破坏自然，而是要人们去征服盲目的自然以为人利用。在水资源问题上，这就是肯定、倡导禹"卑宫室而尽力乎沟洫（音绪，沟洫即沟渠）"的德行（《论语·泰伯》）。儒家肯定大禹治水的功绩，倡导大力治水的行为，主要是从以下几点来考虑的：一是看到大水泛滥带来了恶劣的生态环境。这种恶劣的生态环境致使农业无收，从而威胁到了人的生存，"当尧之时，天下犹未平，洪水横流，泛滥于天下。草木畅茂，禽兽繁殖，五谷不登，禽兽逼人。兽蹄鸟迹之道，交于中国"（《孟子·滕文公上》），这说的是由于洪水造成的人无所食的情况。另一方面，"当尧之时，水逆行，泛滥于中国，蛇龙居之，民无所定。下者为巢，上者为营窟"（同上，下篇）。这说的是民居无所居的情况。治水则可以治理农业生态环境，从而为保证农业丰收创造条件，也可以解决人的食、居等重大的生活需要问题。二是看到大禹治水因循了自然之道，也就是利用事物之间的生态关联来治水，他的治水方法具有科学性。大禹治水所采用的方法就是因势利导的方法，"禹疏九河"（同上，上篇），"掘地而注之海"，"水由地中行"（同上，下篇）。只有大禹治水的方法才为治水之道，"禹之治水，水之道也，是故禹以四海为壑"（《孟子·告子下》）。因而，治水（其实也包括戡天在内）并不是要与自然对抗，而是通过利用自然自身规律的方式来使自然为人类服务。三是看到因循自然之道治水不仅治理了恶劣的生态环境，而且使农业生产成为可能，从而为人类的生存提供了条件。一方面，由于"禹掘地而注之海"，"水由地中行"，才使得"险阻既远，鸟兽之害人者消，然后人得平土而居之"（《孟子·滕文公下》）。这强调的是大禹治水所带来的治理生态环境的效果。另一方面，由于"禹疏九河"，"然后，中国可得而食也"（同上，上篇）。这强调的是大禹治水所带来为治理农业生态条件的效果，从而满足了人类起码的生活需要。经过人的努力，水患可以变为水利，既可以为人类提供生活用水，又可以提供生产用水，尤其是农业用水，这就是儒家强调大力治水的根本原因。这不仅说明儒家对人在农业生态经济系统中的地位和作用的重视，而且说明了他们对人在改造农业生态环境中的地位和作用的重视。

儒家要求统治者要根据季节的变化合理做好农用水的管理工作，尤其是要注意季春和孟秋这两个关键时节的管理工作。季春之月，农作物的生长急需雨水，一般来说这时的天气气候也有利于农作物的成长，"时雨将降，下水上腾"。但是，如果水利设施不完善，有障塞的话，不仅会破坏农作物利用雨水的有利条件，而且也会造成其他不必要的麻烦。因此，这个时候做好水利设施的整修工作尤为重要。正是出于这一考虑，儒家要求君王在这个月要命令司空"循行国邑，周视原野，修利堤防，道达沟渎，开拓道路，毋有障塞"（《礼记·月令》）。这一工作做好了，农作物就会获得及时雨，农业丰收才会有所希望。季节进入孟秋之后，天气多阴沉而淫雨不止，假如水利设施不畅通的话，雨水会泛滥成灾，造成秋涝，影响农业的收成。因此，在这个时候也要加强水利设施的整修工作。出于这样的考虑，儒家要求君王在这个月份要"命百官始收敛，完堤防，谨壅塞，以备水潦"（同上）。只有这样，才可能保证农业丰收。总之，通过尽人事的方式可以为农作物合理地利用水资源创造条件。

儒家还要求统治者要从国家水平上加强对水利及其设施的管理，在论"王官之序"时将具有水利管理职能的司空列入了政府机构之中，"修（循）堤梁，通沟浍，行水潦，安水臧，以时决塞，岁虽凶败水旱，使民有所耘艾，司空之事也"（《荀子·王制》）。这里强调的是以下几点：一是要从国家水平上加强对水利工作的领导，要将司空列入王官之序之中，而司空的职责就是进行水利管理（修堤梁，通沟浍，行水潦）；二是司空管理水利的基本原则和措施，要根据生态学的季节节律来决定蓄水和泻洪的问题（以时决塞），春旱少雨时要加强蓄水和用水的管理，秋涝多雨时要做好排涝和泄洪的工作；三是司空管理水利工作的根本目的是要防御水旱灾害，遭遇水灾时要做好泻洪工作，遇到旱灾时要安排好蓄水和用水等事宜。只有这样才能为农作物的成长创造一种有利的生态条件，也才能保证老百姓的生活（岁虽凶败水旱，使民有所耘艾）。总之，保证农业用水是国家加强水利管理工作的根本目的。可以说，这是中国社会的一个重要特点，正如马克思在谈到"亚细亚生产方式"时指出的，"节省用水和共同用水是基本的要求"，"因而需要中央集权的政府进行干预。所以亚洲的一切政府都不能不执行一种经济职能，即举办公共工程的职能"（《马克思恩格斯文集》第 2 卷，北京：人民出版社，2009 年，第 679 页）。

在治水的问题上，最能体现出儒家关于人在农业生态经济系统中作用的观点。

其二，"人有其治"在肥田上的表现。

土壤的生产力存在一定限度。随着土壤的连续利用，土壤的肥力也会连续递减，因此，人们应该向土壤增加投入，使用各种方法来提高土壤肥力。儒家也向人们倡导这一点，尤其是强调要加强对土壤肥力的管理。

儒家看到耕稼者是增加土壤肥力的重要因素，要求统治者要鼓励耕稼者对土地的投入。而只有耕稼者的物质利益得到保障，他们才会有土地投入的积极性，"民富则田肥以易（治），田肥以易则出实百倍"（《荀子·富国》）。反之，民贫则会影响他们对土地的投入，"民贫则田瘠以秽，田瘠以秽则出实不半"（同上）。为了鼓励耕稼者土地投入的积极性，儒家还要求统治者要根据耕稼者对土地的投入情况来制订赋税的比重。儒家责问道：丰收的年头，谷米狼藉满地，多征取一点不算苛刻，却不多征取；灾荒的年头，打下的粮食抵不上施肥的费用，却一定要收满定额；做人民父母官的却让人民勤劳不息，终年劳动，不但不能养活自己的父母，还要借债来补足要交的赋税，致使老人、孩子抛尸于荒野之中，做人民父母官的作用又在哪里呢？"乐岁（好年成），粒谷狼戾，多取之而不为虐，则寡取之；凶年（坏年头），粪其田而不足（粪指施肥），则必取盈焉。为民父母（指统治者），使民盻盻然（盻音西，盻盻然指勤劳不息的样子），将终岁勤动，不得以养其父母，又称贷而益之（益是凑足的意思），使老稚转乎沟壑，恶在其为民父母也？"（《孟子·滕文公上》）这样，儒家就突出了对土壤肥力进行管理的必要性和重要性。

儒家总结了我国上古时代的有机农业经验，要求人们要善于利用自然界本身的物质循环来增加土壤的肥力，提出了一些具体的施肥技术。儒家看到了

"树落则粪本"所具有的生态农学价值（《荀子·致士》），强调草本肥料在稳定和提高土壤肥力过程中的作用，"掩地表亩（掩覆土地，表明田亩），刺屮（即草）殖谷（除草种谷），多粪肥田"（《荀子·富国》）。运用肥料也要把握好时机，而季夏则是运用草本肥料的适宜季节。在这个月里，土壤润湿，将遍地杂草除下后，既可以减少它们对农作物的消极制约，免得它们与农作物争夺营养，又可用以肥田。待草干后将它们烧掉，到大雨流行时，雨水就会把草木灰带入土壤中，这样就可以起到施田的作用。因此，应该大力倡导这一方法。正因为这样，儒家将之列入了农事月历之中，"土润溽暑，大雨时行，烧薙（迫地芟草）行水，利以杀草（锄草），如此热汤。可以粪田畴，可以美土疆"（《礼记·月令》）。儒家和中国传统农学（农业）所倡导的有机肥料技术，在今天仍具有重大的意义。人们看到，"植物耗竭土壤中的营养，造成土壤肥力丧失"，因此要"使用持续的植物营养"，"推广可利用的肥料和其他植物营养来源"，要"提高土壤肥力管理"（《21世纪议程（节译本）》，《迈向21世纪——联合国环境与发展大会文献汇编》，北京：中国环境科学出版社，1992年，第96页）。

通过尽人事的方式可以肥田，稳定和提高土壤的生产力，这是人在农业生态经济系统中作用的又一体现。

其三，"人有其治"在田间管理上的表现。

儒家要求人们要善于利用自然界各种生物所具有的相生相克的生态关联来做好田间管理工作。儒家看到了田间杂草会与农作物争夺营养，使土壤肥力下降，因此要求人们做好夏锄工作。儒家认为只有这样才能保证农业丰收，"拔茅茹（茅草）以其汇（同类），征吉"（《易经·泰》）。另外，像田鼠和田豕等野兽会践踏农作物，因此儒家要求人们在孟夏这个农作物生长的月份里要驱兽，以免它们践踏农作物，"驱兽毋害五谷"（《礼记·月令》）。同时，儒家还看到了动物之间所具有的相生相克的食物链关系，要求人们要巧妙地利用这种关系来保护农作物。例如，猫可食田鼠，虎可食田豕，因此在中国传统的"腊八"（腊月所祭的八种神）中，就有猫和虎的位置，"迎猫，为其食田鼠也；迎虎，为其食田豕也，迎而祭之也"（《礼记·郊特性》）。这一切不仅不是迷信，而是说明了儒家所具有的生态农学水平，同时也说明了儒家对"理性的狡计"的重视及在农业上的应用。"人的理性的狡计使他能用其他自然事物抵御自然力量，让那些事物去承受那些力量的磋磨，在这些事物背后维护和保存自己"（[德]黑格尔著，梁志学等译：《自然哲学》，北京：商务印书馆，1986年，第7页），而这正是"人有其治"的表现。

通过上述三个方面以及其他问题，儒家将人作为了天地之间最尊贵的东西，也将人作为了农业生态经济系统中的主体，要求人们要力尽人事，这样才可能使农业生态经济系统处于良性运转之中。因而，在儒家看来，"天时不如地利，地利不如人和"（《孟子·公孙丑下》）。

(三)"禹稷躬稼而有天下"的重农价值取向

如何认识农业在国民经济体系中的地位，这是一个关系到国民经济能否有序、持续发展的根本问题，同时也制约着经济和环境相协调的关系。只有确立农业在国民经济中的基础地位，保证对农业的人力、物力和财力的投入，才可能为国民经济的持续发展奠定坚实的基础；也才能真正合理地利用、保护自然资源和生态环境，只有与环境相协调的经济才可能持续发展。我国是一个农业大国，农本商末、重本抑末是我国的传统，这一传统产生了两方面的后果：一方面，由于它对农业的高度重视，使我国的有机农业或自然生态农业高度发达。在耕地面积相对不变的情况下，我们保证了逐年增加的人口的吃饭问题。即使在今天，我们用不到世界上7%的耕地解决了占世界人口22%的人民的吃饭问题，这一切都与这个传统有着很大的关系。另一方面，由于它对商业以及所谓奇技淫巧的轻视和贬斥，使我国的工商业和技术远远落后于世界先进水平，从而也使我国的农业丧失掉了必要的技术支持和商业后劲。这些是我们考察作为环境意识内在构成部分的中国生态农学时应注意的问题。夏商周王朝都是由农业部族发展而来的，有着悠久的重农传统。这一传统深刻地影响着儒家，儒家对"禹、稷躬稼，而有天下"（《论语·宪问》）这一点推崇备至。这样不仅表达了重农的价值取向（这一点与其民本主义思想有着直接的关联），而且是儒家生态农学模式中天时、地利、人和三维结构的进一步深化。

1. 农在社会组织结构中的基础地位

儒家重农的价值取向首先表现在，他们确认和确定了农业在国民经济中的基础地位，确认农是社会职业中不可缺少的职业。

儒家在强调人是"群居和一"的存在物的同时，也强调"明分使群"的必要性和可能性，阐述了自己的社会分工观点。在儒家看来，"而人不能兼技，人不能兼官，离居不相待则穷，群而无分则争。穷者患也，争者祸也，救患除祸，则莫若明分使群矣……事业所恶也，功利所好也，职业无分，如是则人有树事之患，而有争功之祸矣"（《荀子·富国》）。这就是说"明分使群"社会组织结构的提出和建立，主要是出于以下两点考虑：一是为了"救患除祸"，明确上下尊卑的等级秩序，从而维护礼义政治，达到平天下的目的。二是反对"职业无分"，避免人们都往物质利益较为丰厚的部门奔（事业所恶，功利所好），这样社会系统才能正常运转。

根据上述原则，儒家对社会职业作出了如下划分：在政治上，"丧祭、朝聘、师旅一也。贵贱、杀生、与夺一也"（《荀子·王制》）。儒家要求统治者对待老百姓要软硬兼施，恩威并重，在政治机构的设置和社会分工上，既要确定道德教化的位置，也要承认杀生刑罚的作用。在人伦关系上，"君君、臣臣、父父、子子、兄兄、弟弟（夫夫妇妇）一也"（同上），直至后来发展出了所谓的"三纲五常"。在劳动分工问题上，"农农、士士、工工、商商一也"（同上），而这就承认了社会劳动分工的合理性和有效性。其中将农置于士、工、商之前，就显示出了儒家对农业的重视。

在确定了社会分工之后，儒家对各类职业的职责和功能直接作出了规定，"农以力尽田，贾以察尽财，百工以巧尽械器，士大夫以上至于公侯，莫不以仁厚知能尽官职"（《荀子·荣辱》）。儒家将之看成是天理，"夫是之谓至平"（同上）。光确定职业分工和职责范围还不够，还必须要保证各类职业所需的必要的劳动对象和劳动资料，"农分田而耕，贾分货而贩，百工分事而劝，士大夫分职而听，建国诸侯之君分土而守，三公总方而议，而天子共己而已"（《荀子·王霸》）。儒家要求人们要自觉维护这种"明分使群"的社会组织结构的合理性。一方面，作为统治者的天子、诸侯、大夫、士等，不能利欲熏心，僭越社会分工界线，直接经营具体的生产行当，从而侵犯劳动者的合法权利。儒家将之作为政治是否清明的一个重要标志，"义胜利者为治世，利克义者为乱世。上重义则义克利，上重利则利克义。故天子不言多少，诸侯不言利害，大夫不言得丧（失），士不言通货财，有国之君不息（繁育）牛羊，错质之臣（委身于君的人）不息鸡豚，冢卿不修币（用财币贩卖取利），大夫不为场园（场指种庄稼，园指种菜蔬），从士以上皆羞利而不与民争业，乐分施而耻积臧（藏）。然故民不困财，贫窭者有所窜其手（窭音具，贫穷的意思。"有所窜其手"是有所措手的意思）"（《荀子·大略》）。可见，儒家并不空谈义利之辨，而是有其实实在在的内容的，义利之辨与民本主义有着内在的、直接的关联（民不困财，贫窭者有所窜其手）。这或许是孔子将"稼""圃"看成是"小人"之事的根本原因（《论语·子路》）。另一方面，作为劳动者的农、贾、工不能越权而行，他们不能从事管理工作，这样才不会打乱社会秩序。在儒家看来，"农精于田而不可以为田师，贾精于市而不可以为市师，工精于器而不可以为器师"（《荀子·解蔽》）。这就是说，进行具体的生产劳作是农、贾（商）、工的职业，但农工商不能由于精通自己的本行就要直接从事管理工作，从事管理是统治者的职业，只有田师才能管理农（民）和田（地），只有市师才能管理贾（商人）和市（商业），只有器师才能管工（匠）和器（制造）。也许，这才是"唯上知与下愚不移"（《论语·阳货》）和"无君子，莫治野人；无野人，莫养君子"（《孟子·滕文公上》）的真实含义。

总之，尽管在礼义等级结构中，农属于低贱的行当和职业，但在"明分使群"的社会组织结构中，农在社会分工中居于基础性的地位，农民应尽力于农田。统治者要保障农民有田可耕,而不能直接从事农业生产,农民也不能从事直接的农业管理。统治者应将农置于其他生产行当之前,只有这样社会才能正常运转,统治者的统治才会长久,因此"治政有理矣,而农为本"(《孔子家语·六本》)。

2. 从政的重农标准

由于自然资源和自然环境在国民经济中占有重要地位,因而从一个国家和地区的自然生态状况可以窥视到其政治状态和伦理道德状况。在农业生产占主导地位的社会形态下,土地状况更能说明问题。根据这种情况,儒家提出了从政的重农标准,"观国之治乱臧否(好坏),至于疆易而端已见矣"(《荀子·富国》)。

具体来讲:其一,良好的土地状况说明农业和自然得到了重视,而重农、重自然必然要重道德教化,因此这个社会(地区)的政治状况也是良好的,"入其疆,土地辟,田野治。养老尊贤,俊杰在位,则有庆,庆以地"(《孟子·告子下》)。这里将重点放在了"地"上,因而,"其耕者乐田,其战士安难,其百吏好法,其朝廷隆礼,其卿相调议,是治国已"(《荀子·富国》)。其二,恶劣的土地状况说明农业和自然没有得到重视,而轻农、轻自然必然要轻道德教化,因此这个社会(地区)的政治状况也是恶劣的,"入其疆,土地荒芜,遗老失贤,掊克(聚敛)在位,则有让(责让,即责罚)"(《孟子·告子下》)。因而,"入其境,其田畴秽,都邑露,是贪主已"(《荀子·富国》),这里儒家将"土地辟""田野治"与"耕者乐田"联系了起来,将之看成是"治国的表现";将"土地荒芜""田畴秽"与"贪主"直接联系了起来,这样就确定了从政的重农标准,儒家就是根据这一标准进行行政评价的。例如,子路治浦(地名)三年,孔子经过其辖域时,三次发出了"善哉由也"的赞叹。为孔子赶马车的子贡就问:"先生未见子路的政绩就肯定了他的功劳,您根据的是什么呢?"孔子回答说:"我已看到他的政绩了。刚入其管辖范围,我已看到田畴尽易,草莱甚辟,沟洫深治,这就叫做恭敬以信,所以他的人民都能尽力。我进入他的城区,看到墙屋完固,树木甚茂,这就叫做忠信以宽,所以他和人民都很本分。我进入他的院中,看到庭其清闲,诸下用命,这就是明察以断,因而政事没有荒废。由此看来,我虽然三称其善,能够完全反映出他的政绩吗?"(见《孔子家语·辨政》)虽然《孔子家语》作为研究孔子思想的史料价值很值得怀疑,但这段话所提出的问题却是很可信的。

这样,儒家提出的从政的重农标准将人和自然的统一性、经济和环境的协调性看成是政治制度中应具有的功能。这不仅将环境管理、农业管理和行政管理三者统一了起来,而且有助于形成重农和保护自然的传统。

3. 以农为核心的生态——社会理想

由于自然对于经济的重大意义、农业对于社会的重大意义，追求经济和自然的协调、社会和农业的统一成为人们向往和追求的理想。儒家在政治上崇尚"天下为公"的大同世界，但他们心目中的理想时代却是夏商周三代为代表的小康社会，因而他们提出种种设计方案希望来完善、巩固小康社会，并使之永久化。在这个过程中，儒家不仅表达了自己的社会理想，而且也表达了自己的生态理想，将生态理想和社会理想统一了起来。儒家心目中的理想时代是这样的情况："王欲行之，则盍反其本矣。五亩之宅，树之以桑，五十者可以衣帛矣。鸡豚狗彘之畜，无失其时，七十者可以食肉矣。百亩之田，勿夺其时，八口之家可以无饥矣。谨庠序之教，申之以孝悌之义，颁白者不负戴于道路矣。老者衣帛食肉，黎民不饥不寒，然而不王者，未之有也。"（《孟子·梁惠王上》）（又《尽心上》有一段与之几乎差不多的论述）由此，我们可以看出其中三个特点。

其一，儒家心目中的理想时代或理想社会是以仁政和礼义为特征的社会（谨庠序之教——隆礼，申之以孝悌之义——尊仁），而王道和礼义政治的真实基础（反其本）却是民本主义（老者衣帛食肉，黎民不饥不寒）。它以追求人际关系的和谐、有序发展为目标（颁白者不负载于道路矣。颁白者指老者），而和谐、有序的人际关系是建立在良好的生态关系基础之上的（宅—桑—衣帛，畜—时—食肉，田—时—无饥），而人与自然之间的物质变换（主要指农业）必须要得到合理而有序的控制。因此，儒家既追求人际关系的和谐、有序的发展，也追求生态关系的和谐、有序的发展，这样儒家就提出了以农为核心的生态——社会理想。这就从宏观上认同了人和自然的一致性和统一性。

其二，在儒家所提出的生态理想中，主要表达的是农业生产如何合理而有效地进行的问题。在这个方案中，其核心层次是人们居的问题（五亩之宅），它要求人们要居有所居；第二层次是人们衣的问题，它提出通过栽桑养蚕的方法来解决人们的穿衣问题（树之以桑，五十者可以衣帛矣）；第三层次是人们食的问题，主要是强调通过发展畜牧业来解决人们所需的动物产品（畜—时—食肉）；第四层次也是人们的"食"的问题，主要是强调通过发展种植业来满足人们日常的食的需要（田—时—无饥）。在这一结构中，既有一般的种植业（田），也有畜牧业（畜）、林业（桑），还有手工业（蚕），只要合理协调这几个方面的关系，就可以基本上解决人们的衣食住行等一系列生活问题。这几个层次之间又具有合理的生态循环关系，如，人尽力于田，而人又要靠田养活；家畜也要消费掉一部分农产品，而家畜的粪便又可以肥田；家畜的粪便也可以养桑，剩桑残蚕又可以肥田……因而，这其实是一种有机农业的循环模式。可见，儒家对畜牧业、林业和手工业也给予了应有的重视，并将之列入了乡师的职责范围之内，"顺州里，定廛宅，养六畜，闲（闲，习）树艺，劝教化，趋孝弟（悌），以时顺修，使百姓顺命，安乐处乡，乡师之事也"（《荀子·王制》）。这就要求统治者要加强对畜牧业、林业和手工业的管理，因而儒家所讲的农又是一种朴素的大农业。

其三，在儒家提出的有机农业循环模式中，又突出了一个"时"字，要求一切农事活动都要围绕"时"来进行。一要利用桑树的季节演替规律，在桑树长叶的时候要保护好桑树，这样桑叶才可茂盛，蚕才有了可靠、稳定的食物来源。在此基础上，蚕吐的丝才会多，人的穿衣问题才可得到解决（宅—桑—衣帛）。又《礼记·月令》要求野虞在季春之月"无伐桑柘"，可见，儒家在桑、蚕的问题上也是重"时"的。二要根据家畜的季节演替规律，使其孕而不失时，这样六畜才会兴旺，人们的食肉问题才可得到解决（畜—时—食肉）。三要根据农作物的季节节律，要不失时机地搞好农业生产和农业管理，春播、夏耘、秋收和冬藏四者要依时而进、依序而行，统治者不能夺农时。这样农作物才会丰收，人们的吃饭问题才可望得到解决（田—时—无饥）。

通过上面的分析，我们可以看出，儒家所提出的生态—社会理想模式其实是古代的一种生态农业设计原则。而"遵循生态经济原理，运用现代科学技术手段，对农业生态系统进行再构造，从而实现农业系统有序的结构、强大的功能、持续的效益和良好的环境的目标，这就是生态农业设计"（叶谦吉：《生态农业——农业的未来》，重庆：重庆出版社，1988年，第187页）。在儒家的生态—社会理想中，无意中表达了现代生态农业和环境科学的一些基本常识，显示出儒家环境意识的超时代性和早熟性。

可见，儒家的重农价值取向进一步表达了其对天时、地利、人和、物丰相协调的理解，从而使儒家关于保护自然的经济对策的思想和生态农学思想进一步系统、全面化了。

六、

以赞稽物——自然保护的理想和目标

人类为什么要保护自然？什么是自然保护的理想和目标？这是现代生态哲学的一个基本问题，也是现代环境意识的深层次问题。由于对这个问题的理解不同，产生了生态中心论和人类中心论两种基本的倾向。前者将价值泛化，认为正是维护自然万物的价值性才构成了自然保护的理想和目标，否认了人类的特殊性；后者将人看成价值轴心，认为自然保护的理想和目标就是要维护人的利益，割断了价值的客观来源。事实上，这两种倾向都不利于自然保护健康、持续、有效地进行，不利于生态文明建设。因为他们都没有看到，价值是在人对待外界自然物的关系中产生的，人和自然之间具有一种一损俱损、一荣俱荣的关系。因而，协同进化和持续发展逐渐成为这个问题上唯一可供的抉择。也就是说，正是由于人和自然之间具有一种系统联系，污染自然环境和破坏生态平衡也就是损害人的利益，因此，人们才应该保护自然，即自然保护以至于生态文明的理想和目标也就是要达到人和自然的协同进化。

早在《国语·越语》中，我们的祖先就形成了与协同进化相类似的认识，这就是"与天地相参"的思想，"夫人事必将与天地相参，然后乃可以成功"（《国语·越语下》）。在此基础上，儒家通过对夏商周三代以来生态学成果和自然保护经验的总结，根据自己的社会政治经济主张，进一步将"与天地相参"作为了自然保护的理想和目的。儒家对这个问题的认识，也经历了一个逐渐完善的过程。《易经》最先对泰卦天地交泰的理想情况进行了肯定，而孔子提出了"礼之用，和为贵"（《论语·学而》）的目标，后来孟子提出了"上下与天地同流"（《孟子·尽心上》）的思想，荀子提出了"赞稽物"（《荀子·解蔽》）的主张，而《礼记》对之进行了全面、详尽的概括，"唯天下至诚，为能尽其性；能尽其性，则能尽人之性；能尽人之性，则能尽物之性；能尽物之性，则可以赞天地之化育；可以赞天地之化育，则可以与天地参矣"（《礼记·

中庸》)。这就是说，人们应该将人和自然的协同进化作为一种理想，并将之贯彻到自然保护的一切过程中去。那么，如何才能达到"与天地相参"的理想境界呢？除上面提到过的有关内容外，儒家在形而上学的层次上又着重强调的是以下几点。

(一) 神道设教：人和自然相协调的宗教——道德诠释

宗教是哲学观念的最初形式，人类的理论思维就是从宗教中产生和发展起来的。因而，如何看待宗教在协调人和自然关系中的作用，如何规定宗教在保护自然资源、维持生态平衡过程中的功能，是现代环境意识中饶有趣味的一个话题。由此，在宗教内部发展出了"生态神学"这样一种专门的宗教观点，在宗教外部发展出了"宗教生态学"这样一个专门的研究领域，而这一切都说明现代环境意识正在向纵深方面发展。

在哲学世界观的层面上，儒家首先意识到了宗教在协调人和自然关系中的作用，将宗教看成是达于"与天地相参"的一个重要方式，这就是"神道设教"的思想。尽管"神道设教"一词是在《易传》中首次出现的，但神道设教的思想不仅为《易传》所有，而且《易经》以至整个以儒家为主流的中国传统文化都具有这一思想。在儒家看来，鬼神是并不存在的，人们之所以要崇拜天地鬼神，就在于其中所包含的道理可以治理天下，用宗教鬼神观念可以起到道德教化的作用；人们之所以要崇拜外界的自然之神，就在于可以起到治理天下的作用，"山川之神足以纲纪天下"(《史记·孔子世家》)；人们之所以要崇拜祖先的亡灵，就在于可以起到道德教化的作用，"慎终追远，民德归厚矣"(《论语·学而》)，而这正是神道设教的实质。在此基础上，《易传》提出："观天之神道，而四时不忒；圣人以神道设教，而天下服矣。"(《易传·观·彖传》)

这就指出，第一，宗教观念是在人们处理与外界自然物的关系中产生的。人们从天体运行所具有的季节节律等客观法则中领悟出了人事行为的道理，宗教由此产生。它是在认同人和自然的统一性基础上的一种达于人和自然一致性的方式，因而宗教本身具有一定的生态学意义（观天之神道，而四时不忒）。第二，宗教产生之后可以起到道德教化的作用，这样才可能维护社会系统的正常运转。因而，宗教本身有一定的伦理学意义（神道设教，天下服矣）。合而言之，宗教可以起到协调人和自然关系的作用，它主要是通过道德教化的方式实现的，因而宗教本身具有生态道德的意义。而按现代一些论者的观点来看，以生态道德为研究对象的生态伦理学也就是现代意义上的生态哲学。

1. 从神道设教与自然崇拜的关系看宗教在协调人和自然关系中的作用

无疑，神道设教是从自然崇拜中发展出来的，但神道设教又突破了自然崇拜的局限性，成为了一种人为的宗教形式，神道设教与自然崇拜之间具有一种损益的关系。正是在这种损益关系中，神道设教获得了自然保护的意义。

第一，神道设教是自然崇拜的延续。自然崇拜是自然发生的原始宗教形式，以自然界的具体事物为崇拜对象，是生产力和科学不够发达的必然结果。"庶物崇拜（即自然崇拜——引者按）是自然发生的原始人的迷信。它的根据就是蒙昧。原始人对于一切自然均不明其所以然，只觉得万事万物都是灵异不可思议。男女的生殖器，自然现象的风云雷雨、山川草木，一切都好像有神明藏在里面。这是原始公社社会应有的观念。宇宙还是群神共有的时代，还不是一神私有的时代。"（郭沫若：《中国古代社会研究·〈周易〉时代的社会生活》，《郭沫若全集·历史编》第1卷，北京：人民出版社，1999年，第59页）神道设教也讲自然崇拜，根据《礼记·祭法》的说法，天、地、时、寒暑、日、月、星、水旱、四时、山林、川谷、丘陵等都是人们崇拜的对象，此外还有中霤、国门、国行、户、灶等。这是神道设教与自然崇拜相一致的方面。

第二，神道设教是自然崇拜的增益。神道设教又对自然崇拜有所增益，这就是从道德教化、生态关联、重农等方面赋予了自然崇拜以新的含义，"祭帝于郊，所以定天位也；祀社于国，所以列地利也；祖庙，所以本仁也；山川，所以傧鬼神也；五祀，所以本事也"（《礼记·礼运》）。这就是说，天帝（帝）、土地（社）、先祖（祖庙）、山川、五祀（户、灶、中霤、门、行）都是人们崇拜的对象。但人们之所以要崇拜这些事物，在于：其一，人和这些自然事物之间具有一种生态关联。自然天体的斗转星移造成了四时的更迭，由四时的更迭形成的季节节律对于人类的生产和生活具有重大意义，因此人们要祭帝（祭帝于郊，所以定天位也）。而自然界的物产又构成了人们生产和生活的物质财富的来源，人和自然物产之间构成了一种物质循环，因此人们要祭社（祀社于国，所以列地利也）。其二，由于自然事物构成了人类生活资料的来源和生产活动的对象。自然是作为国民经济基础部门的农业的对象、条件和场所，因此崇拜自然是为了使农业生产有序、持续地进行下去（五祀，所以本事也）。其三，由于客观自然规律对人具有一种强制、威慑作用，人事行为必须要顺应自然规律，因此从崇拜自然中可以领悟出治国的道理，可以起到"道之以德"的作用（祖庙，所以本仁也。山川，所以傧鬼神也），这又是神道设教与自然崇拜不同的方面。

第三，神道设教的自然保护意义。站在神道设教的高度来看自然崇拜，自然崇拜就获得了全新的内容和意义。其一，儒家首先从生态学的角度对神、命、鬼作出了解释，"山林、川谷、丘陵，能出云，为风雨，见怪物，皆曰神"，"大凡生于天地之间者皆曰命，其万物死皆曰折，人死曰鬼，此五代之所不变也"（《礼记·祭法》）。这样，神、命、鬼就不是什么神秘、可怕的东西了。其二，儒家从生态学的角度肯定了自然崇拜的合理性和必要性，"及夫日、月、星辰，民所瞻仰也，山林、川谷、丘陵，民所取财用也，非此族也，不在祀典"（同上）。这样，自然崇拜就不仅有了存在下去的理由，而且成为人们生活的内在内容。其三，儒家从生态学的角度肯定了自然崇拜的价值，"礼行于郊而百神受职焉，礼行于社而百货可极焉，礼行于祖庙而孝慈服焉，礼行于五祀而正法则焉。故自郊、社、祖庙、山川、五祀，义之修而礼之藏之也"（《礼记·礼运》）。这样，自然崇拜就获得了生态学、生态农学、道德教化等多重意义。因此，在儒家看来，神道设教也能在协调人和自然的关系中发挥自己的作用，也具有自然保护意义。

从神道设教与自然崇拜的关系来看，宗教确实能够以自己独特的方式来协调人和自然的关系，能够在保护自然资源、维持生态平衡中施展自己的作用，宗教的这种作用与道德有异曲同工之妙。即使在今天，西方的一些人士也看到了这一点，"自然道德（即生态道德——引者按）在一切原始文化，例如美洲印第安人文化中，以及在远东文化中都很盛行"（［美］J·P·蒂洛著，孟庆时等译：《伦理学：理论与实践》，北京：北京大学出版社，1985年，第10页）。当然，我们作为历史唯物主义者不敢对此苟同，但是我们应该用历史唯物主义的基本观点和方法来分析时代发展中提出的这一新问题。

2. 从宗教的生态行为规范来看宗教在协调人和自然关系中的作用

从神道设教的观点来看，宗教是在对自然法则的领悟中产生的，因此它可以起到协调人和自然关系的作用。但是，为了能够更有效地协调人和自然的关系，宗教本身也得遵守一定的生态行为规范。在儒家看来，主要有以下两条。

第一，"必顺其时"。宗教活动也必须遵循生态学的季节节律，要根据春夏秋冬四时的更迭来合理安排宗教活动。《易传》在对既济九五爻辞（东邻杀牛，不如西邻之禴祭，实受其福）的解释时指出，尽管东邻用牛来祭，西邻用黍稷来祭，但是西邻却可得福，东邻却未得福。为什么厚祭不得福，薄祭反而得福呢？原来，祭不在祭品的厚薄，而在于祭之时是否适宜，"东邻杀牛，不如西邻之时也"（《易传·既济·象传》）。《月令》所列举的一套祭仪就是根据这一思想来设计的，从而制定出了一个详尽的宗教活动时间表。孟春之月，天子要"祈谷于上帝"；季夏之月，要准备好祭品"以共皇天上帝名山大川四方之神"；孟冬之月，"天子乃祈来年于天宗"；季冬之月，一年的祭祀已举行完毕，又开始来筹划来年的祭祀。因而，一切宗教活动都要根据生态学季节节律来进行，"君子合诸天道，春禘、秋尝"（《礼记·祭义》）。

第二，"慎因其类"。宗教活动也必须遵守生态学的生物结构规律，要根据事物的种类和类型来合理安排宗教活动。一是要根据自然的差异来安排宗教活动，祭天有祭天的要求，祭地有祭地的要求，"因天事天，因地事地，因名山升中于天，因吉土以飨帝于郊。升中于天，而凤皇（凰）降，龟龙假；飨帝于郊，而风雨节，寒暑时"（《礼记·礼器》），这样才可能促进生态的良性循环。二是要根据每个人的社会地位来安排宗教活动。由于人们的社会地位不同，祭祀对象也不尽相同，"天子祭天地，祭四方，祭山川，祭五祀，岁遍。诸侯方祀，祭山川，祭五祀，岁遍。大夫祭五祀，岁遍。士祭其先"（《礼记·曲礼下》），这又显示出了神道设教的历史和阶级的局限。

总之，在儒家看来，对待宗教如同对待兵事一样，都要注意时和类的问题，"凡举大事，毋逆大数，必顺其时，慎因其类"（《礼记·月令》）。只有以此来规范和约束自身的宗教才可能起到协调人和自然关系的作用。

儒家就是这样运用神道设教的学说对人和自然相协调的理想作出了宗教—道德的诠释。将宗教看成是达于"与天地参"的一种重要方式。站在历史唯物主义的高度来看，尽管宗教本身是荒诞不经的，但我们可以利用它提供的思想资料来为我们今天建构环境意识服务。正因为这样，连汤因比这样的大历史学家也认为，"关于对人以外的自然所具有的尊严性问题，我们有必要再恢复以前对它们所持的崇敬和体贴。为此，我们需要一种正确的宗教来帮助我们这样做。所谓正确的宗教，就是教导我们对人和包括人以外的整个自然，抱有崇敬心情的宗教"（［英］A·J·汤因比、［日］池田大作著，荀春生等译：《展望二十一世纪——汤因比与池田大作对话录》，北京：国际文化出版公司，1985年，第380—381页）。

（二）中庸毋我：人和自然相协调的方法论要求

现代生态环境问题所具有的综合性的特点说明，人类解决生态环境问题、协调人和自然的关系再也不能采用机械—分析的方法了，而必须采用辩证—综合的方法。事实使人们认识到，只有辩证综合的方式才可能帮助我们找到解决生态问题的出路，只有以辩证综合的方法为导向的人类活动才可以与自然相协调，而系统科学的发展则为之提供了新的可能。"把系统分析的方法应用于生态学，就称为系统生态学"，"系统生态学是一种整体的形式体系化的研究方法"，"成为一门独立的重要科学"（［美］E·P·奥德姆著，孙儒泳等译：《生态学基础》，北京：人民教育出版社，1981年，第270页）。因此，生态学思维、生态学方法不仅成为人类解决生态环境问题的重要对策，而且成为现代环境意识的重要组成部分，是达到人和自然相协调状态的一种重要的方式。在我国上古时代，我们的祖先就在自觉或不自觉之中意识到了科学方法在协调人和自然关系中的重要作用，而儒家则明确地意识到了辩证思维方法在协调人和自然关系中的重大作用，这就是将中庸（中行、中和）看成是达到"与天地参"的重要方式，"人有中，曰参，无中曰两"（《逸周书·武顺解》）。这是儒家的辩证思维在生态学问题上的集中体现。

1. 中庸的含义

儒家所讲的中庸决不是形而上学式的折衷主义,要抹煞矛盾,而是看到矛盾的客观存在,欲求以相互依存和相互联结的方式来解决矛盾的一种辩证思维方式。尚中是儒家思维的一个重要特点,《易》反复强调的是"中行"的重大价值,认为只有中才是可行的。因此,遇中一律为吉、为亨。而孔子第一次明确提出了"中庸"的概念,"中庸之为德也,其至矣乎!民鲜久矣"(《论语·雍也》)。后来,儒家还提出了中和等说法。到《礼记》将中庸作为一个专门问题进行论述、独立成章时,中庸就成为了儒家学说中一个专门的方面。而当宋儒朱熹将《中庸》从《礼记》中抽出,与《大学》《论语》《孟子》并列成"四书"时,中庸就成为儒家的专门的思想方法,成为一个覆盖自然、社会、人生和文化等诸方面的普遍性的思想方法。

第一,中的含义。儒家所讲的中就是要求人们要"执两用中",要求将矛盾着的双方互相联系起来,以它们的相互依存来达到矛盾着的双方的共处,这正如孔子所说的,"吾有知乎哉?无知也。有鄙夫问于我,空空如也。我叩其两端而竭焉"(《论语·子罕》)。因此,在处理具体问题时,儒家要求在"过"和"不及"之间保持一种必要的张力,反对过头和不足,要求人们应该行中,"不得中行而与之,必也狂狷乎!狂者进取,狷者有所不为也"(《论语·子路》)。在儒家看来,"过犹不及"(《论语·先进》)。因此,儒家所讲的中也就是要"平两以参"(《逸周书·常训》),要求人们要看到对立、差异着的事物的联系和依存。

第二,庸的含义。儒家所讲的庸也就是用,要求人们要用中,"执其两端,用其中于民"(《礼记·中庸》)。因而,汉儒注《礼记》时将庸释为用。但"用中"决不是一时一事的问题,而是一个时时处处都存在着的问题,"不易之谓庸","庸者,天下之定理也"(《河南程氏遗书·第七》)。因此,又可将庸释为(恒)常。尽管"用中"是一个普遍性的问题,但决不是一个玄奥的问题,用中"亦人所同得,初无难事"([宋]朱熹:《中庸章句》)。因此,庸还可释为平常。儒家所讲的庸也就是要求人们要在平凡的实际生活中(平常)运用(用)普遍性的规律(恒常、常理)。

第三,中庸的方法论要求。将中和庸联系起来看,正如有的论者指出的,执两用中,用中为常道,中和可常行,这三层互相关连起来就是儒家典籍赋予中庸的全部含义(参见庞朴:《"中庸"平议》,《中国社会科学》1980年第1期)。但儒家之所以要这样做,并不是要调和、消融矛盾,在这个问题上,也存在一个准绳。一是用中不得与客观自然规律相违背,"天之历数在尔躬,允执其中"(《论语·尧曰》),要按照天道适中的规律来处理人事问题。这说明,儒家所讲的中庸也有一定的客观基础。二是"用中"不得与人伦常理相对抗，"君子之于天下也，无适也，无莫也，义之与比"（《论语·里仁》），要按照社会准则来用中。这说明，尽管儒家的中庸有其社会和阶级的局限性，但用中绝不是一件随便的事情。因此，儒家要求在"执两用中"的过程中要用"权"（准绳），"执中无权，犹执一也。所恶执一者，为其贼道也，举一而废百也"（《孟子·尽心上》）。

由上可见，儒家所讲的中庸不仅是一个人事法则，也是一个自然规律。中庸不仅是一种伦理学说，而且也是一种方法论要求，体现出了儒家思想的辩证思维特点。要求在对立中要看到联系，在差异中看到依存。它的局限性在于，将义作为中的"权"，没有看到斗争也是促进矛盾着的双方达到依存和联系的一种重要的或基本的方式。

2. 中庸的客观基础和生态价值

儒家所讲的中庸也是建立在对客观自然规律体认的基础上的，不仅要求人们在处理人际关系时要"用中"，而且要求人们在处理生态关系时也要"用中"。儒家正是从中庸的客观基础引申出中庸的生态价值的。

第一，中庸的客观基础。儒家所讲的"中庸"决不是空中楼阁般的玄思，他们从客观自然规律本身所具有的"中"的特点领悟出了"中庸"的方法论原则。儒家看到，客观自然界本身具有一种适中的特点，天为至刚，地为至顺，天地构成了世界对立的两极，但至刚必转化为顺，至顺必转化为刚。只有刚柔相济，阴阳相遇，天地才可能交泰，万物正是在这种适中的状态中产生、存在和发展的，"天地相遇，品物咸章也。刚遇中正，天下大行也"（《易传·姤·象传》）。天地自然正是这样执两用中的，合二为一，一（中）而二（两）为三（参）构成了一个整体，"中"成为构成自然系统的重要机制，"立天之道，曰阴曰阳；立地之道，曰柔与刚；立人之道，曰仁与义。兼三才而两之，故易六画而成卦。分阴与阳，迭用柔刚，故易六位而成章"（《易传·说卦》）。其中"兼三才而两之"正体现出了中庸的特点。正因为这样，儒家将中庸看成是天地自然万物本身所具有的法则，"天地之道，虽有不和者，必归之于和，而所为有功；虽有不中，必止之于中，而所为不失"（《春秋繁露·循天之道》）。不正是四时之间、寒暑之间、风雨之间的"中"才使得自然界呈现出一幅生机勃勃的画面吗？试想一下，假如寒暑之间无"中"，或极热，或极寒，那么天地自然又会成为一幅什么模样呢？生命的存在可能吗？从自然界的中庸推出人事上的中庸，这事实上也就是认同了人和自然的统一性和一致性。

第二，中庸的方法论价值。儒家尚中重在用中，他们强调的是中庸的具体应用价值，"中行无咎"（《易经·夬》），要求人们要善于运用中庸的方法来处理人际关系和生态关系。中庸既是儒家对客观自然法则的体认和效法，也是儒家充分发挥思维的能动性的体现。儒家看到了认识的片面性的弊端，将片面性作为认识的致命之处，"凡万物异则莫不相为蔽，此心术之公患也"（《荀子·解蔽》）。因此，作为一种方法的中庸也就是要达到认识的全面性，力戒自私、自利、固执和唯我的思想方法和实际行为，力求做到"毋意、毋必、毋固、毋我"（《论语·子罕》）。毋我是中庸的内在构成部分和要求，中庸在人际关系上的毋我也就是要求人们在处理自身和他人的关系上执两用中，既要看到自身存在的合理性，也要承认他人生存的必要性，在承认自身利益和他人利益相冲突的同时，力求使二者协调起来，在二者之间寻求一个适中的办法。因而，儒家既反对杨朱的唯我主义，也反对墨家的兼爱立场，"杨氏取为我，拔一毛而利天下，不为也。墨子兼爱，摩顶放踵利天下，为之。子莫执中，执中为近之"（《孟子·尽心上》）。中庸在生态关系上的毋我也就是要求人们在处理自身和自然的关系上执两用中，既要看到人在自然界中的优越性，又要看到人在自然界中的制约性，力求人和自然关系和谐、有序、协调地发展，"圣人知心术之患，见蔽塞之祸，故无欲无恶，无始无终，无近无远，无博无浅，无古无今，兼陈万物而中悬衡焉"（《荀子·解蔽》）。其中"兼陈万物而中悬衡"说的就是，人们在处理人和自然的关系时，要看到万事万物都有存在的理由和根据，在这一点上它们是平等的。但这种平等是有级差的平等，这种平等和级差的统一就是生态关系上的毋我，也就是中庸。

第三，中庸的生态学价值。中庸既是客观自然界本身所具有的法则，也是人事行为自身所具有的准则，从自然界和人事活动中抽象出来的中庸也就成为架通人和自然关系的桥梁，作为方法论要求的中庸是达于"与天地参"的重要方式。为什么呢？这在于，其一，中庸也就是"称物平施"。在儒家看来，包括生物在内的自然万物是按一定的结构同时并存于世界的，生物具有一定的生态学结构，有类、群之别，这是"两"（矛盾、差异、对立）。但各种生物能够同时共处于世界上，形成了一个生态系统，这是"中"（统一、联结、依存）。"执两用中"的"中庸"与"方以类聚、物以群分"的生物结构是一致的，因而儒家提出了"称物平施"（《易传·谦·象传》）的要求。固然"称物平施"是要损多益寡，但也包含着在生物结构上"执两用中"的含义，内在地认同着天地自然万物在价值上的平等性和依存性。其二，中庸也就是"涣其群"。在儒家看来，生物和环境之间存在着一种物质循环的关系，每个生物都有自己的生命需要，都要从环境中获得生命所需的物质、能量和信息，在这个意义上，生物之间具有一种竞争的关系，这是"两"（矛盾、差异、对立）。但资源应该为大家共享，不能弱肉强食，就是前面所提到的"涣其群，元吉"的意思，这又是"中"（统一、联结、依存）。"执两用中"的中庸与"得养则长，失养则消"的生态流程是相一致的，因而儒家认为，"寒泉之食，中正也"（《易传·井·

象传》）。也就是要求人们要运用中庸的方法来处理资源的配置问题，认为资源为大家所共享最能体现出中庸之道。其三，中庸也就是"时中"。在儒家看来，包括生物在内的自然万物具有一种季节演替的节律，春、夏、秋、冬四季会使生物呈现出各不相同的生物特性，这是"两"（差异、对立、矛盾）。但春夏秋冬又都不可无限地长，它们互相之间具有一种节制的关系，春夏秋冬四季的依次、有序更替才形成了一个完整的循环，这又是"中"（联结、依存、统一）。"执两用中"的"中庸"是与"虽有镃基，不如待时"的生态季节节律相一致的，因此，在儒家看来，"柔以时升，巽而顺，刚中而应，是以大亨"（《易传·升·象传》）。也就是说中庸之"中"就是要"时中"，要按照中庸的方法来认识、把握生态学的季节节律，生态学季节节律最能体现出中庸的特点。正因为中庸具备这样深刻的生态学内涵，因此，它具有重要的自然保护意义，"致中和，天地位焉，万物育焉"（《礼记·中庸》）。就是说，人们运用中庸的方法（得中和）可达到人和自然相协调的理想状态（天地位焉，万物育焉）。正如朱熹在解释这句话时所指出的，"天地万物本吾一体"（[宋] 朱熹：《中庸章句》），人和自然就是这样通过中庸的方法获得了统一、和谐、一致的关系。

通过上面的分析，我们可以看出，中庸其实也就是儒家所提出的生态学方法，运用这种方法可以起到协调人和自然关系的作用，达到人和自然相协调的理想状态，"志意随天地，缓急仿阴阳。然而人事之宜行者，无所郁滞，且恕于人，顺于天，天人之道兼举，此谓执其中"（《春秋繁露·如天之为》）。中庸也就是要执中，而执中就是要"天人之道兼举"，天人之道兼举也就是要追求人和自然的和谐、协调。

当然，儒家所讲的中庸既不是与黑格尔、马克思等辩证思维形式同日而语的辩证思维，也不是与现代生态学方法处于同一个水平上的生态学方法，它有其历史和阶级的局限性。今天，我们只能在马克思主义辩证思维的指导下，运用现代系统科学的方法和生态学的方法才能解决生态环境问题，达到人和自然的和谐一致。这是我们指出中庸所具有的生态学和自然保护价值时必须要注意的问题。

（三）三才无私：人和自然相协调的世界观原则

现代生态环境问题的实质是将人和自然的矛盾突显出来了，因而，如何理解自然规律和社会规律的关系，不仅成为现代生态学和环境科学要解决的基本问题，而且成为现代环境意识的核心问题，这正如马克思注意到的一位科学家所说的那样，"不以伟大的自然规律为依据的人类计划，只会带来灾难"（《马克思恩格斯全集》第31卷，北京：人民出版社，1972年，第251页）。这就要求人们应从世界观的高度来协调人和自然的关系，对自然规律和社会规律作整体、系统的把握，生态哲学正是围绕这一问题建构起来的。那么，儒家是如何从世界观的高度来看人和自然相协调的问题的呢？《礼记·孔子闲居》中所记载的子夏和孔子的一段对话最能代表儒家在这个问题上的观点。子夏问："三王之德，参于天地，敢问何如斯可谓参于天地矣？"孔子说："奉'三无私'以劳天下。"子夏又问："敢问何谓'三无私'？"孔子说："天无私覆，地无私载，日月无私照，奉斯三者以劳天下，此之谓'三无私'。"在儒家看来，只有遵从自然规律，才可能达到人和自然相协调的理想状态。

1. 儒家思想中关于自然的概念

尽管天也有自然的含义，但自然的内涵远比天要丰富得多。因此，在考察儒家关于人和自然相协调的思想之前，我们有必要来正名，考察一下儒家思想中的自然概念。在儒家思想中，没有一个现成的概念或范畴接近我们现在所讲的自然，儒家所讲的天和地、天地和万物、天地人等概念或范畴的总和约略相当于我们现在所讲的自然概念。

第一，关于天和地的含义。尽管儒家也在天和人相对应的意义上来讲天，但在自然观上，儒家常常是将天和地作为一个成对的范畴来用的。最明显的是《易传》所提出的以下两个成对的命题，一是讲"天行健，君子以自强不息"（《易传·乾·象传》），二是讲"地势坤，君子以厚德载物"（《易传·坤·象传》），天和地的含义、特点就是在这个过程中得到规定的。在儒家看来，天指的是世界上极高的在上者，地指的是世界上极低的在下者，"至高谓之天，至下谓之地"（《荀子·儒效》），"天者，高之极也；地者，下之极也"（《荀子·礼论》）。天的最大的特点是自然而然，具有一定的季节节律，提供了万物存在的可能，"天何言哉？四时行焉，百物生焉，天何言哉？"（《论语·阳货》）而地则有生、养、载等一系列特点（详见有关章节）。儒家就是以天、地作为矛盾的两极，通过天和地的矛盾提出了自己的自然主义的宇宙观，"在天成象，在地成形"（《易传·系辞上》），"天施地生"（《易传·益·象传》），而《易》就是通过乾（天）和坤（地）的矛盾构造出了一个宇宙论图式。但是，天和地并不能涵盖自然万物，在自然界中，除了天和地之外，还有动植飞潜等一系列自然事物。

第二，关于天地和万物的含义。在儒家的自然观中，天地和万物是作为一个成对的范畴出现的，天和地强调的是自然界的构成，天地和万物的矛盾则是着眼于宇宙生成的演化过程。天地不是天和地二者的简单相加和拼凑，而有自己独立的内容，指的是由至上的天和至下的地所构成的宇宙空间，"天地盈虚"（《易传·丰·象传》）；它提供了万物存在和活动的场所，"盈天地之间者唯万物"（《易传·序卦传》）；万物是在天地中生成和深化的，"有天地，然后万物生焉"（同上），"天地感而万物化生"（《易传·咸·象传》）。尽管天地范围极大，但它也不同于自然，因为它要由万物来充塞其间。"物"是世界上最概括和抽象的一个概念，"物也者，大共名也。推而共之，共则有共，至于无共然后止"（《荀子·正名》），将"万"置于"物"之前所形成的"万物"也就是指世界上具体存在物的总和。但万物也不等同于自然，因为它要在天地所提供的范围内存在和活动，万物要依赖于天地，"天地养万物"（《易传·颐·彖传》）。正因为这样，儒家是将天地和万物作为一个矛盾着的整体来运用的，由此来说明宇宙的生成和演化，"有天地，然后有万物；有万物，然后有男女；有男女，然后有夫妇；有夫妇，然后有父子；有父子，然后有君臣；有君臣，然后有上下；有上下，然后礼义有所错（措）"（《易传·序卦》）。

第三，关于天地人三才的思想。在儒家自然观中，还有一个特殊的概念，这就是三才的思想，将天地人三者看成是世界上相平行、并列的三个要素，由这三者构成了世界整体。"《易》之为书也，广大悉备：有天道焉，有人道焉，有地道焉。兼三才而两之，故六。六者，非它也，三才之道也。"（《易传·系辞下》）。儒家认为，从表面上来看，天、地、人三者的秉性是不同的，阴阳为天之道，柔刚为地之道，仁义为人之道。但事实上，这却是一个东西的三种表现，阴阳、柔刚、仁义三者本来是一回事，"立天之道曰阴与阳，立地之道曰柔与刚，立人之道曰仁与义。兼三才而两之，故《易》六画而成卦。分阴分阳，迭用柔刚，故《易》六位而成章"（《易传·说卦》）。因此，儒家不仅在农业生产这样的实际问题上提出了天时、地利、人和的思想，而且在认识论上将之作为一个重要的问题提了出来，"天有其时，地有其财，人有其治，夫是之谓能参。舍其所以参而愿其所参，则惑矣"（《荀子·天论》）。三才也不等同于自然，世界上除了三才之外还存在着其他事物，但三才思想最接近我们所讲的人和自然的关系。

可见，在儒家思想中并没有形成一个统一、完整的自然观念。天、地、天地、万物、天地人等概念都不能单独具备自然的含义，只有它们的总和才构成了自然概念。但是，从当时的理论思维水平来看，天和地、天地和万物、天地人这三对成对的范畴又各自接近我们所讲的自然概念。在这个意义上，用"天人合一"这个命题来概括儒家关于人和自然的思想是不全面的。因为天不仅不具有严格的自然观的意义，而且它本身也具有多重含义。除了上述含义外，天在儒家思想中还具有下述含义：其一，作为意志和人格的天。孔子所讲的天往往是有意志和人格的，天是文化的决定者，"天之将丧斯文也，后死者不得与于斯文也。天之未丧斯文也，匡人其如予何"（《论语·子罕》）；天也是道德的决定者，"天生德于予，桓魋其如予何"（《论语·述而》）；天还是人生的决定力量，"商闻之矣：死生有命，富贵在天"（《论语·颜渊》）。尽管这里将天作为了第一位的东西，但说明的只是具体的人生问题，而且是在窘困的情况下讲的，恐怕只具有自嘲的意义。其二，作为天命的天。孔子有时将天和命合在一起来讲天，将天命看成是人不可抗拒的外在力量，将"畏天命"看成是区分君子和小人的准绳，"君子有三畏：畏天命，畏大人，畏圣人之言。小人不知天命而不畏也，狎大人，侮圣人之言"（《论语·季氏》）。"知天命"是人生道德修养的一个必经阶段，"五十而知天命"（《论语·为政》）。这是我们考察儒家关于人和自然相协调思想时必须遵循的逻辑和自然观前提条件。

2."天人相分"的真实含义

肯定"天人合一"生态价值的论者，多对"天人相分"持一种贬斥、否定的态度，认为正是由"天人相分"才派生出了"人定胜天"，而"人定胜天"则是造成生态环境问题的最终根源。其实，在儒家思想内部，作为自然观的天人问题具有复杂的表现形式，儒家对天人关系的探讨也经历了一个曲折的过程，"天人相分"是对"天人合一"的扬弃，是"天人相胜"的开始，三者构成了儒家探讨天人关系的正反合三个命题。那么，"天人相分"的真实含义是什么呢？

第一，"天人相分"在自然观上的真实含义就在于肯定自然规律的客观性。在孔子的眼里，天本来是自然而然的，具有一种季节节律，构成了事物存在的条件。但孟子却将天看成是人伦道德的根据，认为人伦道德源于天，因而天人之间实无相隔之分，而是息息相关的整体（宋明理学家也大多是在这个意义上来讨论"天人合一"的）。在这种背景下，荀子提出了"天人相分"的观点，他将斗争的矛头直接指向神秘主义的天命论，还天以其本来的自然面目，"天地合而万物生，阴阳接而变化起，性伪合而天下治。天能生物，不能辨物也；地能载人，不能治人也；宇宙万物、生人之属，待圣人然后分也"（《荀子·礼论》）。由于天人在结构和功能上都有其特殊性，将天和人分开才能使人认清天的本来面目，因而，"天人相分"使儒家对天的认识更加深入和具体了。一是儒家承认了天的客观性，认为"天不为人之恶寒也辍冬；地不为人之恶辽远也辍广"（《荀子·天论》）。而天的这种客观性是一种常规，具有普遍性，"天行有常，不为尧存，不为桀亡"（同上）。因此，从天所具有的这种普遍的客观性应得出的结论是，人必须顺应和遵从自然规律，"天有常道矣，地有常数矣，君子有常体矣。君子道其常"（同上）。二是儒家对天的认识从功能水平进入到了结构的水平，将天看成是由五行、四时、十二月等结构构成的整体，天在人面前再也不是一个混沌的整体了，"天秉阳，垂日星；地秉阴，窍于山川。播五行于四时，和而后月生也。是以三五而盈，三五而阙，五行之动，迭相竭也。五行、四时、十二月，还相为本也"（《礼记·礼运》）。金木水火土五行本来是实体和功能相统一的自然观上的概念，后来儒家将五行与东西南北中五个方位联系了起来，五行获得了空间的意义。春夏秋冬四时是一个时间概念，而在这里儒家将时、空统一了起来，将天看成是时间和空间的统一体（播五行于四时），这样天所具有的客观内容更加明确了。三是儒家对天道的普遍性的认识更加深入了，在儒家看来，天道具有一种普遍的有效性，它的覆盖面极广，"天无私覆，地无私载，日月无私照"。具体来讲，"天无私覆"说的是，"天有四时，春秋冬夏，风雨霜露"；"地无私载"说的是，"地载神气，神气风霆，风霆流形，庶物露生"；"日月无私照"说的是，"清明在躬，气态如神"。正是由于自然规律具有这种特点，才使得"天降时雨，山川出云"（《礼记·孔子闲居》）。可见，儒家尤其是荀子讲"天人相分"多在强调自然规律的客观性。他们在谈"天人相分"时，并不是将天看成是唯一能够反映自然的概念，而是在天与地、天地与万物、天地人的矛盾中来规定天的内容的，是从这三对矛盾中来揭示自然规律的客观内容的。因而，"天人相分"在中国哲学史上的地位，正如机械自然观和机械论思维方式在西方哲学史上的地位一样，无主客二分就不会有生产的发展和科学的进步，这种发展和进步固然带来了包括生态环境问题在内的一系列问题，但这一切是人们付出代价以后才认识到的。那么，我们能以现代人的思维水平来苛求古人吗？

第二，"天人相分"在政治上的真实含义就在于倡导民本主义的社会历史观。由于儒家在自然观上提出了"天人相分"，因此，在社会历史问题上，他们将人事的治乱与天地的神秘联系割断了，"治乱，天邪？曰：日月、星辰、瑞历，是禹桀之所同也，禹以治，桀以乱，治乱非天也。时邪？曰：繁启蕃长于春夏，畜积收藏于秋冬，是禹桀之所同也，禹以治，桀以乱，治乱非时也。地邪？曰：得地则生，失地则死，是又禹桀之所同也，禹以治，桀以乱，治乱非地也"（《荀子·天论》）。因而，"天人相分"在政治观上有助于限制暴君的骄行、庸者的庸行，有助于鼓励统治者力尽人事，勤于政事。我们应该肯定，"天人相分"在政治上具有一定的进步性。

第三，"天人相分"在生态学上的真实含义就在于肯定遵从自然规律所具有的自然保护意义。由于儒家在自然观上提出了"天人相分"的观点，因而，在灾害观上，儒家将自然灾害的成因与人事活动的结果区分开来，主要是从客观事物本身来认识灾害的成因，"夫星之队（坠），木之鸣，是天地之变，阴阳之化，物之罕至者也，怪之可也，而畏之非也"（《荀子·天论》）。但通过明于"天人之分"的途径，可找到减灾救灾的社会经济对策，"天行有常，不为尧存，不为桀亡。应之以治则吉，应之以乱则凶。强本而节用，则天不能贫；养备而动时，则天不能病；修道而不二，则天不能祸。故水旱不能使之饥渴，寒暑不能使之疾，祆怪不能使之凶。本荒而用侈，则天不能使之富；养略而动罕，则天不能使之全；倍（背）道而妄行，则天不能使之吉。故水旱未至而饥，寒暑未薄而疾，祆怪未至而凶。受时与治世同，而殃祸与治世异，不可以怨天，其道然也。故明于天人之分，则可谓至人矣"（同上）。而儒家所具有的这种科学的灾害意识正反映了其环境意识的发达程度。同时，正由于"天人相分"，儒家还要求人们要认识自然规律，将自然规律作为行动的根据，"所志于天者，已其见象之可以期者矣；所志于地者，已其见宜之可以息者矣；所志于四时者，已其见数之可以事者矣；所志于阴阳者，已其见知之可以治者矣。官人守天而自为守道也"（同上）。在此基础上，儒家将正确认识自然规律看作是达到人和自然相协调的一个重要途径，"精于物者以物物，精于道者兼物物。故君子壹于道而以赞稽物"（《荀子·解蔽》）。这就是说，只有将天作为认识的客体，将人作为认识的主体，进行主客二分（天人相分），才可能进行认识。只有在此基础上来认识自然规律（精于物，精于道），才可能正确把握自然规律（壹于道），从而才能达到人和自然相协调的状态（以赞稽物）。而恩格斯不是也讲过这样的话吗？"我们决不像征服者统治异族人那样支配自然界，决不像站在自然界之外的人似的去支配自然界——相反，我们连同我们的肉、血和头脑都是属于自然界和存在于自然界之中的；我们对自然界的整个支配作用，就在于我们比其他一切生物强，能够认识和正确运用自然规律。"（《马克思恩格斯文集》第9卷，北京：人民出版社，2009年，第560页）。超出本体论的范围，在人本学的意义上，荀子也强调人和自然的统一与和谐，不仅承认地人合一，也承认天人合一。正是由于在自然观上对天人关系作出了这样的区分，"贵天道"（遵从客观的自然规律）才成为儒家思想的一个重要组成部分。据《礼记·哀公问》，孔子在回答为什么要"贵天道"时指出，"贵其不已。如日月东西相从而不已也，是天道也。不闭其久，是天道也。无为而物成，是天道也。已成而明，是天道也"。可见，"贵天道"也就是要求人们要遵从客观的自然规律，还要求人们要热爱自然规律。因而，它是具有自然保护意义的，无"天人相分"能得出"贵天道"的结论吗？

总之，我们要肯定"天人相分"在理论思维上是一个进步，它也是具有一定的生态学和自然保护意义的，其真实的含义也就是要求人们要遵从自然规律。

3. "人定胜天"的真实含义

"人定胜天"也是儒家尤其是荀子的重要主张。有些论者将之看作是生态环境问题的成因。事情果真如此吗？

第一，人在自然界中的主体地位。儒家所讲的"人定胜天"思想的首要含义是肯定人在自然界中的主体地位。他们从天人相分的事实出发，看到人在自然界中具有独特的地位，"水火有气而无生，草木有生而无知，禽兽有知而无义，人有气、有生、有知，亦且有义，故最为天下贵也"（《荀子·王制》）。正是由于看到人的这种独特性，儒家不仅采用了"贵人贱畜"的价值取向，而且要求人们要在自然界面前弘扬人的主体性。"人能弘道，非道弘人"（《论语·

卫灵公》），也就是说人对自然规律能有所增益。在这样的情况下，荀子才提出了"制天命而用之"的口号，"大天而思之，孰与物畜而制之？从天而颂之，孰与制天命而用之？望时而待之，孰与应时而使之？因物而多之，孰与骋能而化之？思物而物之，孰与理物而勿失之也？愿于物之所以生，孰与有物之所以成？故错人而思天，则失万物之情"（《荀子·天论》）。正因为人在自然系统中的这种主体地位，"人有其治"（同上）才成为与天时、地利相并列的两个因子。试想一下，假如只有天时、地利，而无人治，那么人能够从自然界得到自己生命所需的物质资料吗？农业生产能够有效地进行下去吗？因而，儒家尤其是荀子并不是要求人们盲目地征服和改造自然，而是要求人们应在尊重自然规律客观性的情况下来弘扬人的主体性。儒家在强调"戡天"的同时也要求人们应"顺天"，是十分注意规律的客观性的，"列星随旋，日月递炤，四时代御，阴阳大化，风雨博施，万物各得其和以生，各得其养以成，不见其事而见其功，夫是之谓神。皆知其所以成，莫知其无形，夫是之谓天"（同上）。事实上，"制天命而用之"也就是要求人们要善于利用自然规律为自身服务，"假舆马者，非利足也，而致千里；假舟楫者，非能水也，而绝江河。君子之性非异也，善假于物也"（《荀子·劝学》）。这正是人的理性的"狡狯"的体现。

第二，"人定胜天"必须遵循的原则。儒家要求人们要"弘道""制天"，除了强调要遵循自然规律外，还提出了一些具体的要求，这就是将遵循自然规律这一本体论上的原则转化为"裁成天地之道，辅相天地之宜"的人本学原则。《易传》提出，"天地交，泰；后以裁成天地之道，辅相天地之宜，以左右民"（《易传·泰·象传》），将"裁成天地之道""辅相天地之宜"和"天地交泰"联系起来，这就肯定了"裁成天地之道，辅相天地之宜"是达到人和自然相统一的重要途径或原则。所谓"裁成天地之道"指的是，天地四时的变化以及生长万物都是有一定的规律的，统治者应根据天地之道来"明时治历"，定四时成岁，然后告朔、视朔，将生态学的季节节律作为一切人类活动的根本法则。所谓"辅相天地之宜"指的是，雨露霜雪各有宜至之时，山川丘陵原隰各有宜产之物，统治者应根据"天地之宜"教民稼穑畜养，合理安排农业生产，因野而田，因材而工，因山而猎，因水而渔，将生态学的物质循环法则作为一切人类活动的根本规律。正因为人的主体性是按照这样的原则弘扬的，因此，人和自然的关系不仅不会遭到破坏，而且会和谐发展，"泰，小往大来，吉，亨。则是天地交而万物通也，上下交而其志同也"（《易传·泰·象传》）。因而，按照这一原则所进行的"制天"活动本身也会获得一定的生态效益，正如明代的吕坤指出的："人定真足胜天。今人但委于天，而不知人事之未定耳。夫冬气闭藏不能生物，而老圃能开冬花，结春实；物性蠢愚不解人事，而鸟师能使雀奕棋，蛙教书。况于能为之人事，而可委之天乎？"(《应务》，《呻吟语·卷三》)不仅如此，他又将"人定胜天"和民本主义联系了起来，看到了劳动者在协调人和自然关系中的重大作用，"盈天地间只靠二种人为命，曰农夫、织妇。却又没人重他，是自戕其命也"(《话道》，《呻吟语·卷五》)。当然，这只是"人定胜天"理论发展的后话。事实上，即使作为唯物论者的荀子本人也是将圣王看成是协调人和自然关系的主体，"圣王之用也，上察于天，下错于地，塞备天地之间，如施万物之上，微而明，短而长，狭而广，神明博大以至约"(《荀子·王制》)。这才是儒家思想的真正局限性。

第三，"人定胜天"的理论思维意义。儒家"人定胜天"的思想是将斗争的锋芒直接指向宿命论和天命论的，"君子敬其在己者，而不慕其在天者；小人错其在己者，而慕其在天者。君子敬其在己者而不慕其在天者，是以日进也；小人错其在己者而慕其在天者，是以日退也。故君子之所以日进与小人之所以日退，一也"(《荀子·天论》)。这里所区分的君子与小人正反映了当时理论思维上两大阵营上的对垒，"人定胜天"在理论思维上也是一个进步。

可见，儒家所讲的"戡天"是从"顺天"中派生出来的，而戡天是要"裁成天地之道，辅相天地之宜"。因而，它不仅不违背生态学规律，不仅不会引发破坏自然的恶果，而有其生态学意义和自然保护价值。

从世界观的角度来看，儒家的三才思想最接近于我们现在所讲的人和自然的关系。儒家看到，要协调人和自然的关系，首先必须要遵循自然规律，人不可与自然相对抗，这就是"天人相分"的问题。但人在自然面前并不是消极被动的，人能够改造和利用自然。但人改造自然和利用自然也必须遵循一定的原则，最主要的是不得违背生态学的季节节律（天地之道）和物质循环法则（天地之宜），这就是"人定胜天"的问题。总之，儒家所讲的三才、无私的思想也就是从世界观的高度来如何认识自然规律和人的主观能动性的关系。但由于儒家自身的局限性和社会历史条件的制约，他们不可能最终理解人和自然相协调的含义、途径和原则，这一问题最终只能由马克思主义哲学来解决。

不管如何，儒家不仅承认人和自然的统一性和一致性，"无土则人不安居，无人则土不守"(《荀子·致士》)，而且将人和自然的协调问题作为一个理想和目标提了出来，"天子者，与天地参，故德配天地，兼利万物，与日月并明，明照四海，而不遗微小"(《礼记·经解》)。这里"德配天地，兼利万物，与日月并明，明照四海而不遗微小"说的就是人和自然相协调的问题，这就是"以赞稽物"的内涵，也是"与天地参"的根本内容。这既是儒家环境意识的内在构成部分，反过来又影响和制约着儒家的生态学、自然保护、生态农学和环境管理等思想。

七、综旧开新——儒家环境意识的历史命运

虽然儒家为先秦百家争鸣时代的一个特定学派,秦汉以后,儒家思想又发生了一系列的"变异",但是,儒家的思想在中国历史上并没有消失,即使在已经处于21世纪的今天,它还以这样或那样的方式对我们的思维、道德产生着重大的影响。儒家思想还作为中华民族思想文化的"遗传基因"而被保留了下来,这种"遗传"和"变异"的关系在意识中也有了反映。由于环境意识的核心和根本向度是如何处理、协调人和自然的关系,因而,后代对儒家环境意识的损益主要表现在天人关系上(尽管在严格的意义上,天人关系不属于人和自然的关系),形成了"天人感应""致诚配天"和"天人相胜"这几种主要的观点。儒家的环境意识就是通过这几种主要的方式得到继承,在曲折中得到发展。因此,考察秦汉以来的天人关系理论,是考察儒家环境意识的继续,而这种考察只能以支持生态文明建设为目的,为构筑中华民族当代的环境意识服务。

(一)天人感应:儒家环境意识的宗教化

所谓"天人感应"是秦汉以来形成的一种天人关系理论,是从"天人合一"出发,运用神学目的论来论证天人关系,将天人关系看成是一种神秘的关系。早在《礼记》中就有了"天人感应"的萌芽。"凡人民疾、六畜疫、五谷灾者,生于天道不顺;天道不顺,生于明堂不饰。故有天灾,则饰明堂也"(《大戴礼记·盛德》)。而董仲舒首先将"天人感应"理论系统化了。虽然董仲舒"推明孔氏,抑黜百家"(《汉书·卷五十六·董仲舒传》),但从他开始,儒家却以宗教的面孔出现了,在天人关系上也如此。他将天变成神,抽空了天所具有的自然内容,使自然之天服从人格之天。"天者,百神之大君也"(《春秋繁露·郊祭》)。在环境意识这样的问题上,他也引入了神学理论,宣扬人和自然

的神秘联系，具体来讲如下。

在灾害问题上，董仲舒将自然灾害看成是上天对人君的一种谴责，运用"天人感应"理论来论证"天人合一"。本来，自上古以来，我们祖先尤其是荀子对灾害的成因问题已作出了明确定义与解释，但董仲舒却认为"灾异之本，尽生于国家之失"（《必仁且知》），将灾害看成是天对人君的一种谴责。"国家将有失道之败，而天乃先出灾害以谴告之，不知自省，又出怪异以警惧之，尚不知变，而伤败乃至。以此见天心之仁爱人君而欲止其乱也"（《天人三策》）。假如从政治观上来看，这可以有助于抑制暴君的骄纵，但在理论思维上，这却是一个倒退，因为董仲舒运用这种粗陋的唯心论论证了"天人感应"的合理性。"《春秋》之所讥，灾害之所加也；《春秋》之所恶，怪异之所施也。书邦家之过，兼灾异之变，以此见人之所为，其美恶之极，乃与天地流通而往来相应，此亦言天之一端也"（同上）。董子善言"灾异"，这可以体现出他具有一种高度的灾害意识，但他却将之向唯心论的方向发展了。

在利用雨水的问题上，董仲舒将"雩祭"当成是沟通人和雨水的主要方式。他认为，人可以通过"雩祭"的方式来求雨，以保证农业的丰收。"昊天生五谷以养人，今五谷病旱，恐不成实，敬进清酒、膊脯，再拜请雨，雨幸大澍"（《求雨》）。同时，人还可以通过这样的方式来止雨，以防水涝。"天生五谷以养人，今淫雨太多，五谷不和。敬进肥牲清酒，以请社灵，幸为止雨，除民所苦"（《止雨》）。这说明，董子很重视雨水对于农业生产和人类生活的价值，但他却看不到人和雨水的真实联系。

在对待季节节律的问题上，董仲舒看到了生态学季节节律对于人类的重大意义，但他却将君王之正与否看成是季节节律能否正常运转的关键。董仲舒秉承了儒家重农顺时的传统，看到"无夺民时"具有很大的生态价值，"恩及草木，则树木华美，而朱草生；恩及鳞虫，则鱼大为，鳣鲸不见，群龙下"（《五行顺逆》）；而"以夺民时"则会引起生态失衡，"咎及于木，则茂木枯槁"，"咎及鳞虫，则鱼不为，群龙深藏，鲸出见"（同上）。但董子没有像《月令》那样对君王也提出一个严格的生态时间表，而只是指出君王的贤明德正与"风雨时"具有紧密的关系。"王正，则元气和顺，风雨时，景星见，黄龙下"（《王道》）。为什么这样？他不仅没有作出科学的说明，而只是要求君王要"正心"（《天人三策》）。

可见，董仲舒在将天人关系宗教化而形成"天人感应"理论的同时，确实也形成了自己的环境意识，要求人们要"汎爱群生"（《离合根》），要爱"鸟兽昆虫"（《仁义法》），但这一切都不是他理论的重心，"能说鸟兽之类者，非圣人所欲说也"（《重政》）。而他将一些天意流露出来的环境意识也宗教化了。正如王充指出的，"仲舒之言雩祭可以应天，土龙可以致雨，颇难晓也"（《论衡·案书篇》）。站在今天理论思维角度来看，董子的思想是荒诞的，但从当时的社会历史来看，他的用意却是真实的。即使在科学昌明的今天，我们有些人不是也在宣扬这种"天人感应"的理论吗？

（二）天人相胜：儒家环境意识的哲学化

"天人相胜"是唐代刘禹锡提出的一种天人关系理论，他从"天人相分"出发，综合了"天人合一"的成果，认为天和人在功能上各有差异，在某些方面，天胜过人，而在另一些方面，人能胜过天。天和人通过这种"交相胜"的方式得到了协调。具体来讲有三个方面。

第一，刘禹锡认为，天和人具有不同的功能和作用。首先，他对天和人两个概念作出了客观的界定，恢复了天和人所具有的唯物主义内容。"天，有形之大者也；人，动物之尤者也"（《天论》，下列刘氏之语皆出自此文）。这样，他就把天人关系归结为人和自然的关系。其次，他运用自然界存在的一些现象来说明天、人的差异。"天之道在生殖，其用在强弱；人之道在法制，其用在是非。"其中也提到了生态学季节节律的客观性和人利用这一规律的能动性的关系。例如，植物在春夏两季生长和发育，"阳而阜生"；而到秋冬来临时就会枯萎凋零，"阴而肃杀"。这是天所具有的季节节律，人是无法改变自然界的这种性质和规律的，这是"天之能"。由此看来，天胜过人，人只能服从天。但是，人能够认识自然现象，把握自然规律，人能够利用天所具有的客观的季节节律，"阳而艺树，阴而挚敛"，按照四始更迭来春耕、夏耘、秋收、冬藏，这体现了"人之能"。在这个意义上，人胜过天。刘子将之概括为"大凡入形器者，皆有能有不能。天，有形之大者也；人，动物之尤者也。天之能，人固不能也；人之能，天亦有所不能也。故余曰：天与人交相胜耳"。最后，他区分了天理和人理的关系。例如，人在野外游玩时，只有身强体壮的人才能走在前头；但到了城市里后，只有道德高尚的人才能受到优厚的待遇，"是非存焉，虽在野，人理胜也；是非亡焉，虽在邦，天理胜也"。这里，天理即是自然规律，人理即是人事法则。刘子已初步认识到自然规律和人事法则的差异。这不仅在事实上唯物主义地回答了哲学基本问题，而且为天人关系理论提供了形而上学根据。

第二，在灾害问题上，刘禹锡将斗争的矛头指向了宣扬天能"福善淫祸"的"阴骘之法"，认为灾害的发生只是自然界的存在的现象，但人们可以通过尽人事的方式来变害为利。刘禹锡从"天人相分"的观点出发，在灾害的发生问题上，将天和人区分了开来，认为水、火只是自然现象，"水火伤物"，会造成自然灾害，这是"天之能"，与人无关，对阴骘法进行了批驳，这就坚持了灾害问题上的唯物论。但在治理灾害的问题上，他又看到了人的能动性，认为人们可以通过对水、火性质的认识来掌握水、火的规律,这样就可以变害为利。"防害用濡,禁焚用光",在防止水灾的同时可以利用水来灌溉农田,在防止火灾的同时可以利用火来照明,这是"人之能"。由此,他对不思进取的"自然之法"也进行了批驳。我国古代的灾害意识正是通过这两个基本观点实现了科学化和观念化,后人也多是因循这一思考来看待灾害问题的。"尧有水,汤有旱,天地之道适然尔,尧汤奈何哉? 天定胜人者,此也"([明]王廷相:《雅述》)。抛开其社会历史观上的局限性来看,"天人交相胜"理论为批判古代的灾害意识提供了科学的形上学基础,"天恒执其所能以临乎下,非有预乎治乱云尔;人恒执其所能以仰乎天,非有预乎寒暑云尔"。

第三,刘禹锡还从生物结构说的角度肯定了天和人的统一性和一致性。尽管刘禹锡倡导"天人相胜",但他并不否定天人的协调一致性,从世界上的生物在结构上的依赖性肯定了这一点。首先,他指出,天之所以能够胜于人,就在于自然规律本身所具有客观实在性和普遍有效性。"然则天非务胜乎人者也。何哉? 人不宰则归乎天也。人诚务胜乎天者也。何哉? 天无私,故人可务乎胜也。"那么,自然规律的这种客观实在性和普遍有效性表现在什么地方呢? 其中一个重要地方就是,生物是分为一定结构的。"天之有三光、悬寓,万象之神明者也,然而其本在乎山川五行。浊为清母,重为轻始。两位既仪,还相为庸,嘘为雨露,噫为雷风。乘气而生,群分汇从,植类曰生,动类曰虫。倮虫之长,为智最大,能执人理,与天交胜,用天之利,立人之纪。纪纲或坏,复归其始"。这可以说是对儒家生物结构论的最好概括。尽管生物是分为一定结构的,但处于各个水平上的事物又是相互联系的,从这个角度来讲,天和人又是相一致的,"大凡入乎数者,由小而推大必合,由人而推天亦合。以理揆之,万物一贯也"。

可见,"天人相胜"说基本上总结了此前先秦至隋唐这段历史时期的天人关系理论,是我国古代天人关系理论的一次综合,基本上为我国古代的环境意识提供了科学的形上学根据,儒家的环境意识也由此成为了一个哲学问题。

(三)致诚配天:儒家环境意识的道德化

宋明以来,天人关系理论又发生了一次大的综合,"天人合一"逐渐成为一种占主导地位的观念,从张载、二程(程颢和程颐)到王夫之、戴震都宣扬"天人合一",但张、王、戴所讲的"天人合一"和程、朱所讲的"天人合一"的形上学基础不同。后者主要是按着思孟学派讲,而前者主要是按着荀卿学派讲,而张、王、戴讲"天人合一"主要是引入了"诚"的观念。思孟学派也讲诚,但他们的诚论不以与天为一为其根本观念,而只有张载将诚与"天人合一"联系了起来,形成了"致诚配天"的思想。所谓"致诚配天"讲的是这样一种天人关系理论，将真实无妄（诚）既作为天之道，也作为人之道，力求通过人道的真实无妄来体现天道的真实无妄，要求人们既要爱人又要爱物，最终实现天人关系的协调发展。这一观念主要是从道德上体现出了人对自然万物的责任和义务。

第一，作为天道的诚。孟、荀都将诚视为"天之道"，张载也将诚作为"天之道"，"天所以长久不已之道，乃所谓诚"（《正蒙·诚明篇》）。但张、王、戴对作为天道的"诚"的解释却更为科学、详尽和具体了，他们都用"实"（或"无伪"）来解释诚。在张载看来，作为天道的诚也就是实，而实也就是"太虚"，不仅万物是从太虚中产生的，连人也是从太虚中产生的，"诚则实也，太虚者天之实也。万物取足于太虚，人亦出于太虚，太虚者心之实也"（《张子语录》）。太虚之所以为实，就在于，一切具体的事物都是可变的，但太虚却是不动摇的。"天地之道无非以至虚为实，人须于虚中求出实"，"金铁有时而腐，山岳有时而摧，凡有形之物即易坏，惟太虚无动摇，故为至实"（同上）。但这里所讲的太虚绝不是"绝对观念"之类的东西，指的是客观事物存在的绝对性和无条件性，"诚也者实也，实有之固有之也，无有弗然，而非他有耀也。若夫水之固润固下，火之固炎固上也，无所待而然，无不然者以相杂，尽其所可致，而莫之能御也"（王夫之：《尚书引义·洪范三》）。因而，太虚指的是世界一种"有其象，无其形"的本体状态，体现了阴阳二气的矛盾状态，"诚者，天之道也，阴阳有实之谓诚"（王夫之：《张子正蒙说·太和篇》）。可见，作为天道的诚指的是就是自然规律的客观实在性和普遍性。

第二，作为人道之诚。由于人也是由作为天道的诚或太虚中产生的，因此，诚也为人道，人道应该行实事。"人生固有天道。人之事在行，不行则无诚，不诚则无物，故须行实事。惟圣人践形为实之至，得人之形，可离非道也"（《张子语录》）。人们如何才可做到"行实事"呢？其中关键的问题是要在一切方面都要体现天道，力求全面性，反对片面性，"性者，万物之一源，非有我之得私也"，"惟大人为能尽其道，是故立必俱立，知必周知，爱必兼爱，成不独成"（《正蒙·诚明篇》）。"立必俱立"要求的是认识和行为的出发点上的全面性，"知必周知"要求的是认识的全面性，"爱必兼爱"指的是道德上的全面性，"成不独成"指的是认识和行为目标上的全面性，也就是要"合内外""平物我"（《张子语录》）。其中也必包括，人类的思维、行动、道德不能只局限于自身的范围之内，必然要扩展到整个自然界，"今盈天地之间者皆物也。如只据己之闻见，所接几何，安能尽天下之物？"（同上）这其实是一种朴素的生态学思想。可见，作为人道的诚指的是人对客观自然规律的认识、遵从和运用。

第三，作为"合天人"之道的诚。既然诚既是天之道，也是人之道，那么，它必然要在人和自然之间架起一座桥梁，成为"合天人"之道。"诚者，神之实体，气之实用，在天为道，命于人为性，知其合之谓明，体其合之谓诚"（王夫之：《张子正蒙注·诚明篇》）。作为"合天人"之道的诚有多种实现方式，其中"知必周知"是认知方式，"爱必兼爱"是道德的方式，而后一点正是"致诚配天"学说的关键。"爱必兼爱"不仅指人要爱他人，要处理好人际关系，而且也指人要爱他物，要处理好生态关系，这也就是"民胞物与"的思想。在张载看来："乾称父，坤称母；予兹藐焉，乃混然中处。故天地之塞，吾其体；天地之帅，吾其性。民吾同胞，物吾与也。"（《西铭》）这说的是，人处于天地之间，天地就像自己的父母，人民就是自己的兄弟，而万物则是自己的同伴，因此，人不仅要爱他人，也要爱天地、爱万物。只有这样，才能体现出圣人的博大胸怀，圣人所具有的仁德才扩充完备了。"不测者，有其象，无其形，非可以比类广引而拟之。指其本体，曰诚，曰天，曰仁，一言而尽之矣。"（王夫之：《张子正蒙注·神化篇》）因为，作为"合天人"之道之诚的一个重要的方面就是要求人们要对自然界尽爱护和保护的义务。

可见，"致诚配天"说从承认自然规律的客观实在性和普遍有效性出发，提出了生态道德的理论，要求人们要将"民胞物与"作为一个普遍的价值准则并加以运用，从而为整个儒家的生态道德理论提供了一个可靠的形上学根据，儒家的环境意识也通过"致诚配天"得以道德化了，爱自然、爱万物成为人们道德修养的内在构成部分。

其实，在秦汉以来的社会历史变迁中，儒家的环境意识像儒家的其他一切学说一样，一方面要维护自己的固有内容，另一方面又要顺应时代的潮流。在这二者的冲突中，儒家的环境意识在遗传和变异中得以发展，经历了一个十分复杂、曲折的过程。我们上面列举的只是其中的一些具有代表性的观点。在今天建设生态文明的过程中，我们要看到："中华民族向来尊重自然、热爱自然，绵延5000多年的中华文明孕育着丰富的生态文化。"（习近平：《推动我国生态文明建设迈上新台阶》《求是》，2019年第3期）为了我们子孙和地球的未来，让我们珍惜这一份珍贵的文化遗产吧！

下篇

儒道哲学的生态伦理意蕴

一、中国儒、道哲学的生态伦理学阐述

(一) 引论

现代环境伦理学的发源地在西方,但是,当生态环境问题已成为全球性问题,当对环境伦理的需求已成为一种世界性潮流,当中国需要为自己的可持续发展确立一种环境伦理观时,对中国传统文化进行环境伦理学阐释,特别是由中国人自己进行这种工作,无论对环境伦理学的深入的理论创造,还是对它的广泛的实践化,都具有新的意义。在社会主义生态文明的语境中,生态伦理学是生态文明的伦理学表现和表征。据此,我们将对中国传统文化主要是儒道两家的环境伦理学进行研究。当然,这也是由儒道构成了中国传统文化的主流的历史决定的。另外,由于儒道思想是农业文明的产物,因此,本篇的研究主要是关于人和自然关系性质的,即生态伦理学性质的。其实,生态伦理学和环境伦理学具有异名同实的关系。

(二) 国际上对中国儒、道哲学的生态伦理学研究

探讨儒道哲学的生态伦理学意义,这是环境伦理学研究中的一个内源性的热点问题,在某种程度上也是一个前沿性的难点问题。

1. 施韦策(史怀泽)研究与"施韦策(史怀泽)诘难"

现代意义上的对中国儒、道哲学的生态伦理学研究,是由生态伦理学的创始人之一、法国人道主义思想家诺贝尔和平奖获得者(1954 年)施韦策(史怀泽)(Albert Schweitzer,1875–1965)首倡的。

施韦策(史怀泽)发现他那个时代的伦理观念是残缺的:只有人才是道德关怀的对象,而动物被排斥在道德视野之外,由此导致了人对其他生命的任意毁灭和伤害。因此,他要求将道德的视野投向人之外的生命,将人和动物同时纳入伦理范畴。他提出,将"敬畏生命"作为伦理学的根本原则,作为判断人

的一切行为善恶的价值准绳,"善是保存和促进生命,恶是阻碍和毁灭生命。如果我们摆脱自己的偏见,抛弃我们对其他生命的疏远性,与我们周围的生命休戚与共,那么我们就是道德的。只有这样,我们才是真正的人;只有这样,我们才会有一种特殊的、不会失去的、不断发展的和方向明确的德性。"([法]阿尔贝特·史怀泽:《敬畏生命》,陈泽环译,上海:上海社会科学院出版社,1995年,第19页)既然一切生物都是道德关怀的对象,在道德上都是平等的,那么,"敬畏生命"伦理学的提出,无疑是伦理学领域的一场革命。

显然,这种伦理学需要一种新的哲学基础,它是得不到西方传统价值观的支持的。作为这一价值观的核心支柱的基督教,恰恰缺乏同情动物的道德律令,以至使既是基督教布道师又主张敬畏生命的施韦策(史怀泽)不得不编造说辞来缓解这一令人尴尬的矛盾①。这种伦理学也得不到西方传统哲学的支持,因为在欧洲哲学和伦理学中,同情动物的行为被看作是与理性无关的多愁善感、无病呻吟;机械论者笛卡尔将动物看作机器,认为动物不需要同情;功利主义者边沁强调对动物行善主要是对人行善的一种演习;首开道德领域"哥白尼革命"先河的康德也认为,伦理只是人对人的义务关系。因此,这种将人与自然二分的哲学伦理观,是不可能给"敬畏生命"的原则以支持的。

于是,施韦策(史怀泽)将自己的视野投向了与西方思想文化异质的东方。在中国和印度等东方思想文化中,人对动物的道德责任具有比欧洲哲学高得多的地位。施韦策(史怀泽)尤其表现出对中国传统哲学的浓厚兴趣,中国思想文化史上的璀璨巨星孔子、老子、孟子、列子、墨子等成为了他笔下的人物。他发现,这些哲学大师的著述蕴藏着丰富而且深刻的生态伦理智慧(ecosophy),具有迷人的超时代价值。他涉及以下五个问题:一是属于孔子学派的孟子以感人的语言谈到了对动物的同情;二是属于老子学派的列子认为,动物心理与人的心理并不存在很大的差别;三是杨朱学派主张,动物的生存具有独立的意义和价值;四是《太上感应篇》包含有丰富的同情动物的道德格言,其中承认动植物皆有生命,反对人类盲目猎杀动物,并视之为一种道德低劣的行为;五是善待动物是道教的一条重要的律令。施韦策(史怀泽)逐渐领悟到中国传统哲学中"天人合一"思想对于塑造"敬畏生命"伦理学的重大作用,"'天'(上帝)赋予一切动物以生命,为了与'天'和谐一致,我们必须善待一切动物"([法]阿尔贝特·史怀泽:《敬畏生命》,陈泽环译,上海:上海社会科学院出版社,1995年,第73页)。中国传统哲学中追求人与自然和谐一致、把世界过程归结为追求伦理目标和强调建立人与世界的精神联系等思想,都得到

---

① 施韦策(史怀泽)婉转地解释:由于原始基督教期待着世界末日很快来临,从而一切动物摆脱它们苦难的日子也就指日可待了;在尘世及其困苦危难很快就将终止的情况下,原始基督教因而没有重视保护动物的努力。

了施韦策（史怀泽）的由衷钦佩和赞赏，并使他认为：中国传统哲学以奇迹般深刻的直觉思维体现了人类最高的生态智慧；这种伦理地肯定世界和人生的哲学，是一种最丰富和无所不包的哲学。在此基础上，施韦策（史怀泽）留有《中国思想史》手稿，成为其最后的遗著。

同时，施韦策（史怀泽）也看到中国传统哲学在使其生态伦理智慧向更完善方向发展的几个致命弱点。他说，"中国伦理学的伟大在于，它天然地、并在行动上同情动物。但是，它距在整个范围内探讨人和动物的问题还很远。它也不能够教导民众真正对动物行善。中国思想的静止状态出现得太早了，它僵化在经学中，停留在古代流传下来的爱动物的思想上，没有进一步发展它。"（[法]阿尔贝特·史怀泽：《敬畏生命》，上海：上海社会科学院出版社，1995年，第75页）如同李约瑟在中国科学技术史研究中提出的"诘难"一样，在环境伦理学领域，施韦策（史怀泽）发现的意义不亚于"李约瑟诘难"，因而可称之为"施韦策（史怀泽）诘难"。"施韦策（史怀泽）诘难"包含着三个方面的内容：一是对中国传统哲学中生态伦理观缺乏系统性的批评（"它距在整个范围内探讨人和动物的问题还很远"）；二是对中国传统哲学生态伦理观缺乏实践性的评价（"它也不能够教导民众真正对动物行善"）；三是对中国历史上生态伦理观缺乏前进性的批评（"它僵化在经学中"）。

"施韦策（史怀泽）诘难"与其说是对中国古代先哲的企求（事实上，对那些曾创立世界领先水平的思想文明的先哲们是不能作超时代企求的），不如说是对近、现代中国学术界的批评；与其说是一种批评，不如说是对现代中国学人的一种挑战。尽管"施韦策（史怀泽）诘难"主要是现象学的，"诘难"中的学术用语并不十分明晰，但它还是很值得中国环境伦理学界深思。科学地回答"施韦策（史怀泽）诘难"，将成为推动中国环境伦理学研究进展的一个基本动力。

2. 现代西方对中国传统哲学的环境伦理学研究

如同西方文化在后现代化过程中向东方文化寻找启示与支点一样，西方环境伦理学者将视野投入东方，尤其投入中国，是因为他们从那里看到东、西文化在环境伦理观上的差异以及由此产生的互补性。

西方学术界是从以下几个方面认识这些差异与互补性的：第一，在西方哲学中，自然是客体化了的、机械的、僵化的、非人性化的；而中国传统哲学则是以有机的、灵活的和人性化、主客交融的方式来认识和对待自然。第二，包括中国在内的东方文化是古老的，接近于宗教；而西方的观念是近代的，更接近科学。第三，西方哲学是以一种科学精神来解剖自然的；而中国传统哲学则以一种审美方式对待自然。据此，西方学术界认为，正是西方的机械论的科学的充满征服感的意识和思维，致使人与自然的分离，造成现今的环境危机，而中国传统的有机论的宗教性的充满审美情趣的意识和思维，却可以使人和自然协调统一起来，因此，中国传统哲学可以成为环境伦理学的思想基础。然而，这种推崇并不很恰当。

西方环境伦理学界，尽管对中国传统哲学的重要流派都有所涉及，但仍有偏颇。他们对道家情有独钟，而对中国传统哲学的主流——儒家却重视不够。或许，这是由于他们的以下立场造成的：儒家是一种人类中心论思想，而道家是一种生态中心论思想。其实，这多少是一种误解。更有甚者，有些学者对中国传统哲学中的神秘主义部分有浓厚的兴趣，如中国古代风水学说。他们不清楚，理性主义始终是中国传统文化发展的主流。

西方学者也对中国传统哲学的概念和范畴的生态伦理学含义进行了研究，主要集中在对道和德、道和气、阴阳与五行、阴与阳以及自然与无为等范畴的生态伦理学诠释上。由于中国传统哲学的概念体系及其范畴十分庞大和复杂，就环境伦理学而言，西方学者虽然个别论点颇有创意，但总体上说，他们论及的范围是很有限的。

这样，在西方环境伦理学界，就很难回答"施韦策（史怀泽）诘难"。一味地按照西方环境伦理学的方式，也根本不可能建构起适合中国国情的环境伦理学。

3. 中国国内对中国传统哲学的环境伦理学研究

在中国，对于中国传统哲学的环境伦理学研究，主要受三个因素的推动：一是受中国环境保护运动的推动，人们希望从中国传统文化中提炼环境伦理要素，以改善和提高人们的环境意识；二是受中国传统文化研究的推动，环境伦理的文化渊源问题为中国传统文化研究打开了一个充满新的风景的窗口；三是受国外对中国传统哲学的环境伦理学研究的推动，无论是他们的成就，还是他们的不足，都是对中国学术界的直接挑战。

与西方学者重道轻儒的趋向不同，中国学者对中国传统哲学中的各个流派都给予了恰当的平衡的关注，注重从整体上发掘其中的环境伦理学价值。然而，论争是不可避免地存在的。最有意义的论争主要出现在两个方面：

一是儒家哲学的生态伦理意义。儒家哲学和环境伦理学的关系是中国环境伦理学研究的一个重要领域。一些学者认为儒家的天人观是人类中心论的。这在于：第一，儒家坚信自然界中存在着等级秩序，人处在这一秩序的最高点，自然万物是为人而存在的；第二，儒家把自然人格化，把客体主体化，把人的原则放大为宇宙的原则，用主体的存在来同化甚至是泯灭客体的存在；第三，儒家竭力拔高人的作用，宣扬天人感应论和"制天命而用之"的思想，这种人类万能论是导致现代生态环境问题的根源；第四，儒家的狭隘道德观，将道德视为人的专利，把道德作为了区别人和自然的唯一标志。

二是对于"天人合一"概念的讨论。20世纪80年代以来,"天人合一"概念成为中国学术界激烈争论的问题,成为环境伦理学研究中的一个难题。论争主要集中于三大层次:一是"天人合一"能否作为中国传统哲学和思维方式的本质特征;二是"天人合一"是否具有生态学的内涵和价值;三是"天人合一"能否成为建构环境伦理学的科学体系的基础。由于对前两个问题具有不同的认识,因此,对第三个问题也就作出了不同的回答。

围绕着对这些问题的讨论,中国环境伦理学的研究正在走向深入。

4. 小结

可见,发掘中国传统哲学的生态伦理学意义,决不是人为地杜撰出来的一个问题,而是在环境伦理学的创立过程中提出的一个内源性的问题。我们现在的讨论就是沿着施韦策(史怀泽)提出的诘难展开的。"施韦策(史怀泽)诘难"主要集中在对儒道两家生态伦理观缺乏系统性、实践性和前进性的诘难上,我们可以将之系统地表述为:第一,儒道生态伦理观缺乏系统性吗? 第二,儒道生态伦理观缺乏实践性吗? 第三,儒道生态伦理观缺乏前进性吗?

在国内外对中国传统哲学的生态伦理观的讨论过程中,大家进一步拓宽了对这一问题的研究,对儒家与人类中心论的关系、道家与生态中心论的关系、"天人合一"与生态伦理学的哲学基础等问题发表了不同的看法,我们可以将之系统地表述为:第一,儒家思想是人类中心论吗? 第二,道家思想是生态中心论吗? 第三,"天人合一"不能作为现代生态伦理学的哲学构架吗?

我们将按照逻辑和历史统一的辩证思维的方法,从儒道两家思想的内在实际出发,以文献为依据,对上述六个问题作出实事求是的回答,希望以此能够抛砖引玉,推动中国生态伦理学的研究,使环境伦理学在中国系统化、理论化、民族化和实践化,为中国甚至是全球的生态文明建设提供智力支持和价值导向。

(三)儒、道哲学的生态道德观

生态道德观属于生态伦理学的理论层次,主要要回答什么是生态道德以及生态道德和人际道德的关系等生态伦理学的基本问题。儒、道哲学之所以构成了生态伦理学的发生学根源,就在于他们早在农业文明的发展初期就在逻辑上对这些问题达到了自觉。

1. 儒家的生态道德观

(1)仁与义:儒家核心概念的生态道德涵义

儒家是在仁义的基础上构筑起的中国历史上第一个人文主义的哲学形态,"仁义"成为其核心概念和中心问题,"游文于六经之中,留意于仁义之际"(《汉书·艺文志》)。仁义的爱心是无所不在的,儒家也将仁义的情怀投向了自然。因此，热爱自然，注重运用道德的手段来调节、控制人和自然的关系，也是儒家哲学的题中之义。

仁是最高的道，也是最高的德。阐明仁的观念是孔子对中国思想文化的最伟大贡献。在他看来，仁源于血缘关系，亲亲构成了仁的基础，"弟子入则孝，出则悌，谨而信，泛爱众而亲仁"（《论语·学而》）。而仁的基本的含义就是爱人，"樊迟问仁。子曰'爱人。'"（《论语·颜渊》）。这样，仁就成为了社会行为准则。作为社会准则的仁是通过"能近取譬"的心理机制得以实现的，"夫仁者，己欲立而立人，己欲达而达人。能近取譬，可谓仁之方也已"（《论语·雍也》）。由于仁具有这种推己及人的心理机制，因而能使人将这种道德之心扩展到自然事物上。因此，孔子提出了"知者乐水，仁者乐山"（《论语·雍也》）的命题。这样，该命题就意味着人类道德视野的一次革命性的扩展，即道德不仅是指爱人，而且也意味着爱物。假如说孔子只是在"比德"的意义上将自然纳入自己的思想之中，唤醒人们应该在道德上关心和爱护自然的话，那么，董仲舒则直接要求将爱物包容于仁的怀抱，"质于爱民，以下至于鸟兽昆虫莫不爱。不爱，奚足谓仁？"（《春秋繁露·仁义法》）也就是说，仅仅爱人还不是真正的仁，只有将爱扩展到鸟兽昆虫等自然万物，才真正配得上称为仁。这样，董仲舒将"仁"的内涵扩展到了生态关系领域，使之具有了生态道德的含义。假如说董仲舒的思想有着"天人感应"的神秘主义色彩的话，宋儒则在自觉的哲学本体论的基础上将爱物直接作为仁的内在规定。程颢提出了"仁者以天地万物为一体"（《河南程氏遗书·卷二上》）的生态道德的定义；王阳明也提出，"大人之能以天地万物为一体也，非意之也，其心之仁本若是，其与天地万物一也"（《阳明集要·大学问》）。这样，在仁的问题上，儒家达到了对生态道德的逻辑的自觉，爱人与爱物是相一致的，人际道德与生态道德是相统一的，儒家的仁学由此成为了一种生态伦理学。可见，认为儒家哲学是一种人类中心论的看法是毫无事实根据的，人文主义决不是人类中心论，在二者之间不能简单地划等号，人文主义同样能够成为生态文明的伦理学基础。

义是实现仁的方式和途径。孔子在中国思想文化史上首开义利之辨的先河，将义摆在了头等重要的位置。义本来指的是春秋时代的等级差别以及对这种差别的意识，由此成为人们的行为规范，成为了实现最高道德的方式和途径，"行义以达其道"（《论语·季氏》）。就其基本的含义来看，义是理，"义，理也"（《荀子·大略》）；而理就是人类的行为标准，"凡事行，有益于理者立之，无益于理者废之"（《荀子·儒效》）。另一方面，义还是礼，"行义以礼，然后义也"（《荀子·大略》）；而礼就是人类的行为准则，"礼以定伦"（《荀子·致士》）。从其功能来看，如果说仁的作用是导向善的话，那么，义的作用是禁止恶，"夫义者，所以限禁人之为恶与奸者也"（《荀子·强国》）。这样，义就成为了实现仁的一种方式,"仁,人之安宅也;义,人之正路也"(《孟子·离娄上》)。可见,义也就是人类的行为准则。由于义的作用是"限禁人之为恶与奸",时时刻刻提醒人们不得为恶,并保证在弃恶的过程中从善,因此,推己及物,它不仅适用于人际关系领域,而且也适用于生态关系领域,它要求人们在生态关系领域中禁止恶的行为。由此,荀子在儒家思想体系的内部提出了一个关于义的生态道德的概念:"夫义者,内节于人而外节于万物者也,上安于主而下调于民者也。内外上下节者,义之情也。"(《荀子·强国》)这里,节就是以礼来规范和评价人类的行为,"礼,节也,故成"(《荀子·大略》);万物是指世界上所有的存在物。因此,将义、节和万物三者联系起来看,所谓的"义者节于万物者也",就是人类对自身与自然存在物关系的规范和评价体系;而这正是现代生态道德概念的逻辑内涵。这样,义成为一个既涵盖人际道德又包括生态道德的完整统一的道德概念。宋明理学进一步发展了荀子的这一思想。朱熹在解释《周易》中的"元亨利贞"时,将义与利联系了起来,强调义应该有益于万事万物,"元者,生物之始,天地之德,莫先于此,故于时为春,于人则为仁,而众善之长也。亨者,生物之通,物至于此,莫不嘉美,故于时为夏,于人则为礼,而众美之会也。利者,生物之遂,物各得宜,不相妨害,故于时为秋,于人则为义,而得其分之和。贞者,生物之成,实理具备,随在各足,故于时为冬,于人则为智,而为众事之干。干,木之身,而枝叶所依以立者也。"([宋]朱熹:《周易本义》)这里的"物各得宜,不相妨害"就是承认自然界的万事万物各自存在的合理性,要求彼此尊重各自的生存权利。至此,儒家在义的意义上达到了对生态道德的逻辑的自觉,从而进一步完善了仁学的生态伦理学意义。

可见,尽管在儒家的思想体系中还没有形成整体一贯的现代意义上的生态道德概念,但他们运用仁义的概念从不同的方面揭示出了人和自然之间价值关系的存在,并将之作为道德体系中的一个基本的方面,由此形成了自己的生态道德的概念体系。在这个体系中,仁是从正面和整体上揭示出来的生态道德概念,义是从负面和构成上揭示出来的生态道德的概念。

(2)贵人贱畜:儒家的道德阶梯论

在人与自然关系问题上,儒家注重人的主体性,将人看作世界进化链条的最高端;同时,也看到了人对自然的依赖性。因此,儒家一方面关心人甚于关心自然,认为人际道德高于生态道德;另一方面,又主张在生态道德与人际道德之间建立一种合理的关系。这样,在儒家的伦理观中,道德是呈阶梯状排列的。这就是儒家的道德阶梯论。

儒家道德阶梯论表现为"贵人贱畜"的立场。它是这样提出的,"厩焚。子退朝,曰:'伤人乎?'不问马"(《论语·乡党》)。这种价值取向固然是由于孔子的人文主义立场决定的,但它也有一定的生态学根据,孔子在生态学上认识到了群和类的重要性。他认为,人和鸟兽属于不同的种群,"鸟兽不可与同群"(《论语·微子》);每一种生物都对自己的种群具有一种自然的同情心,"丘闻之也,刳胎杀夭则麒麟不至郊,竭泽涸渔则蛟龙不合阴阳,覆巢毁卵则凤皇不翔。何则?君子讳伤其类也"(《史记·孔子世家》)。因此,站在人类种群的立场上,自然应该采取"贵人贱畜"的价值取向。荀子在进化论意义上进一步突出人的这种生态主体性,"水火有气而无生,草木有生而无知,禽兽有知而无义,人有气、有生、有知,亦且有义,故最为天下贵也。力不若牛,走不若马,而牛马为用,何也?曰:人能群,彼不能群也。人何以能群?曰:分。分何以能行?曰:义。"(《荀子·王制》)这里,荀子不仅将群的含义从生物学扩展到社会学,而且突出了人在进化链条中的特殊性。当然,荀子不可能懂得人的本质是一切社会关系的总和,但他毕竟为儒家"贵人贱畜"的价值取向提供了一种前科学的基础。从"贵人贱畜"的立场出发,儒家认为人际道德是基本道德,而生态道德则居于次要位置。孟子第一次从理论上对之作了规定,"君子之于物也,爱之而弗仁;于民也,仁之而弗亲。亲亲而仁民,仁民而爱物"(《孟子·尽心上》)。这样,孟子将爱物、仁民和亲亲看成是一种依序上升的阶梯关系,由此也回答了生态道德与人际道德的关系问题,即,其一,道德系统是以道德对象与道德主体之间关系的亲密度为序而构成;其二,道德系统是随着道德对象范围的逐步扩大而构成的;其三,尽管亲亲、仁民、爱物在道德系统中的地位和作用是不均等的,但它们之间的联系是不可割断的,它们各自的作用也是不可取代的,因此,"君子布德,各有所施。事得其宜,故谓之义也"([清]焦循:《孟子正义·卷十三》)。

但我们不能由此就认为儒家的哲学和伦理学就是一种人类中心论,儒家思想是与环境伦理学绝对对立的,而事实上,儒家在一定的程度上又是反对人类中心论的,提出了"毋我"的主张,要求人们在人和自然之间维持一种中庸之道。孔子反对绝对的人类中心论。据《论语》记载,"子绝四:毋意,毋必,毋固,毋我"(《论语·子罕》)。这就是说,孔子断绝了自私、自利、固执和自我四种行为。孔子之所以反对以自我为中心,在一定的程度上就是要求人们对人和自然的关系作一种整体系统的把握。在孔子这种思想的基础上,荀子进一步突出了人和自然关系的全面性,要求人们在思想认识上应该达到对这个问题的自觉,"圣人知心术之患,见蔽塞之祸,故无欲无恶,无始无终,无近无远,无博无浅,无古无今,兼陈万物而中县(悬)衡焉。是故众异不得相蔽以乱其伦也"(《荀子·解蔽》)。可见,儒家事实上是认同人和自然的系统关联的,强调的是人和自然之间的协调与一致。而一旦具体到自然保护的问题上,儒家就十分明确地从人和自然的协调关联的角度来规定自然保护的目的了。

总之，在对待生态道德和人际道德的关系问题上，儒家的基本立场是"贵人贱畜"，认为人际道德是第一位的，而生态道德是第二位的；但是，儒家的这种看法并不是绝对的人类中心论，因为儒家也是反对人类中心论的。

2. 道家的生态道德观

（1）道和德：道家核心概念的生态道德涵义

作为一种自然主义哲学形态的道家提出了一种与儒家不同的价值观，其核心范畴和中心命题是道和德。所谓的道和德既是一种宇宙观，也是一种历史观；既属行为范畴，也属价值范畴。作为价值范畴的道和德，既囊括了人际关系，也涵盖了生态关系。在一定的意义上，道和德就是道家的生态道德概念。

老子的道论是中国理论思维史上最早的本体论学说。在老子看来，不仅万事万物甚至连天、帝都不是宇宙的根本，只有道才是宇宙万物的本源和本根，"有物混成，先天地生。寂兮寥兮！独立而不改，周行而不殆，可以为天下母。吾不知其名，字之曰道，强为之名曰大"（《老子》第25章）。而庄子直接指出道是宇宙的根本，"夫道，有情有信，无为无形；可传而不可受，可得而不可见；自本自根，未有天地，自古以固存；神鬼神帝，生天生地；在太极之上而不为高，在六极之下而不为深，先天地生而不为久，长于上古而不为老"（《庄子·大宗师》）。道是一种理论抽象，它无声、无形、无体，不是一种具体的实物。但这种无，其实就是一种有，可以称之为"无有"。假如说无是道的质的规定性的话，那么，一则是道的量的规定性。所谓的一，既是指万物形成前的混沌状态，也是指道产生万物的量变过程，"道生一，一生二，二生三，三生万物"（《老子》第42章）。总之，道就是宇宙万物之为宇宙万物的根本，是事物产生的根本原因，"物得以生，谓之德"（《庄子·天地》）。同时，道还是一切价值的最终根源，其中包括生态价值。在老子看来，道产生万物的过程，是一个由于自身的内在矛盾而进行的自然而然的过程；既然人产生于这一过程，人的一切行为当然应以这一过程为范本，将自然作为自己的行为准则；这就是"人法地，地法天，天法道，道法自然"（《老子》第25章）的根本含义。这里的自然是自然而然的意思。另外，尽管万事万物各有自己的矛盾特殊性，但作为最高本体的道对它们是一视同仁的，显示出了道的客观无私性，"万物殊理，道不私"（《庄子·则阳》）。这样，"道"就具有了价值观意义，它不仅是处理人际关系的准绳，而且也是处理生态关系的尺度，"道者万物之奥。善人之宝，不善人之所保"（《老子》第62章）。这里的善就是今天所讲的道德的同义语。这样，道就同时包含了生态道德的内容，道家的生态伦理学就是在老子道论的基础上建构起来的。

在老庄学派那里，道是万事万物之所以为万事万物的根据，而德则是具体的一事一物之所以为自身的根据。某物得到了道，可以称之为德，"物得以生，谓之德"(《庄子·天地》)。其实，德就是道，只不过是一种具体的道；道是全，德是分；道与德的关系其实就是一种整体和部分的关系，整体是通过部分表现的，而部分又以整体为根据。正是在道和德的整合过程中，才形成了世界的现存面貌，"道生之，德畜之，物形之，器成之。是以万物莫不尊道而贵德。道之尊，德之贵，夫莫之爵而常自然。道生之畜之，长之育之，亭之毒之，养之覆之。生而不有，为而不恃，长而不宰，是谓玄德"(《老子》第51章)。可见，一种彻底的德其实就是以道为根据的，"孔德之容，惟道是从"(《老子》第21章)。这样，德也具有了价值观的含义。作为价值观的德，提倡"上德若谷"(《老子》第41章)的包容天下万物的宽广胸怀。在对人际关系的问题上应该虚怀若谷，在对待生态关系的问题上也应该如此。庄子说，"卧则居居，起则于于，民知其母，不知其父，与麋鹿共处，耕而食，织而衣，无有相害之心，此至德之隆也"(《庄子·盗跖》)。这种包容万物的情怀，当是德(包括生态道德)的极至。这样，德就从具体的层面补充和完善了道的生态伦理学。

可见，尽管在道家的思想中没有形成统一、固定的生态道德的概念，但是，道和德就包含了生态道德的含义，作为价值范畴的道、德是涵盖一切领域的，其中自然包括对生态关系领域的规范和评价，"常善救物，故无弃物，是谓袭明"(《老子》第27章)。这里，可以将道看作是老庄学派生态伦理学中的核心范畴，德是对生态道德进行直接的补充和说明的范畴。

(2) 物无贵贱：道家的道德平等论

从道的普遍有效性的角度出发，道家提出了"物无贵贱"的命题，认为天下的万事万物在道德面前的地位和作用是均一的，不同类型的道德地位和作用是均等的，生态道德和人际道德具有同样的价值。

道家突出了道的客观无私性，认为道是以一种公正的方式对待天下万物的，天下万物在道的面前是平等的，"物无贵贱"就是这种情况的具体体现。道德的境界其实是一种无差别的境界，也就是一种对天下万物一视同仁的客观无私的境界，"道者同于道，德者同于德，失者同于失。故同于道者，道亦得之；同于失者，道亦失之"(《老子》第23章)。这样，道就获得了包容天下万物的美德，真正的德是无所偏袒的，有所偏袒的道也不成其为德，而是"无德"的一种表现，"上德不德，是以有德；下德不失德，是以无德"(《老子》第38章)。这样，站在事物各自的立场上看，天下万物是有差别的，人与自然的关系是一种不对等的关系；但是，站在道的立场上来看，天下万物之间是不存在高下、贵贱等差别的，人和自然的关系是一种均等的关系。"以道观之，物无贵贱；以物观之，自贵而相贱；以俗观之，贵贱不在己"(《庄子·秋水》)。道家认为，道的这种客观无私的品性，是人类应当效法的，人应该这样去对待天下万物，应该具有包容天下万物的胸怀，"夫道，覆载万物者也，洋洋乎大哉！

君子不可以不刳心焉"（《庄子·天地》）。这样，道家"物无贵贱"的思想就回答了生态道德和人际道德的关系问题，由此形成了道家的道德平等论。

　　道家不只是提出了"物无贵贱"的思想，而且将这一观念建立在既具辩证思维又具实践智慧的价值观基础上。他们是从以下三个方面阐述"物无贵贱"价值观的：其一，价值对象之间形态与功能的差异性，并不说明其价值的高低和贵贱，却说明彼此之间的不可代替性。就事物的形态而言，其差异是相对的。就拿大小来说，"以差观之，因其所大而大之，则万物莫不大；因其所小而小之，则万物莫不小。知天地之为稊米也，知毫末之为丘山也"（《庄子·秋水》）。同样，寿与夭、美与丑的差别也具有相对性。就事物的功能而言，"以功观之，因其所有而有之，则万物莫不有；因其所无而无之，则万物莫不无。知东西之相反而不可以相无，则功分定矣"（同上）。这样，栋梁之材可以用来攻击敌城，但不能用来堵塞漏洞；骐骥、骅骝可以日行千里，但捕鼠不如野猫；猫头鹰夜晚可以明察秋毫，但白昼对山丘竟熟视无睹。这就是说，事物之间的差异并不说明它们价值上的有无、高下、贵贱，而说明它们之间的不可代替性。其二，不同的价值主体具有不同的价值标准，即"彼必相与异，其好恶故异也"（《庄子·至乐》）。这是因为：一是价值主体的特点不同，其好恶也不相同。人睡在潮湿的地上会生病，而泥鳅却不会；人居住在高树上会产生恐惧感，而猿猴却不然；鹿以草为美食，蜈蚣以蛇为美味，乌鸦却觉得老鼠可口。二是同一价值对象对于不同的价值主体具有不同的涵义。酒、肉、宴、乐对人是享受，对鸟则是一种折磨，最终会导致鸟的死亡；鸟所需要的是"栖之深林，游之坛陆"（同上）。其三，由于客体具有多侧面性，从而导致主体的价值评价的不确定性，并且这种不确定性随着价值实现的条件的改变而强化。由于客体具有多侧面性，"以趣观之，因其所然而然之，则万物莫不然；因其所非而非之，则万物莫不非"（《庄子·秋水》）。从人们的志趣出发，依据客体的正面价值评价它，万物都存在肯定性价值；依据事物的负面价值去否定它，则事物又都会被否定。更为重要的是，价值是随着实现条件和方式"应时而变"的，"贵贱有时，未可以为常也"（同上）。例如，一种防冻膏在宋国的工匠那里只具有冬天在水里工作时防止冻裂的价值，而在吴王的将军那里具有了在水中作战时免除战士冻伤的价值，并由此博取封赏。由上述可知，道家在论述自然界万物价值时，虽然没有使用内在价值概念，但它所揭示的价值的独立性和不可替代性，正是内在价值的表征。而且，道家对价值的辩证认识远比现代西方的生态中心论深刻得多。

　　总之，在道家看来，生态道德和人际道德是道德体系中并行不悖的两个基本构成部分。

（四）儒、道生态伦理的自然观

生态伦理学是对人和自然价值关系的哲学把握，因此，没有对生态学和自然观洞悉，它只能走向神秘主义和乌托邦。儒家和道家的思想之所以能够成为现代生态伦理学的思想资源，能够确立起中国形态的生态伦理学，一个基本的原因就在于，他们的生态伦理学是建立在自觉地对生态学的科学认知和对自然观的哲学反思的基础上的。

1. 辨类重时：儒、道哲学的生态学认知

尽管中国古代没有生态学的术语，但中华民族的生态学意识却具有早熟性。作为中国传统文化主流的儒、道两家都对我国上古以来形成的自然保护传统和经验性生态学知识给予了高度关注。孔子将掌握生态学知识看成是与道德教化具有同等意义的大事，"小子何莫学夫诗，诗可以兴，可以观，可以群，可以怨。迩之事父，远之事君。多识于鸟兽草木之名"（《论语·阳货》）。不仅如此，儒、道还总结和概括了当时的生态学知识，可以将其思想中的生态学知识概括为如下四个方面。

（1）对生物系统层次的认识

儒道两家对自然界生命系统的组织层次的认识，是用类、群、畴和族等概念表达的。在孔子的思想中就已经形成了群和类的概念。荀子看到，单个物种的生存是根本不可能的，生物的生存和发展必须要以种群的方式进行，"物类之起，必有所始……草木畴生，禽兽群焉，物各从其类也"（《荀子·劝学》）。庄子在描述"至德之世"中的人和自然关系时指出，"至德之世，同与禽兽居，族与万物并"（《庄子·马蹄》）。这些概念分别类似于现代生态学的种群或群落概念。

（2）对生物与其环境关系的认识

生物的生存离不开一定的环境。老子看到，生物的生存离不开生境，植物的生长离不开根土，"夫物芸芸，各复归其根。归根曰静，是谓复命。复命曰常"（《老子》第16章）。而这正是植物生长的一般规律。动物也是这样的，"鱼不可脱于渊"（《老子》第36章）。在庄子看来，一切物质都是依赖一定的物质条件而产生的，最终又要复归于其他物质。"万物皆出于机，皆入于机。"（《庄子·至乐》）所谓的"机"也就是细微的物质。而荀子看到生境从两个方面制约着生物的生存和发展，一是生物只有在生境达到一定水平时才可能生存，例如，山林是鸟兽生存的生境，但只有在山林茂密的情况下鸟兽才能存在，"山林者，鸟兽之居也"，"山林茂而禽兽归之"（《荀子·致士》），"树成荫而众鸟息焉"（《荀子·劝学》）；二是恶劣的生境可以迫使生物迁徙、减少或灭绝，例如，"川源枯则龙鱼去之"，"山林险则鸟兽去之"（《荀子·致士》）。

可见，中国传统哲学充分估计到了环境在生物生存中的重要性，并对生物和环境的辩证关系进行了一定的揭示。

(3) 对食物链的认识

儒道两家（尤其是道家）对自然界中存在的食物链关系的认识，是生态学史上最早且最深刻的思想认识之一。他们不仅看到了生物之间存在食物链的关系，而且看到了它们的多样性，一是动植物之间的食植链关系。荀子指出，草木为动物提供了食物，而当动物的数量减少时，植物就会茂密地生长，"养长时则六畜育，杀生时则草木殖"（《荀子·王制》）。二是动物之间的捕食—猎物关系。庄子对之有一段相当精彩的描述，"蝉，方得美荫而忘其身；螳螂执翳而搏之，见得而忘其形；异鹊从而利之，见利而忘其真"（《庄子·山木》）。三是生物之间的食腐性链关系。荀子看到了"肉腐出虫"和"鱼枯生蠹"（《荀子·劝学》）这样两种腐蚀性食物链现象。庄子也描述了自然界中的这种现象，"种有几，得水则为䋯，得水土之际则为鼃蠙之衣，生于陵屯则为陵舄，陵舄得郁栖则为乌足。乌足之根为蛴螬，其叶为胡蝶。胡蝶胥也化而为虫，生于灶下，其状若脱，其名为鸲掇。鸲掇千日为鸟，其名为乾余骨。乾余骨之沫为斯弥。斯弥为食醯。颐辂生乎食醯，黄軦生乎九猷，瞀芮生乎腐蠸"（《庄子·至乐》）。这样，在道家哲学中就明确地表现出了作为现代生态学基础的营养循环概念的所有环节，甚至"万物皆出于机而入于机"的说法模糊地体现出了循环的含义。

(4) 对生物气象学或物候学的认识

气象是影响自然生态系统的首要的因素。我们的祖先在很早的时候就意识到了这一点，并用"时"（节气）来表示时间—气象规律，还将之运用在了自然保护当中。在《诗经》中就有这样的诗句："物其有矣，维其时矣！"（《诗经·小雅·鱼丽》）而儒家将对"时"的认识又向前推进了一步，孔子提出了"道千乘之国，敬事而信，节用而爱人，使民以时"（《论语·学而》）的主张，认为一个高明的统治者应该懂得使老百姓按照春夏秋冬的季节节律有条不紊地进行耕耘收藏的工作，不得延误农时。孟子引用了一句齐人的谚语概括了儒家对这个问题的基本看法："虽有智慧，不如乘势。虽有镃基，不如待时"（《孟子·公孙丑上》）。这就是说，作为条件和环境的生态学季节节律——"时"是不可超越的。他将"时"作为自然保护的科学基础和根据："不违农时，谷不可胜食也。数罟不入洿池，鱼鳖不可胜食也。斧斤以时入山林，材木不可胜用也。谷与鱼鳖不可胜食，材木不可胜用，是使民养生丧死无憾也。养生丧死无憾，王道之始也。"（《孟子·梁惠王上》）即，在人和自然资源的关系问题上，该禁的时候必须禁，该用的时候必须用，这一切都要根据生物的生长节律来决定。荀子在这一思想的基础上，提出了一个自然保护的大纲。后来，《礼记》的作者将这种科学认知发展为"月令"——中国农学理论、生态学理论以及自然保护理论的一种独特文体。

由于儒道两家在当时的时代已经形成了这样高的生态学知识水平，因此，他们就为生态道德的建构提供了生态学上的支持和说明。

2. "天人合一"：儒、道哲学的自然观特征

尽管中国传统哲学是一种伦理主导型的哲学，但这并不意味着在中国传统哲学中就存在着一片自然观的"空场"，事实上，在以儒道两家为代表的中国传统哲学中，形成了一种具有鲜明辩证思维特征的自然观体系——"天人合一"。当然，"天人合一"本身具有十分广泛的含义，不同的哲学流派对之作出了不同的解释；但是，这一思想命题无论是作为世界观，还是作为方法论，都既适用于儒家，也适用于道家，并截然分明地将中国传统哲学与西方传统思想文化的主流，区别开来了。在自然观上，儒家的基本思想是三才——天、地、人的协调一致，道家的基本思想是"四大"——道、天、地、人的协调一致；二者的共同点为都包含了天、地、人三要素；其不同点是道家还包含了"道"，并居之于首位，而儒家则没有。自然观中的有"道"与无"道"，无疑反映了儒、道之间在形上学上的巨大分异。但这一分异并不影响他们之间在认识论上深刻的共同性，即他们都把自然（天、地）与人作为一个统一的整体来思考，都要求建立两者之间的和谐关系。儒、道之间在自然观上的共同性，就非常精彩地体现在"天人合一"这一具有高度概括力的理论命题上。

（1）三才：儒家的自然观

作为人文主义哲学形态的儒家同样建构起了自己的自然观，并对人和自然的协调一致性作出了深刻的揭示。儒家创始人孔子对天抱着一种阙疑的态度，他不明确表明自己的看法，而是自然主义地对待天的运行，"天何言哉？四时行焉，百物生焉"（《论语·阳货》）；同时，他对"天"的流逝有深刻的感悟，"逝者如斯夫！不舍昼夜"（《论语·子罕》）。在自然科学处于发生学水平的情况下，孔子的这种态度既不失为明智之举，也是理性精神的体现。正是由于孔子关于天的观念的模糊性，孟子和荀子分别从两个不同的方向发展了孔子的思想。孟子将天确立为天命；而荀子则明确为天道。荀子在中国思想史上第一次构建了一个完整的科学的唯物主义的有机自然观体系。这个自然观的理论要旨在以下六个方面。

第一，肯定了"天"的物质性和客观实在性。在荀子看来，天其实是一个自然物的集合及其运行过程，"列星随旋，日月递炤，四时代御，阴阳大化，风雨博施，万物各得其和以生，各得其养以成，不见其事而见其功，夫是之谓神。皆知其所以成，莫知其无形，夫是之谓天"（《荀子·天论》）。同时，天与地是相对的，"至高谓之天，至下谓之地"（《荀子·儒效》），天地构成了整

个宇宙万物的存在形式——时间和空间。在肯定天的物质性的前提下，他指出，天地不会由于人们的主观情绪的波动改变自己的运行节律，"天不为人之恶寒也辍冬，地不为人之恶辽远也辍广"（《荀子·天论》）。它更不会由于人世的兴废而更改自己的存亡，"天行有常，不为尧存，不为桀亡"（同上）。这样，荀子进一步肯定了天道自然规律的客观实在性。

第二，运用天地和合的观点解释了自然界的起源。荀子认为，"天地合而万物生，阴阳接而变化起"（《荀子·礼论》）。这就是说，自然界的万事万物是由于天地和合而产生的，它们的变化是由于天地的内在矛盾——阴阳——的相互作用和演变的结果。

第三，认为天的运行是有规律可寻的。荀子用"常"来表示自然界运动和变化的规律。在他看来，"天有常道矣，地有常数矣，君子有常体矣。君子道其常"（《荀子·天论》）。所谓"君子道其常"，就是要求人们遵循自然界的运动规律。

第四，突出了人与自然的分职性。荀子认为，人们应该将天事和人事区别开来，要看到"天人之分"的重大意义，"君子敬其在己者，而不慕其在天者；小人错其在己者，而慕其在天者"（同上）。在荀子看来，人类应当力尽人事，顺应自然，而不能将人事之治乱与天意随便联系。

第五，强调人对自然的能动性。在荀子看来，尽管作为自然本体的天是第一性的，人应该顺应和遵循自然规律，但人在自然面前并不是消极被动的，从而提出了"制天命而用之"的命题，"大天而思之，孰与物畜而制之？从天而颂之，孰与制天命而用之"（同上）。

第六，肯定了天人之间的合一性。在荀子看来，宇宙是由天、地、人三要素构成的，它们应分施不同的职能。正是这三种职能的匹配，才构成了宇宙整体的运行，"天有其时，地有其财，人有其治，夫是之谓能参"（同上）。这样，荀子赋予中国古代三才学说以新的意义。用三才的思想表达出了自然观上的"天人合一"——人和自然的和谐与协调。

当然，荀子的自然观还有自身的不彻底性，给天命鬼神留有一定的存在空间。尽管如此，在荀子的自然观中，自然规律的第一性、客观性和规律性，与人的活动的第二性、能动性和主体性，是嵌套在一起的，从而构筑起了一个唯物主义的有机自然观体系。这种思想对中国古代的有机农学、自然保护思想和行动产生了重大的影响，构成了儒家生态伦理学的哲学基础。

（2）"四大"：道家的自然观

作为自然主义哲学流派的道家，对认识自然规律表出了浓厚的兴趣，"天其运乎？地其处乎？日月其争于所乎？孰主张是？孰维纲是？孰居无事推而行是？意者其有机缄而不得已邪？意者其运转而不能自止邪？云者为雨乎？

雨者为云乎？孰隆施是？孰居无事淫乐而劝是？风起北方，一西一东，有上彷徨，孰嘘吸是？孰居无事而披拂是？敢问何故？"（《庄子·天运》）在这种怀疑主义的理性精神的引导下，道家构建起了自己的自然主义自然观。

第一，肯定了自然（天地）的自然主义本质。道家认为，世界上的一切事物都是由于天地的内在矛盾而自我产生、自我发展的；自然界一切变化的最终根源在于天地，"飘风不终朝，骤雨不终日。孰为此者？天地"（《老子》第23章）；天地作为一种自然而然的过程，既表现出无限性，"汤问棘曰：上下四方有极乎？棘曰：无极之外，复无极也"（《庄子·逍遥游》），又表现出一种不失不灭的守恒性，"天长地久。天地之所以长且久者，以其不自生，故能长生"（《老子》第7章）；而这一切皆因于道———一种自然而然的天地运行机制，"天不得不高，地不得不广，日月不得不行，万物不得不昌，此其道与"（《庄子·知北游》）；道对待天下万物是任其自然的，"天地不仁，以万物为刍狗"（《老子》第5章）。这种自然主义的态度类似于现代自组织理论的自然观，消除了人们对天地万物的神秘感，有助于人们以一种实事求是的态度对待自然界。

第二，强调人对自然的顺应性。在道家看来，人也是从天地万物中产生出来的，"天无为以之清，地无为以之宁，故两无为相合，万物皆化生"（《庄子·至乐》）。具体来讲，"察其始而本无生，非徒无生也而本无形，非徒无形也而本无气。杂乎芒芴之间，变而有气，气变而有形，形变而有生"（同上）。既然人是从天地自然万物中产生的，因此，人就应该顺从天地自然万物，按照自然的方式生存，"人法地，地法天，天法道，道法自然"（《老子》第25章）。这就是"顺之以天理，行之以五德，应之以自然"（《庄子·天运》）的问题。

第三，突出掌握天道万物变化的自然规律的重大意义。在老子看来，只有明了自然规律，才能心中有数，保证人类行为的有效性；否则的话，就会祸及自身，"万物并作，吾以观其复。夫物芸芸，各复归其根。归根曰静，是谓复命。复命曰常，知常曰明。不知常，妄作，凶。知常容，容乃公，公乃全，全乃天，天乃道，道乃久，没身不殆"（《老子》第16章）。

第四，揭示了人和自然的系统性。在老子看来，人是与道、天、地并行的第四者，"道大，天大，地大，王亦大。域中有四大，而王居其一焉"（《老子》第25章）。即，道、天、地和人是整个世界系统的四个基本的构成部分和四个子系统。因此，人类应该着力克服自见、自足、自伐、自矜的人类中心论弊端，以认同天地万物和谐一致的方式来对待世界万物，"不自见，故明；不自是，故彰；不自伐，故有功；不自矜，故长"（《老子》第22章）。在西方，第二次世界大战以后，海德格尔提出了"四维连续体"的概念：不死者，天，地，有死者。

这样，在道家思想体系的内部就已经形成了一个自然主义的自然观体系，但是，这种自然主义的自然观还不是唯物主义的自然观，在相当程度上具有神秘主义色彩。尽管这样，这种自然主义的自然观成为了道家生态伦理学的哲学基础。

（五）儒、道生态伦理规则之一：生态从善性原则

任何生态伦理观总是通过各自具体地规范和评价人类道德行为的规则系统来体现的。生态从善性原则是生态伦理学规范和评价体系中的第一个构成部分，主要规定人在与自然的交往过程中什么行为应当受到鼓励和提倡。在逻辑上，这一原则表现为一个肯定性的价值判断。在中国传统哲学中，已形成一系列肯定性的生态价值判断，其中儒道两家的思想最具代表性，而且论述也最为严密，由此建构起中国传统哲学中的生态从善性原则。

1. 儒家：仁民爱物

儒家的生态从善性原则，是以仁民爱物为核心的。它着力从道德心理、政治制度和自然资源利用三个方面，将生态从善性原则具体化。

儒家哲学的伦理学主旨是唤醒人们的道德自觉。孔子十分重视道德主体的心理建设。他把仁看成是内心情感的自然流露，是自然而然具有的向善趋向，"仁远乎哉？我欲仁，斯仁至矣"（《论语·述而》）。他将这种道德心理学的方式投视到了自然领域以及人与自然关系的领域。在他看来，动物也具有这种道德心理。因此，他总是将动物的行为道德化，去诱发人类的良知，"曾子有疾，孟敬子问之。曾子言曰：'鸟之将死，其鸣也哀。人之将死，其言也善。'"（《论语·泰伯》）又据《史记·孔子世家》记载，"丘闻之也，刳胎杀夭则麒不至郊，竭泽涸渔则蛟龙不合阴阳，覆巢毁卵则凤皇不翔。何则？君子讳伤其类也。夫鸟兽之于不义也尚知辟（避）之，而况乎丘哉！"孔子的这些言论，无疑为人们接受和遵从生态道德提供了心理学支持和根据。荀子进一步指出：所有的动物对自己的种群都具有一种天生的情感；当自己的同伴受到伤害时，它们都会流露出一种同情心，而当自己的同伴死亡时，它们都会发出撕人心肺的哀鸣；因此，人们应该同情和爱护动物，"凡生乎天地之间者，有血气之属必有知，有知之属莫不爱其类。今夫大鸟兽则失亡其群匹，越月逾时则必反铅过故乡，则必徘徊焉，鸣号焉，踯躅焉，踟蹰焉，然后能去之也。小者是燕爵，犹有啁噍之顷焉，然后能去之"（《荀子·礼论》）。孟子则将这种道德心理推到了极至。在他看来，道德的根源就在于心之德；仁、义、礼、智这四种道德品格源于"恻隐之心""羞恶之心""辞让之心""是非之心"（《孟子·公孙丑上》），并以此作为其政治—哲学—伦理学的基本原则。我们不能简单地将儒家的这些思想看作是神秘主义，而应该看到其中蕴含的科学价值。这就是，它不仅使生态道德的从善性具体化了，而且为生态伦理学提供了心理学的基础，而现代生态伦理学恰恰在这方面有所不足，因此，儒家的这一思想为我

们在今天发展生态伦理学提供了一个新的方向。

在政治制度方面，儒家初步构建了一个体现生态从善性原则的政治纲领。孔子提出，"道千乘之国，敬事而信，节用而爱人，使民以时"（《论语·学而》）。所谓"敬事而信"，是指统治应该将农事摆上重要位置，将重农作为一项基本的国策。所谓"节用而爱人"，是指为了"宽民畜众"，统治者对于自身的物质利益应励行节约，应体察民众的痛苦，使其休养生息。所谓"使民以时"，是指统治者应该按照生态学季节节律来役使民众，让民众劳逸结合，还可以避免对土地的超负荷利用。另外，从民本主义立场出发，儒家要求在自然资源的利用和分配上体现公正性原则。《周易》中的井卦，专门讲述这个问题："井：改邑不改井，无丧无得。往来井井。汔至，亦未繘井，羸其瓶，凶。初六，井泥不食，旧井无禽。九二，井谷射鲋，瓮敝漏。九三，井渫不食，为我心恻。可用汲，王明并受其福。六四：井甃，无咎。九五：井冽，寒泉食。上六，井收勿幕，有孚元吉。"井的发明，说明人类在利用水资源上的进步，说明人类社会由游牧文明向农耕文明的过渡。《易经》的卦很少取具体的实物为象，只有井卦和鼎卦除外。取井为象，说明对利用和保护水资源的重视。井卦强调了以下几点：一是强调水资源于人类和生物生存的重要性（"井冽寒泉食"）；二是突出了保护水井的重要性，如不淘尽井泥，就没有生物和人来光顾（"井泥不食，旧井无禽"）；只有整修水井才可以保证人类的生存（"井甃，无咎"）；三是强调水资源应为大家共享。井是公用设施，来来往往的人都可以利用（"往来井井"），因此，在打完水后，不能将井封死（"井收勿幕"），如有水而不能为大家共享，是一件令人伤心的事情（"井渫不食，为我心恻"）。只有大家共享，才可事事顺利（"有孚，元吉"）。可见，儒家的仁民的主张其实正是其民本主义思想在自然保护领域的具体运用和发挥，尽管它有自身的历史和阶级的局限性。在今天我们建构生态伦理学的过程中，固然应该力戒人类中心论，但是，我们必须对人自身的利益尤其是绝大多数民众的利益和我们子孙后代的利益给予恰当的位置，而这正是儒家思想对于生态文明建设的意义，同时也是生态文明建设对于生态伦理学的意义。这就是要突出代内公平的问题。

儒家还将生态从善的道德情怀直接施之于自然界，要求人们应该有宽广的胸怀，不仅要爱人，而且要爱物，"地势坤，君子以厚德载物"（《易传·坤·象传》）。这样，"厚德载物"成为中国传统哲学伦理学的基本命题之一。宋明理学形成了完整的爱物思想。在张载看来，"爱必兼爱"（《正蒙·诚明》），即不仅要爱人，而且要爱物。"大人者，有容物，无去物，有爱物，无殉物，天之道然。天以直养万物，代天而理物者，曲成而不害其直，斯尽道矣。"（《正蒙·至当》）这就是说，人不仅不能破坏自然，而且在管理自然物时，应使它们按自己固有的方式自由发展。同时，在物质性的气的本体论基础上，张载提出

"民胞物与"的肯定性生态价值判断,"天地之塞,吾其体;天地之帅,吾其性。民吾同胞;物吾与也"(《正蒙·西铭》)。这就是说,人应像对待自己的同胞兄弟、亲朋好友那样去对待大自然。

儒家爱物是具有实实在在的内容的,将自然保护作为了落脚点。荀子指出:"圣王之制也,草木荣华滋硕之时则斧斤不入山林,不夭其生,不绝其长也;鼋鼍、鱼鳖、鳅鳝孕别之时,罔罟毒药不入泽,不夭其生,不绝其长也;春耕、夏耘、秋收、冬藏四者不失时,故五谷不绝而百姓有余食也;洿池、渊沼、川泽谨其时禁,故鱼鳖优多而百姓有余用也;斩伐养长不失其时,故山林不童而百姓有余材也。"(《荀子·王制》)这一自然保护纲领不仅具有极高的实践价值,而且有极高的理论价值。其一,荀子表达了一种生态学意义上的爱物思想,爱尤要爱在"草木荣华滋硕之时",爱在"鼋鼍、鱼鳖、鳅鳝孕别之时"。他认识到,自然界的万事万物在天地之间占有不同的位置,"万物各得其和以生"(《荀子·天论》);"万物得其宜"(《荀子·儒效》);"各得其养以成"(《荀子·天论》)。因此,爱物就是要根据这些具体特点来爱,"群道当则万物皆得其宜,六畜皆得其长,群生皆得其命"(《荀子·王制》)。其二,荀子的爱物有重大的社会意义,是服务于其民本主义的政治理想的。首先,他的爱物其实是为了爱人,为了保证老百姓生活的可持续性("有余用","有余材","是使民养生丧死无憾也")。当然,他仍然有自己的社会历史用意("养生丧死无憾,王道之始也")。其三,荀子的爱物明显地表现出可持续发展的思想。荀子的论述包含了两种可持续性,即自然资源的可持续性("不夭其生","不绝其长")与人类经济和社会的可持续性("有余食","有余用","有余材")。在荀子看来,前一类可持续性是后一类可持续性的基础,建立于后一类可持续性上的制度(圣王之制)是前一类可持续性的保障。这里,荀子揭示的是中国古代社会的环境和发展的协调问题。由此来看,可持续发展不仅意味着代际公平的问题,还应该注意种际公平的问题。这又是儒家思想对于可持续发展和生态伦理学的一个重大的意义。

可见,儒家仁民爱物的道德情怀,构成了其生态伦理的从善性原则。

2. 道家:道法自然

慈是老子提出的第一个德目,他将慈作为了价值最终来源和内在根据的道的首要品德,并将慈引向了"道法自然",从而建构起了道家的生态道德从善性原则。

在老子看来,慈是无所不在的,天(道)正是按照慈的方式来对待天下自然万物的,"夫慈,以战则胜,以守则固。天将建之,如以慈垣之"(《老子》第67章)。慈的本质就是宽容,要有海纳百川的胸怀,"江海所以能为百谷王者,以其善下之,故能为百谷王"(《老子》第66章)。因此,至高无上的道德境界就是宽容,"上德若谷"(《老子》第41章)。将慈引向人和自然的关系领域,这就是:第一,让自然万物以自己固有的方式生存和发展,"大道泛兮,其可左右,万物恃之而生而不辞,功成不名有。衣养万物而不为主,常无欲,可名于小;万物归焉而不为主,可名为大,故能成其大"(《老子》第34章);第二,不能将人类自己的主观价值尺度强加于自然,"天地不仁,以万物为刍狗;圣人不仁,以百姓为刍狗"(《老子》第5章);第三,人对待自然应像水那样,有益于万物,而不居功自傲,"上善若水,水善利万物而不争。处众人之所恶,故几于道。居善地,心善渊,与善仁,言善信,正善治,事善能,动善时。夫唯不争,故无尤"(《老子》第8章)。这种态度就是"道法自然"的态度,其实就是无为的态度,让自然万物自由地发展,"道常无为,而无不为。侯王若能守之,万物将自化"(《老子》第37章)。其实,无为并不意味着无所作为,而是有所为而又有所不为,是有为和无为的统一,无为是效法道的一个过程,是实现"道法自然"的方式。这样,老子用这种肯定性的价值判断使"道法自然"成为了道家的生态从善性原则的思想基础和行为准则。

庄子进一步以唯美主义的态度来诠释"道法自然",将大自然作为了审美伦理的客体。由于他强调无为的行事方式,"行于万物者,道也"(《庄子·天地》),认为自然万物难以与天道抗衡,"物不胜天久矣"(《庄子·大宗师》),由此,阻绝了以人类为中心的功利性的与大自然的交往方法,而倡导一种超功利的审美的充满精神内容的交往方式。庄子肯定了从与自然交往中获得的精神享受,"山林与,皋壤与,使我欣欣然而乐与"(《庄子·知北游》)。这位忘情于大自然的先哲以充满感情的笔触描写了天地显现的辽阔而朴素之美,时季与万物的规律性的存在方式,以及其含蓄不言的表达,"天地有大美而不言,四时有明法而不议,万物有成理而不说。圣人者,原天地之美而达万物之理。是故至人无为,大圣不作,观于天地之谓也"(《庄子·知北游》)。无疑,庄子的审美感悟直接导致了他的生态伦理观的爱心,构成了其生态从善性原则的基础。同时,他也认识到自然对人的有益价值,"日月出矣,而爝火不熄,其于光也,不亦难乎! 时雨降矣,而犹浸灌,其于泽也,不亦劳乎!"(《庄子·逍遥游》)在上述认识的基础上,庄子对生态从善性原则的论述对老子的思想进行了生动而深刻的发挥,他突出了人应听任自然万物的自然发展的价值和态度,"父母于子,东西南北,唯命之从。阴阳于人,不翅于父母。彼近吾死而我不听,我则悍矣,彼何罪焉? 夫大块载我以形,劳我以生,佚我以老,息我以死。故善吾生者,乃所以善吾死者也。今大冶铸金,金踊跃曰:'我且必为镆铘!'大冶必以为不祥之金。今一犯人之形,而曰'人耳人耳',夫造化者必以为不祥之人。今一以天地为大炉,以造化为大冶,恶乎往而不可哉"(《庄子·大宗师》)。他提倡的这种"唯自然是从"的态度,源于他对自然生存本质的洞察。对此，庄子讲了一个养鸟的故事，"昔者海鸟止于鲁郊，鲁侯御而觞之于庙，奏《九韶》以为乐，具太牢以为膳。鸟仍眩视忧悲，不敢食一脔，不敢饮一杯，三日而死。此以己养养鸟也，非以鸟养养鸟也。夫以鸟养养鸟者，宜栖之深林，游之坛陆，浮之江湖，食之鳅鲦，随行列而止，委蛇而处。彼唯人言之恶闻，奚以夫譊譊为乎"（《庄子·至乐》）。这里，他区分出了人对待大自然的两种方式，一种方式是"以己养养鸟"，即用人类自己的生存之道来对待自然，由于违背了自然事物的天性，结果导致了自然的毁灭；另一种方式是"以鸟养养鸟"，即以自然本身的生存之道来对待自然，从而使自然按其天性而自由发展，这又称之为"以天合天"。庄子提倡的"以鸟养养鸟"的方式，不仅经典地概括了他对生态从善性原则的理解，而且是现代自然保护理论确认的基本法则之一。

这样，道家的"道法自然"的价值取向就成为了其生态道德的从善性原则。

（六）儒、道生态伦理规则之二：生态弃恶性原则

生态弃恶性原则是生态道德规范和评价体系中的第二个构成部分，主要规定人在与大自然的交往过程中反对或禁止什么。在逻辑上，这一原则表现为一个否定性的价值判断。儒道两家都提出了自己独到的生态弃恶性原则。

1. 儒家：钓而不纲

儒家对破坏和灭绝生物种群的行为，对不断膨胀的物质贪欲，深恶痛绝。他们同样从道德心理、政治制度及自然资源保护三个方面，论述了生态弃恶性原则。

儒家也突出了道德心理在确定生态弃恶性原则上的重要性。孟子不仅强调了道德心理的普遍性和有效性，"以不忍人之心，行不忍人之政，治天下可运之掌上"（《孟子·公孙丑上》）；而且从道德心理学上揭示了人们杜绝危害自然万物行为的机理，"齐宣王问曰：'齐桓、晋文之事，可得闻乎？'孟子对曰：'仲尼之徒，无道桓、文之事者，是以后世无传焉，臣未之闻也。无以，则王乎？'曰：'德何如，则可以王矣？'曰：'保民而王，莫之能御也。'曰：'若寡人者，可以保民乎哉？'曰：'可。'曰：'何由知吾可也？'曰：'臣闻之胡龁（人名）曰：王坐于堂上，有牵牛而过堂下者，王见之，曰：'牛何之？'对曰：'将以衅钟（新钟铸成后举行的血祭仪式）。'王曰：'舍之！吾不忍其觳觫（因恐惧而发抖的样子），若无罪而就死地。'对曰：'然则废衅钟与？'曰：'何可废也？以羊易之。'不识有诸？'曰：'有之。'曰：'是心足以王矣。百姓皆以王为爱也，臣固知王之不忍也。'王曰：'然。诚有百姓者。齐国虽褊小，吾何爱一牛？即不忍其觳觫，若无罪而就死地，故以羊易之也。'曰：'王无异于百姓

之以王为爱也，以小易大，彼恶知之？王若隐其无罪而就死地，则牛羊何择焉？'王笑曰：'是诚何心哉？我非爱其财而易之羊也。宜乎百姓之谓我爱也。'曰：'无伤也。是乃仁术也，见牛未见羊也。君子之于禽兽也，见其生，不忍见其死；闻其声，不忍食其肉。是以君子远庖厨也。'"（《孟子·梁惠王上》）这就是说，动物临死时发出的恐惧、发抖的样子，深深震撼了人们的心灵，引发了人们的生态良知，从而促使人们放弃杀害动物的行为，确立了生态弃恶性原则。这一思想给施韦策（史怀泽）留下了深刻的印象，他说，"中国哲学家孟子，就以感人的语言谈到了对动物的同情。"（[法]阿尔贝特·史怀泽著，陈泽环译：《敬畏生命》，上海：上海社会科学院出版社，1995年，第72页）

儒家看到了人类尤其是帝王欲望的无限膨胀会给自然和生态造成严重的压力，提出了禁止豪华奢侈生活方式的主张。在对待人类需要及其满足方式的问题上，孔子将勤俭节约作为了一项美德加以提倡，而将奢侈铺张作为一种恶行加以禁止和反对，"礼，与其奢也，宁俭。丧，与其易也，宁戚。"（《论语·八佾》）在这一总原则的框架内，他提出了一项生态道德弃恶性原则，"乐佚（逸）游（游猎）"，"损矣"（《论语·季氏》）；要求人们（主要是指帝王）必须禁绝游猎行为，不能一味地以游猎为乐，而应该反对那些破坏生物种群生存的行为。儒家是从维护"礼义王道"政治的角度提出这一原则的，"今之君子好实无厌，淫德不倦，荒怠傲慢，固民是尽，午（忤）其众以伐有道，求得当欲不以其所"，"今之君子莫为礼也"（《礼记·哀公问》）。尽管如此，但它客观上具有自然保护的价值。孔子要求统治者不要沉溺于声色犬马之中，就会限制他们的田猎活动，从而就会减少对生物种群的破坏。后来，孟子将之概括为："流连荒亡，为诸侯忧。从流下而忘反谓之流，从流上而忘反谓之连，从兽无厌谓之荒，乐酒无厌谓之亡。先王无流连之乐，荒亡之行。惟君所行也"（《孟子·梁惠王下》）。这里，将无节制的游猎行为看作是一种荒淫的行为，要求君主不能对生物的生存造成威胁。

为了维持自然界的可持续性，儒家提出了一系列的禁止人类破坏自然和生态行为的主张。主要有：一是不能采用灭绝动物物种的工具。《周易》以占卦的方式提出了生态道德告诫，讲了一个类似于"网开三面"的故事："飞鸟离（一种捕鸟的网）之，凶"（《易经·小过》）。它认为，飞鸟投入罗网会断绝动物的生路，因此是一种不祥之兆；而将捕获的野兽放生，是一种诚实有信的行为，不仅可以保护动物，而且还会赢得他人的信任，"解而拇（一种类似于网的工具），朋至斯孚"（《易经·解》）。二是不能采用灭绝动物物种的行为。《周易》反对斩尽杀绝行为，"王用三驱，失前禽，邑人不诫，吉"（《易经·比》）。它说的是，古代田猎，三面刈草为长围，一面为门，打猎时，猎者自门入,禽兽受惊吓后,面向猎者从门跑的,不予猎杀,给它们一条生路;禽兽背着猎者往里跑的,则成为猎杀对象。在此基础上,孔子从包容天地万物的仁人之心出发,提出了"钓而不纲,弋不射宿"(《论语·述而》)的否定性生态价值判断。这两个"不"字鲜明地体现了他在人和自然关系上的弃恶的价值取向。正如后人在注疏《论语》时指出的,"孔子少贫贱,为养与祭,或不得已而钓弋,如猎较是也。然尽物取之,出其不意,亦不为也。此可见仁人之本心矣"(转引自[宋]朱熹:《论语集注·卷七》)。三是必须禁止从根本上违背生态学季节律的行为,以便维护生物的可持续生存。荀子提出了这样一个生态弃恶性措施,"杀(捕杀动物的行为)大蚤(太早,即"违时"),朝大晚,非礼也"(《荀子·大略》)。在这种思想的影响下,《礼记·月令》提出了体现生态弃恶性原则的一系列措施,它按照每一个月的自然生态情况,列出了一系列必须禁止的破坏自然和生态的行为,例如,春天是万物复苏、萌芽、发育的季节,因而应当做到,"昆虫未蛰,不以火田。不麛,不卵,不杀胎,不殀夭,不覆巢"(《礼记·王制》)。只有按照这些弃恶性的原则行事,动物的种群才能延续下去。

儒家规定的生态道德弃恶性原则,不仅对造就我们民族的生态道德意识起到了重要的价值导向作用,而且成为我国古代自然保护立法的理论根据。在一定的意义上,生态道德弃恶性原则的内涵与功能和自然保护法律的内涵与功能是一致的。

2. 道家:无己无为

"俭"是老子推崇的另一个重要品德。俭就是将人的欲望控制在自然范围内,不能因其膨胀而使道亏损。老子将一切有悖于道或自然的行为都列入禁止的范围,并以此建构起了自己的生态弃恶性原则。主要有以下内容。

必须抑制人类的贪欲。老子首先意识到了人类欲望的膨胀会对自然界造成压力,同时也会使人自身相应地异化,"五色令人目盲,五音令人耳聋,五味令人口爽,驰骋畋猎令人心发狂,难得之货令人行妨。是以圣人为腹不为目,故去彼取此"(《老子》第12章)。这里,"去彼取此"鲜明地表达了老子的弃恶性的价值取向。他进一步要求人们要深思欲望与天道的关系。在他看来,生命要比名位、财产更为重要,少得比多得更为有利;知足就不会受到屈辱,适可而止就不会带来危险。因此,他心目中的理想生活是一种抑制人的欲望的生活,"咎莫憯于欲得,祸莫大于不知足。故知足之足,常足矣"(《老子》第46章),"见素抱朴,少私寡欲"(《老子》第19章)。这种生活是以啬为原则的,"治人事天,莫若啬。夫唯啬,是谓早服;早服谓之重积德;重积德则无不克;无不克则莫知其极;莫知其极,可以有国;有国之母,可以长久。是谓深根固柢、长生久视之道"(《老子》第59章)。啬就是俭。老子将啬作为一切行为的指导原则，对所有极端的、奢侈的、过分的行为都加以禁止，"圣人去甚，去奢，去泰"（《老子》第29章），只有这样，才能使德不断得到积累，治人、事天可以一帆风顺，因而是长治久安之道。

必须禁止破坏农业生产的行为。尽管老庄学派不是重农主义者，但是，他们对农业生产是关注的，禁止所有破坏农业生产的行为。老子首先反对兵事，因为兵事破坏农业生产，"以道佐人主者，不以兵强天下，其事好还。师之所处，荆棘生焉；大军之后，必有凶年"（《老子》第30章）；"天下有道，却走马以粪；天下无道，戎马生于郊"（《老子》第46章）。因此，老子认为有道之人应当远离兵事这一不祥之物，"兵者，不祥之器。物或恶之，故有道者不处"（《老子》第31章）。农业生产状况的好坏也成为老子判断统治者是否有道的一个重要的标志，"朝甚除，田甚芜，仓甚虚，服文彩，带利剑，厌饮食，财货有余，是谓盗夸。非道也哉"（《老子》第53章）。作为战国晚期至西汉时期道家代表作的《黄老帛书》，论述了违背天时、地利与人和可能给农业生产造成的损失，提出了一系列禁止破坏农业生产的行为准则。在《黄老帛书》作者看来，农业生产是天、地、人三个因素综合发挥作用的结果，假如违背了这一规律，破坏了天地人三个因素的协调，必然会破坏农业生产，造成灾难，"阳窃者疾，阴窃者几（饥），土敝者亡祀，人执者失民，党别者乱，此谓五逆"（《黄老帛书·国次》）。这里，"阳窃"和"阴窃"指的是违背天时的行为；"土敝"是指地力的衰竭；"人执"是指民心的丧失；"党别者乱"是指党派纷争会造成社会混乱。正是出于这样的考虑，《黄老帛书》提出要禁绝这些行为，提出了"毋阳窃，毋阴窃，毋土敝，毋故（人）执"（同上）的否定性的生态价值判断。

必须禁止破坏生物天性的行为。道家从自然主义立场出发，要求禁绝一切以人为的方式干涉自然生物的行为。庄子将这种态度发展到了极至。他将人类对待自然万物的态度区分为天道和人道两种方式，"有天道，有人道。无为而尊者，天道也；有为而累者，人道也"（《庄子·在宥》）。他进一步以马、牛为例说明了这一问题："'何谓天？何谓人？'北海若曰：'牛马四足，是谓天；落马首，穿牛鼻，是谓人。'故曰：无以人灭天，无以故灭命，无以得殉名。谨守而勿失，是谓反其真。"（《庄子·秋水》）他批评了一切有悖于生物天性的行为，甚至连常人所乐道的伯乐也成了他指责的对象，"马，蹄可以践霜雪，毛可以御风寒，龁草饮水，翘足而陆，此马之真性也。虽有义台、路寝，无所用之。及至伯乐，曰：'我善治马。'烧之，剔之，刻之，雒之，连之以羁絷，编之以皂栈，马之死者十二三矣；饥之，渴之，驰之，骤之，整之，齐之，前有橛饰之患，而后有鞭策之威，而马之死者已过半矣。……伯乐之罪也。"（《庄子·马蹄》）采用灭绝性工具来对待生物，更是为庄子所反对的。在他看来，正是由于人的技巧的发展，才造成了生命的毁灭，"上诚好知而无道，则天下大乱矣。何以知其然邪？夫弓弩、毕弋机变之知多，则鸟乱于上矣；钩饵、网罟、罾笱之知多，则鱼乱于水矣；削格、罗落、罝罘之知多，则兽乱于泽矣"（《庄子·胠箧》）。因此，最好的方式应该是听任生物的自由发展，让它们按照自己的天性生活，"鹤胫虽长，断之则悲。故性长非所断，性短非所续，无所去忧也"（《庄子·骈拇》）。而人类的技巧是最违背自然、最人为的东西，是最远离道的东西，"有机械者必有机事，有机事者必有机心。机心存于胸中，则纯白不备；纯白不备，则神生不定；神生不定者，道之所不载也"（《庄子·天地》）。在总体上，庄子提出了这样一个否定性的生态价值判断，"不以心捐道，不以人助天"（《庄子·大宗师》）。这里的两个"不"，表明了庄子对待人与自然关系的价值取向。

可见，尽管在道家的思想中存在着怀疑主义和虚无主义的倾向，但是，他们从自然主义的立场出发，要求人们必须禁绝破坏生态和自然的行为，并从理论上探讨了这些思想的可能性，提出了一些具有自然保护价值的对策，因此，在道家思想中同样建构起了生态道德的弃恶性原则。

（七）儒、道生态伦理规则之三：生态完善性原则

生态道德完善性原则是生态道德的规范和评价体系中的最后一个构成部分，是对前两个原则的整合和综合，主要规定在人与自然的交往过程中怎么样做最好或更有价值，当很难避免负价值时，怎么样做才能避免最坏的价值。在逻辑上，这表现为一个选择性的生态价值判断。中国儒道哲学都集中地探讨了人和自然的和谐与协调的问题，都将人和自然和谐与协调作为了自己的思想的追求状态，由此建构起了中国传统哲学中的生态完善性原则。

1. 儒家：与天地参

作为道德理想主义的儒家也将生态关系的协同进化作为其道德理想的远景。他们总结和概括了夏商周三代以来的自然保护的实践经验，并根据自己的社会政治经济主张，以"和"和"与天地参"为基础，建构起了自己的生态完善性原则。

在儒家思想体系中，和不仅意味着人际关系的和谐一致，而且也昭示着生态关系的协同进化。和是中国传统哲学中一个源远流长的概念，西周末年的思想家史伯就提出了和的概念，并从哲学上揭示了其辩证含义："夫和实生物，同则不继。以他平他谓之和，故能丰长而物归之；若以同裨同，尽乃弃矣。故先王以土与金木水火杂，以成百物。"（《国语·郑语》）这里，"以他平他谓之和"，是指不同事物与因素在差异性和多样性基础上的统一和协同。而"以同裨同"是排斥了差异性与多样性的绝对的直接的统一，是完全相同的事物与因

素的结合。新生事物只能在和的过程中而不能在同的过程中产生和发展。儒家据此将和扩充成为生态道德的完善性原则。孔子提出了"礼之用，和为贵"（《论语·学而》）的命题，将和作为了礼的功能的直接体现。虽然孔子没有直接谈和的生态表现，但是，他的隽语"智者乐水，仁者乐山"绝妙地体现着这种理想境界。荀子将和看作是自然万物生成和发展的生态学机制，"万物各得其和以生，各得其养以成，不见其事而见其功，夫是之谓神"（《荀子·天论》）。这就是说，和是万物生成过程中所依赖的各种生态条件的匹配。在其后的发展中，儒家逐渐赋予和以伦理道德属性，使之成生态伦理学的一个基本的原则。《易传》将和定义为一种吉祥的理想状态，"乾道变化，各正性命，保合太和，乃利贞"（《易传·乾·彖传》）。《礼记》同样将这种道德的属性赋予了天地，将体现天地差异性和多样性的协同统一的和与序同体现伦理关系的乐与礼联系起来，"乐者，天地之和也；礼者，天地之序也。和，故百物归化；序，故群物皆别"（《礼记·乐记》）。在此基础上，董仲舒不仅将和看作是天地万物生成的固有法则，而且看作是道德的理想境界，"和者天地之所生成也"，"德莫大于和"（《春秋繁露·循天之道》）。由此可见，在儒家哲学中，由和衍生的生态伦理观是，认识到具有差异性和多样性关系的自然万物的和谐与统一，承认各种不同的自然事物生存和发展的独特的生态权利，要求人们对统一中的自然事物维持一种生态公正性。

作为人文主义的儒家，十分重视人在和中的作用，因此提出了"与天地参"的概念，来表征人与自然之间和的状态，从而构成了生态完善性原则的一个重要内容。"与天地参"，强调的是人和自然之间分职性和协调性相统一的理想状态。早在《国语·越语》中，中国的先祖已形成"与天地参"的思想，"夫人事必将与天地相参，然后乃可以成功"（《国语·越语下》）。也就是说，天地人三者之间的相辅相成，是夺得成功的必备条件。孔子看到了人在协调人和自然关系中的主体地位，提出了一个具有环境伦理学意义的命题，"人能弘道，非道弘人"（《论语·卫灵公》）。荀子在孟子天时、地利、人和思想的基础上，对"与天地参"的含义进行了揭示，"天有其时，地有其财，人有其治，夫是之谓能参。舍其所以参而愿其所参，则惑矣"（《荀子·天论》）。这就是说，天地人三者的职能是不同的，但他们可以匹配在一起，作为一个整体来发挥作用。《中庸》则将道德的属性赋予了"与天地参"，"唯天下至诚，为能尽其性；能尽其性，则能尽人之性；能尽人之性，则能尽物之性；能尽物之性，则可以赞天地之化育；可以赞天地之化育，则可以与天地参矣"（《礼记·中庸》）。这里描述的是人经过道德修炼（"至诚"），而通往并最终达到"与天地参"的具体途径。儒家要求，人们的道德修炼应当"尽心知天"。孟子的思想最具代表性，他说："万物皆备于我矣。反身而诚，乐莫大焉。强恕而行，求仁莫近焉。"（《孟子·尽心上》）这里，"万物皆备于我"意指由于理想人格达到道德上的自觉，将作为"天爵"的仁义礼智信在自己的内心发扬光大，因此，他们的内心世界和外在行为体现出与天地的一致性，成为与天地相匹配的第三者，从而达到人与自然的和谐合一的道德最理想状态。

儒家进而将"与天地参"的概念具体化为政策设计与制度建设：

为了实现他们崇尚的"天下为公"的大同世界以及他们心目中的理想社会——夏商周三代的小康社会，他们首先从农业生产系统着手。孟子在企图恢复井田制的过程中，提出了反映着"与天地参"精神的农业方案："王欲行之，则盍反其本矣。五亩之宅，树之以桑，五十者可以衣帛矣。鸡豚狗彘之畜，无失其时，七十者可以食肉矣。百亩之田，勿夺其时，八口之家可以无饥矣。"（《孟子·梁惠王上》）方案中的桑、畜、田，反映了对种植业与养殖业的综合的数量化的考虑，并以此满足家庭的衣帛、食肉、无饥的全面需求；方案中"无失其时""勿夺其时"，反映了对自然季节节律的重视。不管孟子这一方案的政治价值如何，在生态伦理意义上，它体现了天、地、人协调的"与天地参"的精神。荀子的政策建议则涉及中国传统农业的三项原则。一是因时制宜的原则。为此，荀子建议，"春耕、夏耘、秋收、冬藏四者不失时，故五谷不绝而百姓有馀食也"（《荀子·王制》）。二是因地制宜的原则。荀子认为，只有根据土地的不同状况合理安排农业生产，才能保证农业丰收，"所志于地者，已其见宜之可以息（繁息）者矣"（《荀子·天论》）。这样，荀子在论及"王官之序"时，将辨识土地状况作为了"治田"的职责，"相高下，视肥墝，序五种，省农功，谨蓄藏，以时顺循，使农夫朴力而寡能，治田之事也"（《荀子·王制》）。三是"人有其治"的原则。这就是要求人们在农业生产当中应该积极发挥自己的主体性，将天地人三个因素统一和协调起来，以便夺得农业丰收。

此外，"与天地参"的生态伦理精神还反映到自然资源保护的制度建设上。中国很早就设立了专门管理山林资源的部门——虞，并配备专人负责此项工作——虞师。荀子在论序官时，不仅将虞师列入了其中，而且对其职责作出了明确的规定，"修火宪，养山林薮泽草木鱼鳖百索，以时禁发，使国家足用而财物不屈，虞师之事也"（《荀子·王制》）。这就是说，虞师的职责是：颁布火令，管理自然资源，禁止在违背生态季节节律的情况下的开发利用，保证国家对财物的需求。

总之，儒家在道德上是认同人和自然的和谐、协同、统一状态的，由此构筑起了自己的生态道德的完善性原则；他们所提出的一些达到这种状态的方法在今天仍然具有重要的借鉴意义；当然，他们在论述这些问题时，在一定程度上具有神秘主义的嫌疑。

2. 道家：物我两忘

道家同样认同人与自然的和谐、协调和统一，并将这种状态作为道的最好体现和理想状态。但是，道家所讲的人与自然的这种理想状态，决不是融差异性和多样性为协调性和统一性的过程，而是一种无差别的理想境界，是事物自身圆满自足的表现。在这样的思维框架内，道家要求人们在认识、道德和审美等方面都要做到物我俱忘，使人与自然在无差别中走向交融和合一。由此，道家建构起了自己的生态完善性原则。

　　老庄学派不仅将和作为理想的境界，而且认为人与自然之间也存在着这种理想的境界。老子从阴阳对立统一的辩证思维角度思考了宇宙万物的生成问题，将和作为宇宙生成的重要机制，"万物负阴而抱阳，冲气以为和"（《老子》第42章）。他进一步在人生论的意义上，用"赤子"（婴儿）这个隐喻说明了和的理想境界："含德之厚，比于赤子。毒虫不螫，猛兽不据，攫鸟不搏。骨弱筋柔而握固。未知牝牡之合而朘作，精之至也。终日号而不嗄，和之至也。"（《老子》第55章）婴儿是不能将自身同周围的环境区分开来的，他对环境具有一种不可言说但可以体认的"无边无际的情感"，从而自然而然地与环境融为了一体。这种状态正是和。庄子则直接用和来解释德，将德看成是无差别境界的品德，如同鲁国的兀者一样，"游心乎德之和"（《庄子·德充符》）。尽管兀者少一只脚，但他内心不感到自己缺少什么，因此，一切差别对他来说都是无意义的，而这一境界正是人的最高品德。庄子进一步将"天倪"作为和的标准，要求对一切差别都采取不加区分的姿态，"和之以天倪？曰：是不是，然不然"（《庄子·齐物论》）。这里决不是要消融事物和是非的界限，而是要将他们平等地对待，因为"天倪"即"天均"，"万物皆种也，以不同形相禅，始卒若环，莫得其伦，是谓天均。天均者，天倪也"（《庄子·寓言》）。成玄英疏《庄子》时指出，"天均"，即自然均平。可见，在庄子看来，和就是一种客观公正无私的思想境界，是一种"万物齐一"的理想状态。这样，庄子将价值属性和生态属性同时赋予了和，从而建构起了生态道德的完善性原则。

　　在社会历史观上，老子将"小国寡民"作为自己追求的理想，庄子进一步将"至德之世"作为理想社会，其中一个很重要的原因就在于，这样的社会是人与自然的和谐统一的状态。老子同孔子一样都是复古主义者，他向往"鸡犬之声相闻，民至老死不相往来"的素朴状态，要求人们"绝圣弃智"，放弃一切文明成就。他认为，人的所作所为只是辅佐自然，"是以圣人欲不欲，不贵难得之货；学不学，复众人之所过，以辅万物之自然而不敢为"（《老子》第64章）。这里，"以辅万物之自然而不敢为"暗含着老子对人与自然的和谐统一的认同。但这样的和谐统一只能是无中介的和谐与统一。庄子进一步将它推向极致，在他向往的"至德之世"中，人与自然乐融融地交融在一起，显示出一派生机勃勃的生命景象，展示出了人与自然在生态权利上的平等："至德之世，其行填填，其视颠颠。当是时也，山无蹊隧，泽无舟梁；万物群生，连属其乡；禽兽成群，草木遂长。是故禽兽可系羁而游，鸟鹊之巢可攀援而窥。夫至德之世，同与禽兽居，族与万物并，恶知乎君子小人哉！同乎无知，其德不离；同乎无欲，是谓素朴；素朴而民性得矣。"（《庄子·马蹄》）这种人与自然的和谐在于古人素朴的"无知""无欲"。庄子进一步指出无为对于形成这种理想状态的重要性，"古之人，在混芒之中，与一世而得澹漠焉。当是时也，阴阳合静，鬼神不扰，四时得节，万物不伤，群生不夭，人虽有知，无所用之，此之谓至一。当是时也，莫之为而常自然"（《庄子·缮性》）。这就是说，只有人的无为，才可能实现人与自然的和谐统一。庄子认为，古人的德性是完备无缺的，因而可以与自然万物相交融，"古之人其备乎！配神明，醇天地，育万物，和天下，泽及百姓，明于本数，系于末度，六通四辟，小大粗精，其运无乎不在"（《庄子·天下》）。古人这种因循事物本性的方式，是与神明的妙理相同的，可以化天地之精醇，养育万物，和谐天下。因而，道家以此作为其生态完善性原则的内容。

道家进一步从认识、社会道德和审美等角度阐明了对生态完善性原则的看法。

在认识论上，道家强调只有体认"和"，才可能明了人与自然的关系，最终达到人与自然的和谐统一。老子说，"知和曰常，知常曰明"（《老子》第55章）。这里的知是对作为最高本体的道的体认，是通过内心的直觉进行的，"涤除玄览，能无疵乎"（《老子》第10章）。就是说，只要人们内心清静，像一面不染丝毫灰尘的镜子，那么，道便会呈现出在人们的面前。"玄览"即"玄同"，"塞其兑，闭其门，挫其锐，解其纷，和其光，同其尘，是谓玄同"（《老子》第56章）。"玄同"就是以闭目塞听来消除事物的杂多性。老子非常重视知这一非理性的直观，"致虚极，守静笃。万物并作，吾以观其复"（《老子》第16章）。他认为，通过这一直觉方式，将达到人与自然的和谐。庄子进一步强调和突出了非理性因素在体道中的作用。他提倡的"心斋"，是使心虚静专一；他提倡的"坐忘"，是忘记一切。庄子认为，通过这两种非理性的认识活动，可以消融人与自然的界限，与道为一，实现物我两忘的境界。

在社会历史观和道德观上，道家主张必须对人类的一切文明进行彻底的否定，认为只有这样才可能达到人和自然的和谐与统一。老子主张，"绝圣弃智，民利百倍；绝仁弃义，民复孝慈；绝巧弃利，盗贼无有。此三者以为文不足，故令有所属：见素抱朴，少私寡欲"（《老子》第19章）。庄子更是以彻底否定人类文明成就作为达到"玄同"境界的途径，"绝圣弃知，大盗乃止；擿玉毁珠，小盗不起；焚符破玺，而民朴鄙；掊斗折衡，而民不争；殚残天下之圣法，而民始可与论议；擢乱六律，铄绝竽瑟，塞瞽旷之耳，而天下始人含其聪矣；灭文章，散五采，胶离朱之目，而天下始人含其明矣；毁绝钩绳，而弃规矩，俪工倕之指，而天下始人有其巧矣。故曰：'大巧若拙。'……攘弃仁义，而天下之德始玄同矣"（《庄子·胠箧》）。在庄子看来，只有在混沌状态中，在彻底否定和毁灭人类生产力、科学技术和精神文明等一切成就的基础上，才可能达到人与自然的"玄同"。

  在审美观上，道家要求以超功利的审美体验来观照自然万物，将自然界看作是审美快感的最终来源，从而就可以达到人与自然和谐统一的至高的精神境界。老子是用审美的方式来对待道的。在他看来，作为最高本体的道，具有敦厚、淳朴的特性，而道又是不可以加以具体的指称的，因此，无论是作为形象思维的具体方式的音和象，还是作为人类行为方式的自然和无为，都应该将敦厚、淳朴作为最高的境界。这样，老子最终认同了人与自然和谐统一的美学和伦理学意义。庄子将道看成是绝对的最高的美，因而，审美的境界就是认同人与自然和谐统一的境界。庄子描述了这种审美体验过程，"汝殆其然哉！吾奏之以人，征之以天；行之以礼义，建之以太清。四时迭起，万物循生；一盛一衰，文武伦经；一清一浊，阴阳调和，流光其声；蛰虫始作，吾惊之时雷霆；其卒无尾，其始无首；一死一生，一偾一起；所常无穷，而一不可待。汝故惧也。吾又奏之以阴阳之和，烛之以日月之明。其声能短能长，能柔能刚，变化齐一，不主故常；在谷满谷，在坑满坑；涂郤守神，以物为量。其声挥绰，其名高明。是故鬼神守其幽，日月星辰行其纪。吾止之于有穷，流之于无止。予欲虑之不能知也，望之而不能见也，逐之而不能及也。傥然立于四虚之道，倚于槁梧而吟；目知穷乎所欲见，力屈乎所欲逐，吾既不及已夫！"（《庄子·天运》）这种最高境界，不仅要超脱于功利的束缚，而且要超越感官的桎梏，"天下大乱，贤圣不明，道德不一，天下多得一察焉以自好。譬如耳目鼻口，皆有所明，不能相通。犹百家众技也，皆有所长，时有所用。虽然，不该不遍，一曲之士也。判天地之美，析万物之理，察古人之全，寡能备于天地之美，称神明之容"（《庄子·天下》）。一种能观照道、体验美、达于和的方式，只能是"游"。这是一种彻底摆脱了功利束缚和感官桎梏而获得心灵自由的境界，"若夫乘天地之正，而御六气之辩，以游无穷者，彼且恶乎待哉！故曰：至人无己，神人无功，圣人无名"（《庄子·逍遥游》）。由此，人们可以与天地万物相交融，而不以宇宙的中心自居，"独与天地精神往来，而不敖倪于万物"（《庄子·天下》）；或者说，"天地一指也，万物一马也"（《庄子·齐物论》）。这种审美的精神过程，使人与自然的和谐统一成为了可能。

  可见，道家也将人和自然的和谐与统一作为了道德的理想境界，由此构筑起其生态道德的完善性原则；他们从各个方面探讨了达于人和自然理想境界的途径，其中关于生态美学与环境伦理学关系的思想富有启发性，有助于我们从美学的角度接近生态理想;但是,他们提出的体道的方式是单一的,没有估计到理性的方式的作用;而"小国寡民"和"至德之世"的思想在社会历史观上则是保守的、倒退的。

(八)"施韦策(史怀泽)诘难"的初步回答和儒道生态伦理观的理论特征

通过对儒道两家生态伦理学思想的较为系统的考察,我们就可以对目前生态伦理学研究中关于中国传统哲学的价值问题提出的诘难和疑问,作出我们自己的回答了,这种回答同样有助于环境伦理学的学科建设。

1. 中国智慧:"施韦策(史怀泽)诘难"的初步回答

尽管施韦策(史怀泽)发现了中国传统哲学的生态伦理学价值,但他对中国传统哲学提出的诘难难以成立,不过,我们可以沿着他提出问题的思路进一步对中国传统哲学进行梳理,在现代生态伦理学的基础上使之能够得到转换和新生。

(1)儒道生态伦理观缺乏系统性吗?

施韦策(史怀泽)所讲的中国传统哲学距在整个范围内探讨人和动物的关系还很远,也就是认为中国古代的生态伦理学缺乏系统性,没有建构起一个生态伦理学的理论体系。其实,这是由于他不了解中国传统哲学的理论表达方式造成的,更在于他对中国传统文化缺乏整体的了解和把握。

由上可以看出,在儒道两家思想的内部已经形成了一个内在的生态伦理学体系,他们对生态伦理学的一系列的基本的理论问题都进行了创造性的探讨。可以用表18表示。

表18 儒道生态伦理学体系及其特征对照

		儒 家	道 家
生态道德观	生态道德概念	仁(仁者乐山)	道(道不私)
		义(义外节于万物者也)	德(上德若谷)
	道德关系	道德阶梯论(贵人贱畜)	道德平等论(物无贵贱)
生态自然观	生态学 生物系统层次	类、群	畴、族
	生物与环境	(1)生物依赖环境 (2)恶劣环境对生物的负面影响	生物依赖环境
	食物链	(1)食植链 (2)食腐链	(1)食植链 (2)捕食——猎获关系 (3)食腐链
	物候学	时(节气)	
	自然观	三才(天、地、人三者构成的大生态系统)	四大(道、天、地、人四者构成的大生态系统)

（续）

		儒　家		道　家	
生态伦理规则	生态从善性原则	仁民爱物	（1）道德心理（同情动物） （2）政治制度（使民以时、资源共享） （3）自然保护（以时禁发）	道法自然	（1）包容万物（慈） （2）以自然的方式对待自然（以鸟养鸟）
	生态弃恶性原则	钓而不纲	（1）道德心理（不忍之心） （2）政治制度（节欲） （3）自然保护（禁止灭绝动物的工具、行为）	无己无物	（1）抑制贪欲（啬） （2）禁止破坏农事（五逆） （3）禁止破坏生物天性（不以人助天）
	生态完善性原则	与天地参	（1）生态农业的设计（三才） （2）自然保护（虞）	物我两忘	（1）体认生态协调（和） （2）社会理想（小国寡民，玄同） （3）审美观照（天地大美，游）

只要我们透过语言的迷雾而进入中国传统哲学的内在层次，我们就会发现这是一个充满了珍宝的殿堂。在这个问题上，我们应该将思想的内在逻辑和外在的语言表述区分开来。中国传统哲学注重的是思想的内在力量，而不像西方那样注重运用形式逻辑将思想用条理化的形式表述出来。不过，由于年代已经久远，这些珍宝散落在了各处，现在需要我们用环境伦理学的红线将他们串起来，使他们在新时代发出迷人的光彩。

（2）儒道生态伦理观缺乏实践性吗？

施韦策（史怀泽）所讲的中国传统哲学不能够教导民众真正对动物行善，也就是批评中国古代的生态伦理学缺乏实践性，没有将生态伦理学思想化为民众的生态道德意识。其实，任何一种理论都与实践存在着一定的距离，理论和实践的脱节并不是中国传统哲学的"专利"，况且，要将理论转化为实践还需要一系列的中介环节，而这又是一个十分庞大的社会系统工程。

在将生态伦理学思想转化民众的生态道德意识的过程中，法律具有重大的作用。自然生态环境保护法律可以将深奥的生态伦理学思想以简明扼要的方式体现出来，可以以外在强制的方式使生态伦理学所要求的内在的道德自觉在行为主体的行为中体现出来，这样，它就成为了生态伦理学转化为民众的生态道德意识的一种重要的机制。而中国传统哲学的生态伦理学与自然生态环境保护法律具有一种内在的自然的联系。在一定的意义上，中国传统哲学的生态伦理学思想的产生是为自然生态环境保护法律的实施开锣鸣道的产物。早在公元前11世纪的西周就颁布了《伐崇令》，要求在讨伐征战的过程中不得破坏自然生态环境，提出了"毋坏屋，毋填井，毋伐树木，毋动六畜。有如不令者，死无赦"的要求。而生态伦理学恰恰是这种外在的否定性生态价值判断伦理学化的结果。当这种伦理学思想已经成为一个内在的理论体系时，它反过来又对中国古代的自然生态环境保护法律的形成和完善产生了重大的推动作用。1975年，我国考古工作者在湖北省云梦县睡虎地十一号秦墓中发掘出一批秦代竹简，其中有一种为《秦律》。在十八种秦律中有一种称之为《田律》，它有一部分是专门讲环境保护的："春二月，毋敢伐材木山林及雍（壅）隄水。不夏月，毋敢夜草为灰，取生荔麛卵鷇，毋……毒鱼鳖，置穽罔，到七月而纵之。唯不幸死而伐绾（棺）享（椁）者，是不用时。邑之斨（近）皂及它禁苑者，麛时毋敢将犬以之田。百姓犬入禁苑中而不追兽及捕兽者，勿敢杀；其追兽及捕兽者，杀之。河（呵）禁所杀犬，皆完入公。其他禁苑杀者，食其肉而入皮。"（参见《云梦秦简释文（二）》，《文物》1976年第7期）假如将这段法律条文与《礼记·月令》对照一下的话，我们就可以发现，它其实是后者的翻版。由此可见，中国传统哲学的生态伦理学思想对法律的影响。在往后的历史发展过程中，我国的环境保护法律逐步完善。在种种情况的影响下，造就了中华民族厚德载物的美德，爱自然成为了我们民族不言自明的内在精神素质。

当然，在现实的生活中，我们确实存在着一些令人发指的破坏自然和生态环境的行为，而这是由其他一系列的原因造成的。尤其是在内忧外患、国破家亡的情况下，连我们的生存都成了问题，污染和破坏自然就是不得已的行为了。反过来讲，即使在民众的生态道德意识高度发达的今日西方，污染和破坏自然的行为不是也是有增无减吗？

（3）儒道生态伦理观缺乏前进性吗？

施韦策（史怀泽）所讲的中国传统哲学生态伦理学被僵化在了经学中、只停留在单纯的爱动物的思想上、没有进一步发展它，也就是说中国传统生态伦理学缺乏前进性。其实，只要稍微熟悉中国历史和文化的论者就可以看出，这种断言是难以成立的。

在我们看来，第一，固然经学使中国传统文化的发展出现了滞后甚至是停滞，但是，中国传统哲学生态伦理学的发展如同整个中国传统文化的发展一样，是丰富多采的。经历了经学之后，儒道两家的思想都有了新的大的发展。第二，中国传统生态伦理学所关怀的自然客体，决不是仅仅限于动物。儒家的仁义是无所不包的，厚德载物所面向的是整个自然界（当然是人本学意义上的自然界）；而道家的道德是至高无上的，道本身既是一个形上学本体，又是一个融道、天、地、人为一体的四维连续统一体。第三，中国传统生态伦理学也是一个在历史的发展过程中，逐步走向完善的过程。汉代的董仲舒、宋明理学按照儒家的道统，都在自己的理论体系中给生态伦理学留下了一席之地，而且颇多创造性。而玄学和道教则为道家的生态伦理学注入了新的活力。在当代中国，我们之所以能够对西方生态伦理学表现出如此强烈的认同感，并能在中西方思想的观照和映射中来建构现代意义上的生态伦理学，就是与这种根深蒂固的传统有着密切联系的。

毋庸讳言,"施韦策(史怀泽)诘难"确实展示出了中国传统生态伦理学思想的一些缺陷。但是,我们的工作不能仅仅停留在揭示一个历史存在的事实,而是要从传统出发走向现代,再从现代走向后现代,这样,我们就必须超越"施韦策(史怀泽)诘难",要在环境伦理学提供的从传统到现代再到后现代的背景下,使中国传统哲学获得新生,也就是要在环境伦理学提供的视角中使中国传统哲学向后现代性转换,不仅要使它介入现实,而且要使它能推进现实的发展,不仅成为中国生态文明建设的价值支持系统,而且要为全球性的生态文明建设作出我们民族应该作出的贡献。所谓的超越"施韦策(史怀泽)诘难"的问题,也就是要在具有丰富环境伦理学思想意识的中国传统哲学提供的思想的基础上,将现代生态学和环境科学的知识介入中国传统哲学中,运用现代环境伦理学来重构中国传统哲学,使中华民族能够在解决全球性问题、建构和支持生态文明建设的过程中作出自己的固有的贡献。

2. 生态协调论:儒道生态伦理观的理论特征

我们对儒道两家生态伦理学思想进行考察和探讨,并不是要与西方生态伦理学抗衡,用"我们老祖宗就有"的民族自大狂心理来标新立异,而是要为建构科学的生态伦理学提供一种形上学构架,因为目前建构科学的生态伦理学的基础工程就是要在系统辩证思维的基础上对人和自然的关系作出系统整体的把握。而现代西方社会所固有的机械思维方式不仅是不可能完成这一重任的,而且是与环境伦理学的宗旨格格不入的;相比之下,儒道思想却能够为生态伦理学提供一种适宜的哲学构架。

(1)儒家思想是人类中心论吗?

在对儒家生态伦理学思想价值的讨论过程中,一个重大的误区是将儒家思想看作是人类中心论在中国的代表,从而将儒家思想拒斥在了生态伦理学的大门之外。其实,儒家思想不仅不是人类中心论,而且是一种反对人类中心论的思想,它强调的是人和自然的和谐、协调和一致。儒家思想方式是生态伦理学发展的一种适宜的形式。

从形式上来看,儒家思想与人类中心论一致,强调"贵人贱畜"。但是,在一系列重大的理论问题上,儒家又与人类中心论背道而驰,它在一定的程度上高举起了反对人类中心论的大旗。具体来讲,第一,尽管儒家坚信自然界中存在着等级秩序,人处在这一秩序的最高点,自然万物是为人而存在的;但是,儒家并没有将人作为宇宙的中心,而是看到了人对自然界的依赖性,儒家的自然观其实是一种有机自然观。作为辩证自然观在古代体现的有机自然观在中国古代所取得的第一个完整的理论形态,是由属于儒家思想体系中的荀子完成的。第二,尽管儒家在一定的程度上把自然人格化,把客体主体化,把人的原则放大为宇宙的原则，但这只是一种人文主义的价值取向，绝非是人类中心论。事实上，他们从来也没有用主体的存在来同化甚至是泯灭客体的存在，而总是在形上学的层次上来先验地设定价值的存在，认为人和自然的价值都是道德本体价值的显现；并且在一定的意义上是认同自然的内在价值的，强调和突出了自然界自身的完满性和自足性，着重论证了自然界的伦理学——美学价值。第三，尽管在儒家思想体系内部存在着"天人感应论"和"人定胜天论"的思想，但是，儒家并没有无限地拔高人的作用，并没有因此倒向人类万能论；他们在方法论所持的基本立场是中庸之道，对自然界对人的先在性和限制性具有清醒的认识，他们在方法论上是反对人类中心论的，要求人们在处理一系列的关系时应该"毋我"，这自然包括人和自然的关系。因此，认为儒家思想是导致现代生态环境问题根源的看法，是荒谬绝伦的。第四，尽管儒家在一定的意义上把道德作为区别人和自然的唯一标志，但是，他们的道德观绝非是狭隘道德观，他们并没有将道德视为人的专利；事实上，早在现代生态伦理学的产生之前，儒家就将道德看作是由人际道德和生态道德构成的共同体，作为道德本体和核心的仁义是自然、内在地蕴含着爱护自然、保护自然的逻辑必然性，生态道德绝非是人际道德的扩展和运用。那种认为儒家的道德观是狭隘道德观的看法，不是出于无知就是出于偏见。由此来看，儒家思想绝不是什么人类中心论。即使儒家思想真的属于人类中心论范畴，它与生态伦理学也不是矛盾的；因为人类中心论本身也在不断地修正自己的理论形态，从极端的人类中心论过渡到了温和的人类中心论；况且，在人类中心论的一般形态上同样可以建构起生态伦理学理论体系，人类中心论同样是生态伦理学的一种实现形式，当然，这只是一种粗浅的、简单的形式，它不可能导致伦理学中的"哥白尼革命"。我们通过表19可以清楚地看出儒家思想与人类中心论的区别和差异：

我们认为，在一系列基本的理论问题上，儒家思想是在人文主义的形态上确立了生态协调论，以一种特定的方式展示出了人和自然的辩证关联，从而为建构生态伦理学提供了一种哲学构架。

（2）道家思想是生态中心论吗？

在挖掘道家思想生态伦理学价值的过程中，一些论者将道家思想比附于现代西方环境伦理学中的生态中心论，这种看法其实是难以成立的。事实上，道家思想是一种以自然主义形式表现出来的生态协调论，正是在生态协调论的意义上，道家思想才成为生态伦理学的一种适宜的实现形式。

从表面上来看，道家思想同生态中心论有不少共同点；但是，在一系列的重大基本理论问题上，他们又存在着许多本质上的差异。具体来讲，第一，在自然观上，道家与生态中心论都肯定了人和自然的统一性，但是，道家的自然观是一种有机自然观，它在形上学上预先设定了一个本体道，而人和自然都是道的一种具体显现，它们内在地天然地存在着一种有机联系。这具有高度抽象的理论思维水平。而生态中心论的自然观是一种生态自然观,它对人和自然统一性的把握是建立在生态学的基础上的。第二,在价值观上,尽管道家和生态中心论都承认了自然界的系统价值和内在价值,但是,道家是在道本体论的意义上看待这个问题的,认为自然界是在道的系统价值的意义上获得内在价值的;而生态中心论认为,自然界的系统价值是由工具价值和内在价值交织而成的。这种价值其实在一定的程度上还是由主体设定的。第三,在方法论上,道家和生态中心论都反对割裂人和自然的关系,杜绝了人类中心论,但是,道家的思维方式是一种有机思维,它在一定的程度上是在无差别和无中介的意义上来理解人和自然的辩证关联的;这样,道家的思维方式就具有了二重性,既具有"黑箱"思维的特点,又可能流于空疏。而生态中心论是一种机能整体主义的思维方式,它是建立在对人和自然的生态关联的把握基础上的。第四,在对自然保护的目的的看法上,道家和生态中心论都将人和自然的统一作为自然保护的目的,但是,道家是在道先在的具有和的意义上来把握这种统一的,它更注重的是人通过心灵的自由来建立与自然的伙伴关系(游);而生态中心论注重的是整个生态系统的完整性、多样性和稳定性。第五,在对道德客体的看法上,道家和生态中心论都内在地将自然纳入了伦理观照的范围,但是,道家认为这是道德本体的内在本性的显现;而生态中心论是将道德扩展到了自然生态系统。第六,在对道德关系的认识上,道家和生态中心论都将生态道德看作是具有独立意义的道德类型,但是,道家是在道德本体论的意义上先在地设定了生态道德的独立地位;而生态中心论强调的是人对自然界具有直接的道德义务,这种义务不是人际义务的延伸。我们通过表20可以清楚地看出道家和生态中心论的差异。

由此来看,在一系列的基本理论问题上,道家是以自然主义的形式确立了生态协调论的理论系统,对人和自然的协调一致性作出了形上学和伦理学上的认同,从而成为生态伦理学的一种有效的实现形式。

表19 儒家与人类中心论理论特征比较

	儒 家	人类中心论	
		极端的人类中心论	温和的人类中心论
自然观	有机自然观 (1)人处于自然界的顶端(人有气有生有知有义) (2)人对自然界具有依赖性(食、材、用的来源) (3)人和自然的协调一致(和,与天地参)	进化自然观(人是进化过程中的最高的存在物)	无限进化自然观 (1)人处于无限的进化波浪中目前的最高峰 (2)人的利益的满足依赖于自然环境

(续)

| | 儒　家 | 人类中心论 ||
		极端的人类中心论	温和的人类中心论
价值论	(1)价值是先在而无所不包的 (2)自然对人而言具有工具价值(自然可以"养"人) (3)自然同时具有内在价值	(1)人是价值的唯一源泉 (2)自然只具有工具价值	(1)自然具有工具价值,但具有潜在性 (2)自然也具有内在价值,但是通过人的尺度评价的
方法论	有机思维 (1)辩证思考(中庸之道) (2)杜绝人类中心论(毋我)	线性——感性思维(人的需要——自然的供给)	过程——理性思维(一切事物在本质上是相互联系的)
自然保护的目的	多目标性 (1)自然的可持续性(节气等等) (2)人自身的可持续性(百姓有"余食"等) (3)社会的可持续性(圣王之制)	单一目标(人类利益)	从单一走向双向目标(人类及其环境利益)
道德客体	(1)人类 (2)自然万物(山水、鸟兽、草木等)	只有人类才是道德的客体,自然不能成为道德客体	只有人类才是道德的客体,但人和自然之间存在着一定伦理意蕴
道德关系	道德阶梯论(贵人贱畜)	道德派生论(人对自然的道德义务是间接的)	道德转换论(自然的价值是人的价值的体现)

表20　道家与生态中心论理论特征比较

	道　家	生态中心论
自然观	有机自然观(道、天、地、人的有机、自然的统一)	生态自然观
价值论	系统价值中的内在价值(自然所具有的内在价值是作为价值本体的"道"的构成组分)	由工具价值和内在价值交织而成的系统价值
方法论	有机思维 (1)辩证思维(万物负阴而抱阳,冲气,以为和) (2)杜绝人类中心论(无己无为)	机能整体主义思维 (1)系统思维 (2)杜绝人类中心论
自然保护的目的	作为本体的"道"的"和"	生态系统的稳定性、多样性和完整性
道德客体	四维综合体(道、天、地、人)	自然生态系统
道德关系	道德平等论(物无贵贱)	道德不可还原论(人对自然具有直接的道德义务,这种义务不可还原为人对人的义务)

(3)"天人合一"不能作为现代生态伦理学的哲学构架吗?

由上可见,儒道两家分别从人文主义和自然主义的角度确立了生态协调论，这是以"天人合一"的形式表现出来的，那么，"天人合一"能够作为现代生态伦理学的哲学构架吗？

这里的关键是如何看待天的含义。抽象地说，"天人合一"是指主体与客体之间的同一性。狭义而言，天是指非人的自然界；广义而言，天还包括人尚未认识与把握的人际关系和精神现象甚至是超验的客体。此外，它又可以是认识主体的某种属性和活动的客体化。从而，"'天人合一'便既包含着人对自然规律的能动地适应、遵循，也意味着人对主宰、命定的被动地顺从崇拜"，当然，对于人和自然这样的重大问题，"显然只有在马克思主义实践哲学的历史观的基础上才可能得到真正的解答"（李泽厚：《中国古代思想史论》，北京：人民出版社，1986年，第319、321页）。马克思恩格斯在创立唯物史观的过程中指出，我们仅仅知道一门科学即历史科学；历史可以从自然史和人类史两个方面来认识，而二者不可分割。然而，"天人合一"概念中的"某种不确定的模糊性质"，并不应影响这一概念的世界观与方法论意义，不应影响现代人对这个古老哲学智慧的扬弃。当然，这种扬弃应建立在根据现代知识对这一概念的重新解读和阐释上。而儒道两家恰恰是在很大程度上将天看作是自然界的同义语。

"天人合一"能否成为生态伦理学的哲学基础，这是一个仁者见仁智者见智的问题。然而，在国际环境伦理学界，尤其是发达国家的环境伦理学研究已经表明，中国儒、道哲学所包含的生态伦理，在相当多的基本原则上，都能从现代环境伦理学的各流派中找到同道和知音。在思想的深刻性上，在概念的完善性上，在制度的操作能力上，中国儒、道哲学的生态伦理观有些并不低于现代环境伦理学研究。"天人合一"对于生态伦理学的价值就在于，它不仅为儒道两家的生态伦理学提供了哲学基础，从而启动了生态伦理学的源远流长的发生学的历史进程；而且为现代生态伦理学提供了一种哲学构架——人和自然的和谐、协调与一致的思维模式和价值取向。而这正是现代西方资本主义工业社会的思维方式和价值观念所缺乏的东西，因为现代西方工业文明在高扬人的主体性的同时，造成了人和自然的深刻的分离和对立，按照近代以来西方固有的"主客二分"的思维方式和价值观念是根本不可能建构起生态伦理学的科学大厦的，甚至会招来灭顶之灾。相比之下，"天人合一"不仅是克服人类中心论顽症的一剂猛药，而且是催生从生态中心论过渡到生态协调论的一副良性的催化剂，是从现代西方资本主义工业文明过渡到社会主义生态文明新时代的哲学桥梁。现在的问题是，怎样对这一概念进行去粗取精的工作，使之为现代环境伦理学体系服务，并从这一概念在中国思想史和实践史的曲折历程中，为现代环境伦理学流派的批评和整合提供教训。事实上，只有将"天人合一"和"主客二分"互补起来，才能为生态伦理学提供科学的哲学基础。

看来，科学的生态伦理学的形上学基础只能是生态协调论——社会生态运动规律的哲学把握，正如马克思指出的那样："社会是人同自然界完成了的本质的统一，是自然界的真正复活，是人的实现了的自然主义和自然界的实现了的人道主义。"（《马克思恩格斯文集》第1卷，北京：人民出版社，2009年，第187页）人道主义和自然主义的统一是生态文明不可超越的哲学和伦理学之根。而这正是"天人合一"所具有的超时代的价值。

二、《礼记》的生态伦理意识

作为儒家的重要典籍,《礼记》已形成了一个生态伦理学体系。它提出了"礼理万物"的生态道德概念,用"神道设教"论证了生态道德的基础,提出了"贵天道"、"顺时"、"爱类"的生态道德从善性原则,以反对"荒而不治"和"身践"为内容的生态道德弃恶性原则,以追求"参于天地"为内容的生态道德完善性原则。

(一)《礼》的生态道德概念

与其整个主题相一致,《礼记》(以下简称为《礼》)是从礼的角度来谈论人和自然的关系的(生态关系),它将礼作为规范和评价人与自然交往行为(生态行为)的准绳,提出"礼也者,合于天时,设于地财,顺乎鬼神,合于人心,理万物者也"(《礼记·礼器》)的命题,这一命题接近我们现在所讲的生态道德的概念。这里的关键是搞清楚礼的含义和实质以及礼与自然(天、地、物、时)的关系。

1. 礼的起源和范围

礼是儒家追求的最高政治理想和道德理想,孔子的一生就是为恢复周礼而奔波的一生,《礼》接过了这一传统,又根据自己时代的特点对礼作出了新的解释。《礼》反复强调,礼不仅来源于人类的社会行为,而且也存在于人类的生态行为之中;礼不仅覆盖着人际关系领域,而且也蕴含着生态关系领域。

首先,从礼的沿革来看,最初的礼就起源于人类对自然的体察和仿效。《礼》所处的时代已不是夏、商、周三代了,也不同于孔子所处的时代,但礼这一根本还是一以贯之的,它也是处理现实问题的基础,"古之制礼也,经之以天地,纪之以日月,参之以三光,政教之本也"(《礼记·乡饮酒义》)。"三光"也就是三辰,指的是时辰,"示民时早晚,天下取以为正"([唐]孔颖达:《礼记注疏》)。经、纪、参三者的含义大体相同,指的是仿效或模仿。这段话讲的是，礼本来是对天地、日月、三光等自然事物的模仿或仿效，天地、日月、三光等自然事物构成了礼的"法则"（以自然为法）。

其次，从礼的实施来看，具体的礼也产生于人类对自然万物的遵从和顺应中。在血缘宗法制的社会中，孝以及由此派生出的丧具有重大的意义，可以将之作为构成社会的基础，但孝和丧也应遵从和顺应自然法则，《礼》在讲到"丧制"时进一步指出，"凡礼之大体，体天地，法四时，则阴阳，顺人情，故谓之礼。訾之者，是不知礼之所由生也。"（《礼记·丧服四制》）体、法、则、顺四者的含义大体相同，是遵从和顺应的意思；訾指的是毁。礼的根本就在于以天体为体、以四时为法、以阴阳为则、顺应人情；假如不承认天地、四时、阴阳等自然事物是礼的根本，那么，也就没有把握住礼的起源。

最后，从礼的重要性上来看，礼就产生于对自然万物的效法过程中。礼是遍及人类社会生活的各个领域的，由此维系着整个社会体系，但礼之所以如此重要就在于它本身来源于对天地的效法，"夫礼，先王以承天之道，以治人之情，故失之者死，得之者生……是故夫礼必本于天，殽于地，列于鬼神，达于丧、祭、射、御、冠、昏（婚）、朝、聘。故圣人以礼示之，故天下国家可得而正也"（《礼记·礼运》）。殽是法的意思。这就是说，礼是以天为本、以地为法的，因此，它才可以在一系列重要的人事活动中发生重要。

可见，从礼的起源和范围来看，自然以及人和自然的关系自然在其视野之中。

2. 礼的功能和作用

礼的功能和作用就在于规范和评价人类的行为，从而既调整人和社会的关系，也调整人和自然的关系。

首先，从调节社会关系方式的角度来看，礼是不同于乐的一种方式。礼和乐是调节社会关系的两种不同方式，礼的作用在于制异，乐的作用在于合同，"乐统同，礼辨异，礼、乐之说，管乎人情矣"，"乐者为同，礼者为异"（《礼记·乐记》）。那么，礼又是如何制异的呢？这在于礼的直接作用在于"节事"，因而，礼和节是同义的，"礼也者，反其所自生；乐也者，乐其所自成。是故先王之制礼以节事，修乐以道志。故观其礼乐，而治乱可知也"（《礼记·礼器》）。这一点与荀子的下述看法是相一致的，"礼，节也，故成"（《荀子·大略》）。

其次，礼的最直接的功能和作用就在于调整和处理人际关系。礼是处理人际关系的准绳，通过调整血缘内外、上下等级的关系，从而使社会生活和谐融洽。"夫礼者，所以定亲疏、决嫌疑、别同异、明是非也。"（《礼记·曲礼上》）离开了礼，整个社会生活就会陷入混乱之中，"民之所由生，礼为大。非礼无以节事天地之神也，非礼无以辨君臣、上下、长幼之位也，非礼无以别男女、父子、兄弟之亲，昏（婚）姻、疏数之交也"（《礼记·哀公问》）。礼不仅具有弃恶的作用（释回，回即邪，用礼为器就能除去人的邪恶），而且具有扬善的作用（境美居），因而，它具有普遍的意义（天下之大端，贯四时而不得柯易叶），既可以作为人类行为的规范和准则，也可以用于处理人和自然的关系。通过礼的调节，人和自然的关系才可以和谐发展（外谐），疏与亲相比自然是外，物与人相比也是外，荀子就讲过，"夫义者，内节于人而外节于万物者也"（《荀子·强国》）。因此，"外谐"也就是"外节于万物者也"的结果，反映了礼在处理人和自然关系上的有效性。正因为这样，所有的事物或自然万物都处于礼的控制之下，"物无不怀仁"讲的就是这个意思，怀也就是归的意思。

可见，从礼的功能和作用来看，礼在调整人的生态行为、处理人和自然关系的过程中也是有效的。

3. 礼的地位和实质

由于礼的来源和范围具有广泛性、功能和作用具有广博性，因而，礼在整个社会系统中居于核心地位，它不仅是统治者治国平天下所运用的手段，也是一切社会活动和价值判断的准则，同样是规范和评价人类生态行为的准绳。

首先，礼是政治统治的基础和准则。"礼者何也？即事之治也。君子有其事必有其治。治国而无礼，譬犹瞽之无相与，伥伥乎其何之？譬如终夜有求于幽室之中，非烛何见？若无礼，则手足无所错（措），耳目无所知，进退、揖让无所制。"（《礼记·仲尼燕居》）礼是治国之大政方略，离开了礼就不会有正常的政治生活秩序。

其次，礼是社会生活的基础和准则。"道德仁义，非礼不成；教训正俗，非礼不备；分争辨讼，非礼不决；君臣上下，父子兄弟，非礼不定；宦学事师，非礼不亲；班朝治军，莅官行法，非礼威严不行；祷祠祭祀，供给鬼神，非礼不成不庄。是以君子恭敬、撙节、退让以明礼。"（《礼记·曲礼上》）礼规定着君臣、父子、兄弟、教政、祭祀、死丧等一系列人事活动。

最后，礼也是人类生态行为的基础和准则。"欲察物而不由礼，弗之得矣。"（《礼记·礼器》）这里，察是分辨的意思，物指万物；整段话讲的是，若不能按照礼的规定（不由礼）来处理人和自然的关系（察物），那么，就不能处理好人和自然的关系，而这样的行为是应该禁止的（弗之得矣）。因此，《礼》进一步指出，"作事不以礼，弗之敬矣；出言不以礼，弗之信矣。故曰：礼也者，物之致也"（同上）。致也就是至极，这段话讲的是，礼是自然万物之至极。这就肯定了以下两点，一是礼是高于自然万物的，具有绝对的意义；二是礼又是自然万物的最高准则，具有普遍的意义。正因为这样，《礼》将礼看成是人类区别于动物的标准，"鹦鹉能言，不离飞鸟；猩猩能言，不离禽兽。今人而无礼，虽能言，不亦禽兽之心乎？……是故圣人作，为礼以教人，使人以有礼，知自别于禽兽"（《礼记·曲礼上》）。尽管禽兽不知礼，但人对待禽兽的行为却应有礼（礼，理万物者也），因此，二者并不矛盾。

可见，礼也就是人的本质规定，"凡人之所以为人者，礼义也"（《礼记·冠义》）。人离开了礼也就不成其为人。从礼的地位和实质来看，礼也是规范和评价人类生态行为的准则。

通过从上述三个方面对礼的考察，我们可以对"礼也者，合于天时，设于地财，顺于鬼神，合于人心，理万物者也"作出解释了。合是会合、匹配的意思；设也是合的意思（参见［清］王引之《经义述闻》）；理的本义是"治玉"，"凡天下一事一物，必推其情至于无憾而后即安，是之谓天理，是之谓善治。此引伸之义也"，"天理云者，言乎自然之分理也"（［清］段玉裁：《说文解字注》）。整段话讲的是，所谓礼，也就是与天时、地利相适应，能够按照自然万物之法则而行事（顺于鬼神、合乎人心，不在本论题范围之内），而这就是现代生态伦理学所讲的生态道德概念。因而，一方面，人们按照自然法则行事就是合于礼的要求的，就是道德的；另一方面，人们违反自然法则就是不合乎礼的，就是不道德的。"是故天时有生也，地理有宜也，人官有能也，物曲有利也。故天不生，地不养，君子不能为礼，鬼神弗飨也。"（《礼记·礼器》）这里"天不生"指的是"非其时物也"，"地不养"指的是"非此地所生"（［汉］郑玄：《礼记注》）。同时，人们按照礼的法则来对待自然也要依据自然条件的具体来定，不按照具体的自然环境而一味地以礼对待自然也是不道德的，"居山以鱼鳖为礼，居泽以鹿豕为礼，君子谓之不知礼"（《礼记·礼器》）。总之，《礼》在礼的范畴内提出了生态道德的概念。

（二）《礼》论生态道德和人际道德

从表面上看，《礼》对生态道德和人际道德的关系这一生态伦理学基本理论的看法似乎是矛盾的，一方面，它将生态道德和人际道德的关系看成是本和末的关系；另一方面，它又将将二者的关系看成是外与内的关系。其实，这是由它论述问题的角度的不同而造成的，将《礼》作为一个整体来看，它在这个问题上提出了自己的统一的看法。

1. 作为本末关系的生态道德和人际道德

从道德的产生方式上来看，生态道德和人际道德的关系是一种本与末的关系。这里所说的本末指的是产生方式上的一种递进关系，也就是说，生态道德产生在前，人际道德产生在后，人际道德是在生态道德的基础上形成的。

《礼》说，"是故昔先王之制礼也，因其财物而致其义焉尔。故作大事必顺天时，为朝夕必放于日月，为高必因丘陵，为下必因川泽。是故天时雨降，君子达亹亹焉"（《礼记·礼器》）。这里，因、顺、故的含义大体相同，都指的是顺应和遵从的意思；大事指的是祭祀，朝夕指日出东方、月升西方；高指的是冬祭天于圜丘之上；下指的是夏至祭地于方泽之中；达是皆的意思。整句话讲的是，先王制礼是根据事物的才性而致其义的，一切重要的人事活动（大事、朝夕、高、下）都是顺应自然事物的才性的（顺天时、放于日月、因丘陵、因川泽）。在当时的社会历史条件下，大事、朝夕、高、下不仅仅是宗教活动，也是与生产、政治等社会生活密切相关的，而且也具有伦理道德的意义；同样，顺天时、放于日月、因丘陵、因川泽也不仅仅是在认识上对自然内在法则的认识（才性），而且是在伦理道德上对自然法则的一种认同。因而，"天时雨泽，君子达亹亹焉"不仅同时具有伦理道德的意义，而且指出了生态道德在前、人际道德在后这样一种关系，正如郑玄指出的，"君子爱物见天雨泽，皆勉勉劝乐"（[汉]郑玄：《礼记注》）。这里的"爱物"一语中的，它其实也就是生态道德。

因而，《礼》才进一步指出，"是故因天事天，因地事地，因名山升中于天，因吉土以飨帝于郊。升中于天，而凤皇（凰）降，龟龙假；飨帝于郊，而风雨节，寒暑时"（《礼记·礼器》）。抛开其神秘主义的方面，这里肯定了遵循自然法则的活动（生态道德）对于人事活动的重要性（人际道德），说明了在生态道德的基础上进行人事活动的重大社会经济价值（风雨节，寒暑时），而风调雨顺在一个农业大国里是整个社会经济价值的生态基础。这一切都源于礼这一最高的社会、伦理行为准则的产生方式。

《礼》反复强调，自然事物构成了礼的根据和本源，"是故夫礼，必本于大一，分而为天地，转而为阴阳，变而为四时，列而为鬼神。其降曰'命'，其官于天也。夫礼必本于天，动而之地，列而之事，变而从时，协于分艺"（《礼记·礼运》）。这里说的是，礼本来就存在于天、地、事（五祀为本事）、时、分艺（月之分，或日月之分）等之中，因此，制礼必须以天、地、事、时、分艺为根据；但其最根本的来源却在于天（必本于天），因而，在礼这一整体中，自然是生态道德在前，人际道德在后了。这不仅仅是一个宇宙演化问题、社会生活的准则问题，而且也是一个伦理道德问题。

因此，《礼》将之作为一个普遍有效的行为法则提了出来。《礼》说，"故圣人作，则必以天地为本，以阴阳为端，以四时为柄，以日星为纪，月以为量，鬼神以为徒，五行以为质，礼义以为器，人情以为田，四灵以为畜"（同上）。只要人类的行为以自然法则（天地、阴阳、四时、日星、月、鬼神、五行）为根据（本、端、柄、纪、量、德、质），以社会准则为导向和工具（礼义以为器），导引人事活动（人情以为田），利用祥和、有序的条件（四灵以为畜，四灵指的是龟、龙、凤、麒麟），那么，就可达到道德上完善的境界了（故圣人作）。因为这些要求本身具有生态学的根据，"以天地为本，故物可举也；以阴阳为端，故情可睹也；以四时为柄，故事可劝也；以日星为纪，故事可列也。月以为量，故功有艺也；鬼神以为徒，故事有守也；五行以为质，故事可复也；礼义以为器，故事行有考也；人情以为田，故人以为奥也；四灵以为畜，故饮食有由也"（同上）。

可见，在道德的产生方式上，由于自然事物中内在地存在着礼，自然事物构成了礼的本源和根据，因此，人事活动应遵从自然法则，对人和自然交往行为的调节和控制（生态道德）构成了对人和人交往行为的调节和控制（人际道德）的基础，所以说，生态道德和人际道德的关系是本与末的关系。事实上，这两类道德在人类实践活动中是系统发生的。

2. 作为外内关系的生态道德和人际道德

从道德的功能体现上来看，生态道德和人际道德的关系是一种外与内的关系。这里所说的外内是功能体现上的一种顺序关系，也就是说，人际道德在实际生活中要比生态道德显得重要，生态道德是在人际道德的基础上体现出来的。

《礼》说，"无节于内者，观物弗之察矣。欲察物而不由礼，弗之得矣"（《礼记·礼器》）。这里，节也就是礼；内相对于物而言，指的是人，尤其是人心；物指的是万物；察是分辨的意思。这段话讲的是，假如道德主体不能获得道德分辨能力，在道德上达到自我完善（节于内者），那么，他在处理与自然交往的关系时就不能对这种行为作出恰当的道德判断（观物弗之察矣）；不能用道德来规范人和自然交往的行为（察物而不由礼），那么，人和自然交往的行为就不会取得预期的效果（弗之得矣）。而这讲的正是道德功能体现的一种顺序关系，道德只有先通过作用于人才可作用于自然，因为只有人才是道德的主体。正如孔颖达所指出的，"若心内无明，则外不能分辨也"，"心由内所识是可节，是礼也"，"若外欲观察万物，而心不由礼，则察物不能得也"（《礼记注疏》）。而这一切都在于：礼这一最高的行为准则只为人所具有。如前所述，《礼》认为人之所以为人的根据就在于礼，礼是人的本质规定，因为，人的产生以集中的方式体现了自然的本质规定，因而也集中了礼的精髓和实质。

在《礼》看来，"人者，其天地之德，阴阳之交，鬼神之会，五行之秀气也。故天秉阳、垂日星；地秉阴、窍于山川。播五行于四时，和而后月生也……故人者，天地之心也，五行之端也，食味、别声、被色而生者也"（《礼记·礼运》）。所谓的天地之德说的是，天以覆为德，地以载为德，人感覆载而生，因此具备天地之德；阴阳之交说的是，阴阳也就是天地，阴阳是天地之气，天地是阴阳之形，独阳不生，独阴不成，只有二气相交才构成事物的内在生命；鬼神之会说的是，鬼是形体，神是精灵，只有形体和精灵相结合，才会产生万物，所以说鬼神之会；五行之秀气说的是，秀指的是秀异，人感五行之秀气，才有仁义礼智信五德。因此，这段话讲的是，人不仅在具体的、有形的方面（气）集中了自然精华（天地之德、阴阳之交），而且在内在的、无形的方面（性）也集中了自然之精华（鬼神之会、五行之秀），因而，人才成为道德的主体；郑玄称之为"气性纯也"（[汉]郑玄：《礼记注》）。所以，在外在的功能体现方面，人"兼气性之效也"（郑氏语，同上）。"天地之心"说的是，人居于天地之间，如人的五脏中的心脏；"五行之端"说的是，万物都是由金木水土火五行相结合而成，而人将这五者结合得最为完备；"食味"指的是，五行各有其味，而人皆食之；"别声"指的是，五行各有其声，而人皆含之；"被色"指的是，五行各有其色，而人皆被之以生；而所有这些也就是肯定了人在宇宙中的地位和作用。由此看来，人际道德固属内，生态道德固属外。因而，关键的问题是处理好人类自身的行为。

从小的方面来说，只有处理好家庭内部的夫妻关系，才可以谈得上与自然的匹配，从而才可能处理人和外在自然的关系，"内以治宗庙之礼，足以配天地之神明；出以治直言之礼，足以立上下之敬。物耻足以振之，国耻足以兴之。为政先礼，礼其政之本与"（《礼记·哀公问》）。

因而，从大的方面来说，这也成为处理国家大政的基础，在说到"敢问为政如之何"时，《礼》强调，"夫妇别，父子亲，君臣严，三者正，则庶物从之矣"（同上）。也就是，人伦（夫妇别，父子亲，君臣严）是生态道德的基础（庶物也就是万物或众事，其中似可包括调节和控制人与自然关系的行为），生态道德是通过人际道德的方式体现出来的（三者正，则庶物从之矣）。

可见，从道德功能的体现上来看，由于只有人才是道德的主体，人际道德和生态道德在实现方式上存在着一种顺序关系，只有人际道德的功能体现出来之后，生态道德才可发生作用，所以说，生态道德和人际道德是外与内的关系（外谐而内无怨或许是对之的最高概括）。

3. 作为部分和部分之间关系的生态道德和人际道德

从礼作为一个整体的角度来看，生态道德和人际道德都是属于这一整体中的不同部分。尽管这两类道德有本末之别、外内之分，但他们之间是不可分割的，他们都是隶属于礼的，而礼本身是一种中庸之道，"礼乎礼！夫礼，所以制中也"（《礼记·仲尼燕居》）。这种制中的法则难道不在本与末、外与内之间发生作用吗？在礼的产生过程中，正是由于这两方面的互勉才构成了礼，"凡礼之大体，体天地，法四时，则阴阳，顺人情，故谓之礼。"体天地、法四时、则阴阳讲的是人和自然的关系，唯人情讲的是人和人的关系。

在礼的作用问题上，"外谐而内无怨"是其功能的最后体现，"外谐"是人和自然关系的和谐有序的状况，"内无怨"是人和人关系的齐一祥和的状态。

在礼的实质问题上，礼不仅是人的本质规定，而且也是"物之至也"。离开人际道德的生态道德或离开生态道德的人际道德都是不可能的，生态道德和人际道德只是道德整体的不同表现，"故政者，君之所以藏身也。是故夫政必本于天，殽以降命。命降于社之谓殽地，降于祖庙之谓仁义，降于山川之谓兴作，降于五祀之谓制度。此圣人所以藏身之固也"（《礼记·礼运》）。这里说的虽然是君之政，但实质上说的也是礼的问题，社这一整体可分为人事（朝庙与仁义、五祀与制度）和自然（社与殽地、山川与兴作）两部分，这里，"社，土地之主也"，"山川有草木禽兽可作器里物共国事"（［汉］郑玄：《礼记注》）。因此，生态道德和人际道德又是相互依赖、相互推动、相互促进的。

可见，《礼》对生态道德和人际道德的关系不仅形成了自己统一的看法，而且也是比较全面的。

（三）《礼》以神道设教论证生态道德

《礼》是用神道设教来说明生态道德的基础的。神道设教是一种人为的宗教，儒家将自己的哲学世界观和社会政治经济主张用宗教的形式表现了出来，因而，神设道教也就获得了实在的内容。《礼》从"尊天亲地""全敬同爱""仁至义尽"三个方面说明了神道设教的自然保护价值，从而说明了生态道德的基础。

1."尊天而亲地"的思想

这一思想说的是，由于天地提供了人类生活的物质资料，因此，人不仅应将天地作为宗教崇拜的对象，而且在伦理道德上应该尊敬和热爱天地。

它是这样提出来的，"社，所以神地之道也。地载万物，天垂象，取财于地，取法于天，是以尊天而亲地也，故教民美报焉。家主中霤而国主社，示本也。唯为社事，单出里。唯为社田，国人毕作。唯社，丘乘共粢盛。所以报本反始也"（《礼记·郊特牲》）。这里，社、中霤皆为土神；田是田猎；里、丘、乘皆为井田制之建制单位，二十五家为里，九夫为井，四井为邑，四邑为丘，四丘为乘；粢也就是稷；粢在器称为盛。这句话包括以下几层意思。

其一，它肯定了自然作为崇拜对象的价值（社，所以神地之道也），并指出了其普遍有效性（小至家，大到国，其中包括里、丘、乘皆有一套行为规范）。

其二，这种自然崇拜的基础就在于自然为人提供了生活物质资料（本、始），人和自然之间具有一种物质联系（取财于地，取法于天），人对自然的崇拜是对这种联系的回报（报本反始）。在一般的意义上，《礼》肯定了自然崇拜的生态学基础，"郊之祭也，大报本反始也"（同上）。它看到了自然崇拜作为人类的基础（本、始）的意义，对人和自然之间的物质联系进行了揭示，并将之作为自然崇拜的基础，"山林、川谷、丘陵，民所取财用也，非此族也，不在祀典"(《礼记·祭法》),要求宗教活动应按照外界自然物的才性进行,将"大事必顺天时,为朝夕必放于日月,为高必因丘陵,为下必因川泽"(《礼记·礼器》)作为自然崇拜的一般行为则提了出来。

其三,在自然崇拜和生态学知识的基础上,它提出了"尊天而亲地"这一具有生态伦理学的命题。这里所说的天不是指有人格意义的天,而是自然之天(天垂象),人们按照天的运行规律而进行耕耘稼穑(取法于天);这里的地也是指自然存在物(地载万物),它提供了人们的生活资料(取财于地)。尊和亲是人际伦理学的重要范畴,"服术有六:一曰亲亲,二曰尊尊,三曰名,四曰出入,五曰长幼,六曰从服"(《礼记·大传》)。亲指的是对父母应具备的德目,尊指的是对祖先应具备的德目,"人道亲亲也。亲亲故尊祖"(同上);度、量、衡、衣服、器具、旗号可以因朝代而异,但亲亲、尊尊之道却是不可改变的,具有普遍有效性,"其不可得变革者则有矣。亲亲也,尊尊也,长长也,男女有别,此其不可得与民变革者也"(同上)。将作为人际伦理学范畴和德目的亲、尊运用到外在的自然万物(天、地)上,尊、亲就从人际伦理学范畴转化为生态伦理学范畴,就从人际行为德目转化为生态行为的德目,因而,"尊天而亲地"的命题就不仅提供了生态道德的基础,而且成为了生态伦理学的重要命题。

可见,"尊天而亲地"的思想不仅对自然崇拜的基础作出了生态学上的说明,而且将宗教、天道观和生态学融为一体,说明了生态道德的基础,具有自然保护的意义。

2. "合敬同爱"的思想

这一思想讲的是,人们之所以要在宗教上进行自然崇拜,就在于人事法则和自然万物之间存在着一种生态学上的内在关联,因此,人们应在伦理道德上尊敬和热爱自然万物。

它是这样提出来的,"大乐与天地同和,大礼与天地同节。和,故百物不失;节,故祀天祭地。明则有礼乐,幽则有鬼神,如此,则四海之内合敬同爱矣"(《礼记·乐记》)。这段话包含以下几层意思。

其一,它肯定了自然崇拜和鬼神存在的基础。但与传统宗教不同的地方在于,它对自然崇拜和鬼神存在的基础作出了新的解释,认为自然崇拜(祀天祭地)的基础在于人事法则(礼),而礼是顺乎天地之气和天地之数(大礼与天地同节,节故以祀天祭地);而鬼神则是礼乐的另一种常理,"山林、川谷、丘陵,能出云,为风雨,见怪物,皆曰神……大凡生于天地之间者皆曰'命',其万物死皆曰'折',人死曰'鬼'。此五代之所不变也"(《礼记·祭法》)。这就说明,自然崇拜和鬼神存在具有两个基础,一个是宗法(礼乐),一个是生态学(与天地同和、同节)。

其二，它肯定人事法则和自然万物之间存在着生态学上的内在关联（和故百物不失）。它认为，礼乐的功能就在于顺乎自然万物的才性从而起到道德教化的作用，"乐者，天地之和也；礼者，天地之序也。和，故百物皆化；序，故群物皆别。乐由天作，礼以地制。过制则乱，过作则暴。明于天地，然后能兴礼乐也"（《礼记·乐记》）。反过来，礼乐又可以促进自然万物和谐有序的发展，从而巩固和加强人事制度与自然万物的生态学关联，"是故大人举礼乐，则天地将为昭焉。天地䜣合，阴阳相得，煦妪覆育万物，然后草木茂，区萌达，羽翼奋，角骼生，蛰虫昭苏，羽者妪伏，毛者孕鬻，胎生者不殰，而卵生者不殈，则乐之道归焉耳"（同上）。这里，"䜣"读熹，熹是蒸动的意思，它说的是由于乐感动天地，致使天气下降，地气上升，二气蒸腾。"煦"指的是气，"妪"指的是体，"天以气煦之，地以形妪之，是天煦覆而地妪育"（孔颖达：《礼记注疏·卷三十八》）。"区"犹"屈"，屈生者称为曲。"达"是指依据阴阳二气相交而新生。"角骼"指的是走兽，"骼"音格，郑玄注"无腮曰胳"。"妪伏"指的是体伏而生子。"孕鬻"指的是走兽以气孕育而蕃息。"殰"音独，是内败的意思。"殈"音续（音溢徐），是裂的意思。这段话讲的是，由于大人举用礼乐，致使天地协合，阴阳相交，万物生养，出现了一幅生态良性循环的景象。在此基础上，儒家提出了这样一个法则，"乐着大始，而礼居成物。著不息者天也，著不动者地也，一动一静者，天地之间也。故圣人曰'礼乐'云"（《礼记·乐记》）。

其三，在宗教（祭天祀地）和生态（同和同节）的基础上，《礼》提出了"合敬同爱"这一具有生态伦理学意义的命题。不能将"合敬同爱"仅仅理解为一个人际伦理学命题，这在于，敬指的就是礼，它覆盖不同的事物，是与"天地同节"的，"礼者，殊事合敬者也"（同上）。爱指的就是乐，它包含不同的事物，是与"天地同和"的，"乐者，异文合爱者也"（同上）；异文指的是不同的乐调，而不同的乐调象征着不同的事物，因此，异文也指不同的事物。因此，礼乐不仅是人际道德的规定，而且也是生态道德的规定。同时，儒家也肯定礼乐之于生态关系同礼乐之于人际关系具有相通的基础，"若夫礼乐之施于金石，越于声音，用于宗庙社稷，事乎山川鬼神，则此所与民同也"（同上）。因而，"合敬同爱"也是一个生态伦理学命题。

由上可见，"合敬同爱"的思想不仅对宗教的基础作出了生态学上的说明，而且将宗教（祭天祀地，鬼神）、宗法制（礼乐，圣人，大人）和生态学（与天地同和、同节）融为一体，从而说明了生态道德的基础，具有自然保护的意义。

3. "仁至义尽"的思想

这一思想是在说到"天子大腊八"时提出的，它说的是，由于天地自然之神促使自然万物有功于人，保证了人的生存，因此，人们不仅应该在每年岁尾祭祀与人事活动尤其是农业生产密切相关的八种自然神，而且在伦理道德上应该对它们感恩戴德、仁至义尽。

《礼》有这样的记载，"天子大蜡八。何耆氏始为蜡。蜡也者，索也。岁十二月，合聚万物而索飨之也。蜡之祭也，主先啬而祭司啬也，祭百种以报啬也。飨农及邮表畷、禽兽，仁之至，义之尽也。古之君子，使之必报之。迎猫，为其食田鼠也；迎虎，为其食田豕也，迎而祭之也。祭坊与水庸，事也。曰：'土反（返）其宅，水归其壑，昆虫毋作，草木归其泽。'"（《礼记·郊特牲》）这里，"蜡八"指的是天子每年岁尾所要祭祀的与人事活动尤其是农业生产密切相关的八种自然神，他们是先啬、司啬、农、邮表畷（音茁）、猫虎、坊、水庸、昆虫。其中，"先啬"指的是神农这样的神，"司啬"指的是后稷这样的神，"邮表畷"指的是沟洫之神。这段话大体包含以下几层意思。

其一，它肯定了祭祀自然和自然崇拜的价值（蜡八，飨农及邮表畷、禽兽，坊与水庸），要求人们"合聚万物而索飨之"。

其二，它指出进行这种活动是具有生态学根据的，一方面，它看到这些自然神、自然万物对于人事活动的重大价值，要求人们对之作出回报（使之必报之）；同时，它更看到了这些神以及自然事物对于作为人类生存基础的农业生产的重大意义（事当为农事）。另一方面，它又看到了生物之间所存在的食物链的关系，看到了这种食物链对于农业生产的重大价值，象猫虎这样的禽兽能够消灭危害农作物的鼠、豕之类的禽兽，从而能够保证农业丰收，因此人们应该祭祀猫虎之神（迎猫，为其食田鼠也。迎虎，为其食田豕也。迎而祭之也。）它反映出了一种朴素的生态农学意识。同时，它也看到了不良的生态环境对农业生产的危害，在人力无法抵抗的条件下，只好通过祭祀辞文来表达这样的看法［土反（返）其宅，水归其壑，昆虫毋作草木归其泽］。

其三，它要求人们在伦理道德上应该尊敬和爱护自然之神以及自然万物（仁之至，义之尽）。仁义本来是人际道德的重要德目和人际伦理学的重要范畴，义本来起源于父子亲情，由此才构筑起整个道德体系，"父子亲，然后义生；义生，然后礼作；礼作，然后万物安"（《礼记·郊特牲》）。而仁则是义的精髓和内在本质，"仁者，义之本也"（《礼记·礼运》）。所以，将"仁至义尽"运用于"蜡八"时就将伦理道德赋予了自然之神和自然万物，"仁至义尽"就获得了生态伦理学的意义，因此，《礼》说，"除去天地之害谓之'义'"（《礼记·经解》）。在此基础上，它提出了一个具有普遍意义的法则，"蜡之祭，仁之至，义之尽也"（《礼记·郊特牲》），孔颖达一语道出了其真谛，"不忘恩而报之是仁，有功必报之是义也。蜡祭有仁义之至尽也"（《礼记注疏·卷二十六》）。

由上可见，"仁至义尽"的思想不仅对宗教的基础作出了生态学和农学上的说明，而且将宗教、生态、农学、宗法制（天子大蜡八，诸侯以下之蜡不一定为八，其中存在着一套等级制度）融为一体，从而说明了生态道德的基础，具有自然保护的意义。

通过上面的考察，我们可以看出，《礼记》运用"尊天亲地""合敬同爱""仁至义尽"三个命题说明了神道设教的生态内容，不仅使神道设教在天道观、生态学和生态农学等层次得到了说明，而且使神道设教所具有的自然保护的价值更为突出了。除去其落后、愚昧的一面（宗教和宗法），这也是我们今天在建构现代生态伦理学中值得借鉴的思想资料，因为《礼》主要是在伦理学的意义上来看待宗教的自然保护价值的，在这个意义上，神道设教其实是一种生态伦理学观点。

(四)《礼》的生态道德从善性原则

在肯定人和自然之间所存在的价值关系并对其基础进行系统论证的基础上，《礼》对如何规范和评价人类与自然交往的行为也进行了较为详尽的阐述。它肯定人们热爱和尊敬天地自然万物的行为，提出了"贵天道""顺时"和"爱类"的要求，这几个方面的互动构成了《礼》的生态道德的从善性原则。

1. "贵天道"的思想

这一思想说的是，由于天道具有自然性，因此，人们（尤其是人君）应顺天道，将顺应天道作为一个价值法则确定下来。

《礼》是在说到"君子何贵乎天道"时提出这一问题的，"贵其不已。如日月东西相从而不已也，是天道也。不闭其久，是天道也。无为而物成，是天道也。已成而明，是天道也"（《礼记·哀公问》）。这段话包含以下几层意思。

首先，它肯定了顺应天道是一个价值法则。"贵其不已"说的就是这个意思。所谓的贵是相对于贱而言的，本来指的是"物不贱也"（［东汉］许慎：《说文》）；后来引申为重视，如《中庸》中就讲，"去谗远色，贱货而贵德"，而这是与儒家在义利之辩上所持的价值取向相一致的，"贵德"是儒家的一种价值取向，"贵"本身具有伦理学意义。而"不已"指的是天道运行的法则，不已也就是不止。可见，"贵其不已"是作为一个价值判断提出来的。

其次，它肯定了顺应天道的客观基础和意义。在受道家思想影响的同时，在荀子思想的基础上，《礼》从四个方面对天道进行了自然主义的解释，其一，天道是无形的，但其运行却是不息的，如同日月东西而无始无终，"如日月东西相从而不已也"表达的就是这个意思。这具有承认运动的无限性和时间的无限性的倾向。其二，由天道产生了世界上的万事万物，但天道并不干涉它们，使得它们的存在能够延续下去，"不闭其久"说的就是这个意思。这具有承认物质循环的无限性的倾向。其三，虽不见天道所为，但自然万物春生夏长，各以自成，"无为而物成"说的就是这个意思。这具有肯定物质的自然性和自组织性的倾向。其四，万事万物由天道而自然而然地存在，由此显示出了天道运行法则的威力，天道运行的法则又是可见的，"已成而明"表达的就是这个意思。这具有肯定天道可知性的倾向。同时，《礼》在当时自然科学的成就和理论思维水平的基础上，对天道的具体构成方式也进行了探讨，将天道看成是一个由天地、阴阳、五行、四时、十二月、八方等组织在一起的、时空相互交织的物质构成方式，"天秉阳，垂日星；地秉阴，窍于山川。播五行于四时，和而后月生也。是以三五而盈，三五而阙。五行之动，迭相竭也。五行、四时、十二月，还相为本也"（《礼记·礼运》）。而这一切就构成了人们顺应天道的客观基础，作为价值法则的"贵其不已"是有客观依据的。

最后，它要求人们在实际生活中应自觉遵循"贵其不已"这一顺应天道的价值准则。它将顺应天道纳入了礼的范畴之内，要求人们依此来处理人和自然的关系，将之作为一个生死攸关的问题提了出来，"夫礼，先王以承天之道，以治人之情，故失之者死，得之者生"（同上）。这里的"承天之道"是"贵天道"的具体体现，这是礼这一最高行为准则的内在规定和要求；它承认人和天道之间的一致性，要求人们"承天之道，以治人之情"，这就是承认人和自然的统一性，而这是一个根本性的问题，决不是枝节之论。

将上述三方面联系起来看，"贵天道"（贵其不已，顺应天道）是《礼》对生态道德从善性原则作出的第一个规定，这是站在天道观这一理论思维高度对生态道德从善性原则作出的规定。

2."顺时"的思想

这一思想说的是，由于自然万物存在着一种依季节而演替的生态规律，因此，人们在实际生活中应该按照季节演替的生态规律行事，应将"顺时"作为一个价值法则确定不来。

《礼》在引用曾子的话时说到，"树木以时伐焉，禽兽以时杀焉。夫子曰：'断一树，杀一兽，不以其时，非孝也。'"（《礼记·祭义》）这包括以下几层意思。

首先，它肯定"顺时"是一个价值法则。"断一树，杀一兽，不以其时，非孝也"说的就是这个意思，这虽然用的是否定的形式，但其内容却是肯定人们热爱和尊敬自然的行为的，是用来说明前面"树木以时伐焉，禽兽以时杀焉"这一从善性原则的。孝是人际道德的重要德目和人际伦理学的重要范畴，本指的是血缘亲情、子女对父母应尽的责任和义务，但《礼》认为孝是"塞乎天地"之间的，具有普遍有效性，"居处不庄，非孝也；事君不忠，非孝也；莅官不敬，非孝也；朋友不信，非孝也；战陈无勇，非孝也"（同上），因此，它将孝作为一切道德行为的根本，"众之本教曰孝"（同上）。因而，将孝运用到"断树""杀兽"这些生态行为上来，孝也就获得了生态伦理学意义，"顺时"是作为一个生态价值判断提出来的。

其次，它肯定了"顺时"这一价值准则的客观基础（以其时）。在《礼》看来，时是天道的一种体现，是天道运行不已结构的客观基础和具体体现，"是故夫礼，必本于大一，分而为天地，转而为阴阳，变而为四时，列而为鬼神。其降曰'命'，其官于天也。夫礼必本于天，动而之地，列而之事，变而从时，协于分艺"（《礼记·礼运》）。因此，它又将"顺时"作为了礼的首要规定和基本要求，"礼，时为大，顺次之，体次之，宜次之，称次之"（《礼记·礼器》）。其实，"时"是先秦哲学、农学和生态学所认识到的生物季节演替的生态规律，而这正构成了"顺时"这一价值准则的客观基础。

最后，它要求人们在实际生活中应自觉遵从"顺时"这一价值准则，提出"以四时为柄"（《礼记·礼运》）的要求。柄本来指的是剑戟之柄，由此引申为法则、规定的意思。"以四时为柄"也就是要求人们以"顺时"为行为准则，而这又是由一系列的规定构成的，一是国家在规划国土、安置民生时，应依据"时"的要求进行，"司空执度，度地居民，山川沮泽，时四时，量地远近，兴事任力"（《礼记·王制》）。司空为"天子之五官"之一（见《礼记·曲礼下》）。二是人们在获得和利用自然资源时，应依据"时"的要求进行，"树木以时伐焉"中的时指的是"草木零落"之时，"禽兽以时杀焉"指的是动物成熟之时；它还提出"林、麓、川、泽以时入而不禁"（《礼记·王制》）的要求。三是人们的农事活动也应按照"时"的要求进行，"食节事时"（同上）、"以四时为柄，故事可劝也"（《礼记·礼运》）讲的就是这个意思。这里的"事"当为农事，要求人们应春播夏耕秋收冬藏。四是人们的饮食起居也应按照"时"的要求进行，"用水、火、金、木、饮食必时"（同上），尽管这里说的问题都与祭祀有关，但也是与人们日常生活密切相关的。这里的用水、火、金、木指的是不同的生活资料。

将上述三个方面作为一个整体来看，"顺时"是《礼》对生态道德从善性原则作出的第二个规定，这是站在生态学这一自然科学的基础上对生态道德从善性原则作出的规定，当然，孝也在其中起着重要作用。

3."爱类"的思想

这一思想说的是，每一生物体都属于一定种群，这是生物存在的基本方式，因此，每一生物个体都应爱护自己所属的种群，应将"爱类"作为一个价值准则确定下来。

《礼》从《荀子·礼论》中几乎一字不差地收录了下面这样一段话，"凡生天地之间者，有血气之属必有知，有知之属莫不知爱其类。今是大鸟兽则失丧其群匹，越月逾时焉，则必反巡过其故乡，翔回焉，鸣号焉，蹢躅焉，踟蹰焉，然后乃能去之。小者至于燕雀，犹有啁噍之顷焉，然后乃能去之。故有血气之属者，莫知于人，故人于其亲也，至死不穷"（《礼记·三年问》）。这里的思想实质是与荀子一致的，但对这一生态价值判断基础的论证，《礼》则更进了一步。

首先，它对类与群作了区分，"方以类聚，物以群分"（《礼记·乐记》）。这里，方指的是走虫禽兽之属，物指的是像草木这样的殖生者，因而，类指的是禽兽的种群，群指的是草木的种群。但这种区分又不是绝对的，它将人也看作是一种"群居和壹"（《礼记·三年问》）的生物。

其次，它认为世界上的万事万物都有其类，在说到乐时，《礼》认为，"万物之理各以类相动也"（《礼记·乐记》）。这就将类上升到了一般性的高度。

最后，它将能否区分和鉴别事物的类型和生物的种群作为学的重要内容，"古之学者，比物丑类"（《礼记·学记》），这里"丑"也就是比的意思，它说的是区分事物也就是区分他们的类型和种群。因而，《礼》所说的类（包括群、匹）相当于现代生态学所讲的种群概念，"爱类"是作为一个生态价值判断提出来的。人应该爱自己的类，但这并不意味着"人类中心论"，在"群居和壹"这一社会生物学法则中，也包括着"象天""法地""则人"等生态学规定，"上取象于天，下取法于地，中取则于人，人之所以群居和壹之理尽矣"（《礼记·三年问》）。

可见，"爱类"是《礼》对生态道德从善性原则作出的第三个规定，这也是从生态学角度进行的，最后也引伸到了孝的问题上。

综上，"贵天道""顺时""爱类"三者的依次过渡共同构成了《礼》的生态道德的从善性原则。它在自然观（观天道）上所具有的自然主义倾向保证了这一原则的合理性；它能在生态学的基础上（时、类）来说明生态道德的从善性原则，保证了它的科学性；但它将孝的作用渗透于这个过程中，使得人类生态行为获得了伦理道德意义，但也有为血缘宗法制服务的一面，这反映了其历史和阶级的局限性。

(五)《礼》的生态道德弃恶性原则

《礼》根据"时"这一生物季节演替的生态规律，就如何禁止、反对人们破坏大自然的行为进行了系统的阐述，尤其是对如何禁止、反对人们破坏农田（事）、自然资源的问题作了详尽的规定，对破坏自然行为可能引发的生态学恶果有清楚的认识，按照每个月的自然情况制定出了否定性的行为规范，这集中地体现在《礼记·月令》这一篇中（凡此节引文未注明出处者，均引自此篇）。这些就构成了《礼》的生态道德的弃恶性原则。

1. 反对"荒而不治"的思想

这一思想说的是，由于农业构成了国计民生的基础，因而，如何合理使用、管理土地成为一个重大的社会政治经济问题，同时，也是一个重要的伦理道德问题，"荒而不治"的作法必须遭到禁止和反对，应将之作为一个价值法则确定下来。

它是这样提出来的，"地广大，荒而不治，此亦士之辱也"（《礼记·曲礼上》）。这里，"地"指的是采地，"荒"是"废秽"的意思，"辱"是耻辱的意思。运用辱这一道德情感的东西来说明对待土地的"荒而不治"的行为，具有两方面的意义，一方面，它具有人际道德的意义，对士不能力尽职责的行为进行了批评；另一方面，它具有生态道德的意义，对不能合理使用土地的行为进行了批评。这就说明，"荒而不治"同样是一种在生态伦理学上应该遭到禁止和反对的行为，"地广大，荒而不治，此亦士之辱也"是作为一个生态价值判断提出来的。如何才能做到这一点呢？由于每个月的自然条件不同，其行为规范的要求也不尽相同。

孟春之月为一年的开始，这时，"天气下降，地气上腾，天地和同，草木萌动"（《礼记·月令》），这时应做的事情是因地制宜，"王命布农事，命田舍东郊，皆修封疆，审端径术。善相丘陵、阪险、原隰，土地所宜，五谷所殖，以教道民"，这样，"田事既饬，先定准直，农乃不惑"（同上）。这里，"舍东郊"指顺时而居；"相"是视的意思；"丘陵阪险原隰（音习）"指不同类型的土地；"准直"指的是封建径遂之类的事情。

仲春之月，"耕者少舍"，"毋作大事以妨农（之）事"。这里，"舍"也就是止，"大事"指的是兵役之类的事情。它说的是，农忙大季，首要禁止和反对的是兵役之事，因为它会耽误农时。

季春之月，"时雨将降，下水上腾"，首先应该禁止和反对的是障塞水利设施的行为，"循行国邑，周视原野，修利堤防，道达沟渎，开通道路，毋有障塞"（《礼记·月令》）。除水潦便民事为该月当务之急。

孟夏之月为"继长增高"的时节，这时应注意的是，"毋有坏堕，毋起土功，毋发大众，毋伐大树"（同上），这是为了阻止妨害蚕农的行为；其二，"命野虞出行田原，为天子劳民劝民，毋或失时。命司徒循行县、鄙，命农勉作，毋休于都"。这是为了抓紧农时。

仲夏之月，由于阳气盛而常旱，因此，求雨为当务之急，"命有司为民祈祀山川百源，大雩帝"（同上）。这里，"百源"指的是众水所出之处，"雩"指的是求雨之祭。季夏之月，"土润溽暑，大雨时行。烧薙行水，利以杀草，如以热汤。可以粪田畴，可以美土疆"（同上）。这里，"润溽"指的是除湿；"薙"指的是迫地芟草；"粪"和"美"可互训。它说的是，该月为大雨时节，道路常湿，而杂草丛生，因此，欲稼莱地，首先要薙其草，草干后烧掉它，这样，一方面有利于雨水顺下，一方面草灰又可以肥田。这反映出我们的祖先利用自然物自身的物质循环而进行农作的朴素生态农学水平。

孟秋之月是"农乃登谷"的时节，开始收敛，一方面谨修水利设施，以备秋水之患，"完堤防，谨壅塞，以备水潦"（同上）；另一方面要禁止封诸侯、立官、割地、出使、祭祀等事，"毋以封诸侯，立大官，毋以割地，行大使，出大币"（同上）。这里，"大币"指的是祭祀，由于不宜用牺牲而以币代之，故云大币。

仲秋之月为丰收的季节，其一，要做好收获的准备工作，"可以筑城郭，建都邑，穿窦窖，修囷仓。乃命有司趣（驱）民收敛，务畜菜，多积聚"（同上）；其二，要做好冬麦的播种工作，不得耽误农时，"乃劝种麦，毋或失时；其有失时，行罪无疑"。其三，不得进行战争，"凡举大事，毋逆大数，必顺其时，慎因其类"（同上）。这里，"入地隋曰窦，方曰窖"（［汉］郑玄：《礼记注》）。

季秋之月开始秋收，租税额应根据人民的可承受能力以及土地的自然条件状况而定，"合诸侯，制百县，为来岁受朔日，与诸侯所税于民轻重之法，贡职之数，以远近土地所宜为度，以给郊庙之事，无有所私"（同上）。

孟冬为农闲时节，应休养生息。仲冬为地气紧闭的时节，这时应该禁止和反对的是泄地气的行为，"土事毋作，慎毋发盖，毋发室屋及起大众，以固而闭"（同上），否则，就会带来天灾人祸，"地气沮泄，是谓发天地之房，诸蛰则死，民必疾疫，又随以丧"（同上）。

季冬之月意谓着一年的终结，万象即新，这时，一方面要引导农民做好种子、农具等准备工作，"令告民出五种，命农计耦耕事，修耒耜，具田器"（同上）；另一方面则不能动用民力，应该劝民专心务农，徭役民力的行为必须遭到禁止和反对，同时对时令要心中有数，"专而农民，毋有所使。天子乃与公、卿、大夫共饬国典，论时令，以待来岁之宜"（同上）。

这样，按照十二个月的节令，形成了一套系统的合理使用和管理土地的行为规范。这里，为了反对和禁止"荒而不治"的行为，《礼》反复用"毋"等这样的字眼对那些妨碍农事、破坏农田的行为作出了禁止性的规定，从而说明、补充和深化了"地广大，荒而不治，此亦士之辱也"（《礼记·曲礼上》）的思想，为其生态道德的弃恶性原则提供了第一块牢固的基石。

2."弗身践"的思想

所谓"弗身践"也就是《礼》的"不杀生"的思想，它说的是，外部的自然资源（禽兽鱼鳖、草木果实）构成了人们生活资料的来源，因此，必须反对不按照生物季节演替规律而获取和利用自然资源的行为，应将"弗身践"作为一个价值准则确定下来。

《礼》说，"君无故不杀牛，大夫无故不杀羊，士无故不杀犬豕。君子远庖厨，凡有血气之类，弗身践也。至于八月不雨，君不举。年不顺成，君衣布搢本，关梁不租，山泽列而不赋，土功不兴，大夫不得造车马"（《礼记·玉藻》）。这里，"故"指的是祭祀之类的事情；"践"疑为"剪"声之误，剪就是杀的意思。"搢本"说的是"士以竹为笏，饰本以象关梁不租，此周礼也"（《礼记正义·卷二十九》）。"弗身践"说的是，君子对生灵怀有一种仁德，除非出于祭祀的目的，否则不杀生，即使祭祀也不亲自杀生。显然，这一思想来自孟子。虽然这是在祭祀的范围内说的"不杀生"的问题，但联系下述材料来看，这本身也是基于一定生态学考虑的，是具有一定生态伦理学意义的价值判断。

《礼》又说，"国君春田不围泽，大夫不掩群，士不取麛卵"（《礼记·曲礼下》）。这里，"春田不围泽"说的是，春时万物产孕，田猎不得多杀禽兽，不能一网打尽；"不掩群"说的是，禽兽群居则数目众多，因此不能悉取；"麛"本来指的是幼鹿，后来用来泛指幼兽，"不取麛卵"说的是，春时为物种的生长季节，因此不能将物种斩尽杀绝。可见，这一思想是与"网开三面"的做法相一致的，孔颖达在疏解这段话时指出，"又《史记》汤立三面网，而天下归仁，亦是不合围也。此间所明周制矣"（《礼记注疏·卷四》）。这里，仁"周制"二词道出了其实质，除了出于生态学上的考虑外，保护物种是出于考虑维护血缘宗法制的（周制）而进行的，同时也体现出了一种伦理道德境界（仁）。显然，这一思想与荀子"杀大（太）蚤（早），朝大晚，非礼也"（《荀子·大略》）的思想是相一致的。参证"国君春田不围泽"的思想，我们可以看出，"弗身践"是作为一个生态价值的否定性判断提出来的。因而，保护物种、保护自然资源成为《礼》的一个主题，它根据每个月的具体情况提出了一些具体要求。

孟春之月提出的要求是，"命祀山林川泽，牺牲毋用牝。禁止伐木。毋覆巢，毋杀孩虫、胎、夭、飞鸟。毋麛，毋卵"（《礼记·月令》）。这体现出一种保护物种的思想，郑氏在注解"禁止伐木"时指出，"盛德所在"（《礼记注疏·卷十四》），指出了这些规范具有的生态伦理学意义。

仲春之月的要求是，"毋竭山川，毋漉陂池，毋焚山林"。这里，"漉"是使干涸的意思，"陂"指的是蓄水设施。这体现出了珍惜资源的思想。

因为桑提供了蚕食，季春之月提出的要求是，"命野虞毋伐桑柘"，这里，虞为主管山林之官。"桑—蚕—田"的生态农学模式在今天的江南也很普遍；另一方面，要禁止使用罗网和投放毒药，因为鸟兽正处于生长时期，"田猎置罘、罗网、毕、翳、诿兽之药毋出九门"。这里，"置罘"（音阶浮）是捕兽的网，毕翳（音意）是田猎用的长柄网。

孟夏之月不能进行大规模的田猎，因为鸟兽还处在生长时期，"毋大田猎"。

季夏之月，"树木方盛"关键的是要做好禁止采伐的工作，"乃命虞人入山行木，毋有斩伐"。季秋之月，禽兽鱼鳖成熟，可以开始田猎，"天子乃教于田猎"；另外，"草木黄落，乃伐薪为炭"。仲冬之月，资源奇缺，要组织好获取和利用野生资源的工作，应该禁止人们掠夺行为，"山林薮泽，有能取蔬食、田猎禽兽者，野虞教道之。其有相侵夺者，罪之不赦"（《礼记·月令》）。这里，"薮"（音叟）指的是大泽。

这些规定，不仅对"时"这一先秦哲学、农学、生态学的重要范畴作了详尽的注释，而且也反映出了我们祖先环境管理的水平（《礼》多次强调了虞的作用），同时补充、说明、深化了"弗身践"的思想。除此之外，《礼》还多次用"不"这样的否定性字眼对那些破坏自然资源的行为作了禁止性在规定，"草木零落，然后入山林。昆虫未蛰，不以火田。不麑，不卵，不杀胎，不殀夭，不覆巢"（《礼记·王制》）。"不食雏鳖"（《礼记·内则》）。所有这些，就构成了《礼》的生态道德的弃恶性原则的第二块基石。

综上，反对"荒而不治""弗身践"的思想构成了《礼》的生态道德的弃恶性原则。它不仅能在生态学的基础上（时）来说明生态道德的弃恶性原则，而且通过每个月的一些具体生态行为规则的阐述从而丰富和深化了对"时"的认识；同时，它强调作为社会特定分工一个部门的虞的重大作用，反映出了我们祖先环境管理实践水平的高度发达程度；这就保证了其生态道德弃恶性原则的科学性，这是《礼》的生态伦理意识以至于整个儒家生态伦理意识中最富有价值、最具有生态伦理学意义的部分。它的一些具体规定简单易行，即使在今天仍具有操作价值。当然，它的这些规定是与"周制"为代表的宗法制密切相关的，有些方面也具有神秘主义的倾向。

(六)《礼》的生态道德完善性原则

《礼》承续儒家的传统，不仅将禹、汤、文王的时代作为政治上的最高理想，而且将之作为道德上的最高境界。禹、汤、文王之德就在于，他们能够协调人和自然的关系，成为与天地齐等相参的第三者，"三王之德，参于天地"（《礼记·孔子闲居》）。这样，《礼》也将追求人和自然关系的和谐一致作为完善道德的目标，由此，它将"参于天地"作为一个普遍的价值准则提了出来，"天子者，与天地参，故德配天地，兼利万物，与日月并明，明照四海，而不遗微小"（《礼记·经解》）。这样，由"与天地参"发展为"德配天地，兼利万物"，用后者来说明前者，表达了《礼》的生态道德的完善性原则。那么，如何才能达到"参于天地"的境界呢？或"参于天地"这一完善性原则又是由哪些具体要求构成的呢？《礼》从下述三个方面进行了解释。

1."三无私"的途径

"奉三无私以劳天下"是达到"与天地参"的首要途径，这是《礼》在直接回答如何达到"参于天地"时明确提出来的思想。"子夏曰：'三王之德，参于天地，敢问何如斯可谓参天地矣？'孔子曰：'奉"三无私"以劳天下。'子夏曰：'敢问何谓"三无私"？'孔子曰：'天无私覆，地无私载，日月无私照，奉斯三者以劳天下，此之谓"三无私"。'"（《礼记·孔子闲居》）这就是说，只要按照"三无私"的途径就可达到"参于天地"的境界。上述引文大体上包含以下几层意思。

首先，它肯定了天道的普遍有效性。"贵天道"的原则肯定了天道的客观实在性（自然性），而"三无私"的原则进一步肯定了天道的普遍有效性，这就是"天无私覆，地无私载，日月无私照"。私本来是相对于公而言的，属于一己的东西都可称作为私，这里的私引伸为偏爱的意思。"天无私覆"说的是，天德体现为覆盖万物，它对天下万物是一视同仁的，否则就不成其为天；《礼》又将这一思想进一步表述为，"天有四时，春秋冬夏，风雨霜露，无非教也"（同上）。这里的天当然是自然之天，它是自然万物得以存在的时间条件。"地无私载"说的是，地德体现为承载万物，它对地上万物是一视同仁的，否则就不成其为地；《礼》又将这一思想进一步表述为，"地载神气，神气风霆，风霆流形，庶物露生，无非教也"（同上）。这里的地是自然万物赖以存在的空间条件。而现代生态学正是从时间和空间两个方面来揭示生物与环境的关系的。"日月无私明"说的是，日月之德体现为普照万事万物，对天地之间的一切事物都是一视同仁的，否则就不成其为日月。可见，"三无私"不仅肯定了天道的普遍有效性，而且也涉及到了生物与环境关系的时、空表现形式，具有一定的生态学意义；同时，它将私这一具有伦理道德意义的字眼运用于天、地、日月，也就将价值看成是为自然本身所固有的，也具有一定的生态伦理学意义。

其次，它要求人们应按照天道的法则行事。"奉三无私以劳天下"说的就是这个意思，奉也就是承、受的意思，可理解为遵从的意思；劳也就是有功于某某的意思；这句话是说，只要按照天道的普遍有效性、生物与环境的时空结构等法则来行事，力求有功于天下，就可成为三王那样的完人。《礼》又进一步肯定了遵循"三无私"这一天道法则的伦理意义，它在引用《诗》"帝命不违，至于汤齐"后认为"是汤之德也"（同上）。这里，从字面上讲，帝也就是"天帝"，但"帝命"的理论内涵却是用来说明"三无私"的，因此，遵循天道本身就是一种道德。由此，《礼》将之作为"政教"的基础，上述引文中的"无非教也"说的就是这个意思，"言天之施化收杀，地之载生万物，此非有所私也。

'无非教'者，皆人君所当奉行以为政教"（[汉]郑玄：《礼记注》）这样，天道也就成为人道，"天地则已易矣，四时则已变矣，其在天地之中者，莫不更始焉，以是象之也"（《礼记·三年问》）。这里的象说的是，天道是人道的来源和范本。

最后，它肯定了人和自然和谐的意义和价值，整段引文讲的就是这个意思，这就是"奉三无私以劳天下"就可达到"参于天地"。《礼》又在另一处讲了这一意思，"故圣王所以顺，山者不使居川，不使渚者居中原，而弗敝也。用水、火、金、木、饮食必时。合男女，颁爵位，必当年德，用民必顺。故无水旱昆虫之灾，民无凶饥妖孽之疾。故天不爱其道，地不爱其宝，人不爱其情。故天降膏露，地出醴泉，山出器、车，河出马图，凤皇、麒麟皆在郊棷，龟、龙在宫沼，其余鸟兽之卵胎，皆可俯而窥也。则是无故，先王能修礼以达义，体信以达顺故。此顺之实也"（《礼记·礼运》）。这里，它肯定了遵循天道就可臻于人和自然的和谐一致，而这正是道德完善的体现。其一，它要求人们必须遵循天道自然法则（顺。顺是遵循、顺从的意思），不能违背生物与生境相联系的生态学法则（山者不使居川，不使渚者居中原。渚指的是水中之地），不仅饮食男女等日常生活应遵循生物季节演替规律（用水、火、金、木……必当年德。这里，"必当年德"指的是，男婚女嫁要在适当的年龄进行，早或迟都不适宜），而且更重要的是要在农业生产中"不违农时"（用民必顺。"用民"指农事，"必顺"指"不违农时"），这样，一方面可以避免自然灾害对人的危害（无水旱昆虫之灾，民无凶饥妖孽之疾），另一方面可以使人和自然的关系臻于和谐完善（天降膏露……鸟兽之卵胎，皆可俯而窥也。其中"棷"指的是聚草）。而达于这一理想的一个重要途径就是要以道义为上（天不爱其道，地不爱其室，人不爱其情。道、室、情各为天、地、人所独拥有的东西，但天、地、人又都不能为自己拥有的东西所累），因此，应将之作为一个普遍的价值法则确定下来（先王能修礼以达义，体信以达顺，故此顺之实也）。这段话对"奉三无私以劳天下"作了最好注释。

可见，人和自然的和谐一致是完善道德的目的，而遵循天道自然法则是达到人和自然和谐一致的重要途径；"奉三无私以劳天下"是作为一个生态法则提出来的，它表达了《礼》的生态道德的完善性原则（"贵天道"是伦理学化了的本体论原则，"三无私"是本体论化了的伦理学原则）。

2."作乐礼"的途径

"作乐应天、作礼配地"是达到"与天地参"的主要途径。"隆礼乐"是儒家的主要价值取向，这反映了血缘宗法制的要求，但礼乐本身也具有伦理学和生态学价值，在"奉三无私以劳天下"思想的基础上，《礼》又从礼乐的角度探讨、论述了人和自然关系的和谐发展问题，提出了"作乐应天、作礼配地"的思想。将"应天配地"作为一个整体来看,其理论内涵与"参于天地"是相一致的。《礼》说,"天高地下,万物散殊,而礼制行矣。流而不息,合同而化,而乐兴焉。春作夏长,仁也;秋敛冬藏,义也。仁近于乐,义近于礼。乐者敦和,率神而从天;礼者别宜,居鬼而从地。故圣人作乐以应天,制礼以配地。礼乐以备,天地官矣"(《礼记·乐记》)。这段话大体上包括了以下几层意思。

首先,它肯定天地是礼乐的生态基础。尽管礼乐是人兽相别的根本依据,但礼乐本身是根源于人和自然的矛盾之中的。礼的功能在于别宜,因为天地间万事万物各不相同的,"天高地下,万物散殊",一切事物都有自己的个性;同时,世界上的万事万物又不是漠不相关的,他们又是处于相互联系之中的,"流而不息,合同而化",一切事物之间具有共性。因此,一方面,"乐者敦和,率神而从天"。这里,"敦"是"和乐贵同"的意思,"率"是"循"的意思,"从"是"顺"的意思,这说明,自然之天是乐的生态学根据。另一方面,"礼者别宜,居鬼而从地"。这里,"居"指"居处","鬼"指先圣先贤,"鬼之所为,而顺地也"(《孔疏·卷三十七》)这说明,地是礼的生态学根据。在此基础上,《礼》提出了"明于天地,然后能兴礼乐"的命题,"乐者,天地之和也;礼者,天地之序也。和,故百物皆化;序,故群物皆别。乐由天作,礼以地制。过制则乱,过作则暴。明于天地,然后能兴礼乐也。"(《礼记·乐记》)这里,"化"是"生"的意思,"过"是"误"的意思。这说明,天地是礼乐的基础,只有对天地有了明确而正确的认识,礼乐的功能才可能真正发挥出来。

其次,它肯定礼乐本身具有一定生态学功能。尽管礼乐来源于天地,但他们反过来又可以促进天地的和谐一致,"礼乐明备,天地官矣"说的就是这个意思。这里,"官犹事也。各得其事"([汉]郑玄:《礼记注》)这说明,通过协同运用礼乐,万事万物能够通过天地各行其事这一互补式关系而和谐发展。《礼》肯定礼乐不仅适用于人际关系领域,而且也可适用于生态关系领域,"若夫礼乐之施于金石,越于声音,用于宗庙社稷,事乎山川鬼神,则此所与民同也"(《礼记·乐记》)。这里,"用于宗庙社稷"指的是礼在人际关系领域中的有效性,"事乎山川鬼神"指的是礼在生态关系领域中的有效性。由于乐从天,而天为阳;礼顺地,而地为阴,因此,"礼乐以备"也就是"阴阳相得",这样,礼乐就可促进事物生态关系的和谐发展,"乐由阳来者也,礼由阴作者也,阴阳和而万物得"(《礼记·效特牲》)。这里,"和"是"合"的意思,"得"是"各得其所"的意思。当然,事物生态关系的和谐发展不仅包括各种事物的相互关联构成一个生态系统,而且也包括各种事物在生态系统都占有自己的特殊地位,而礼乐本身也具有这方面的功能,"乐者,通伦理者也"(《礼记·乐记》)。这里,"伦"是"类"的意思,"理"是"分"的意思,"伦理"其实也是一个相当于现代生态学所讲的种群概念。正是由于礼乐对自然万物独特生态位置的肯定和对自然万物相互之间生态关联的肯定以及这二者的统一，才显示出了生态关系的有序发展，才体现了礼乐的生态学功能，"是故大人举礼乐，则天地将为昭焉"（《礼记·乐记》）。礼乐是遍及人际和生态两个领域的，他们既可以促进人际关系的和谐发展，又可以促进生态关系的良性循环，"及夫礼乐之极乎天而蟠乎地，行乎阴阳而通乎鬼神，穷高极远而测深厚。乐着大始，而礼居成物。著不息者天也，著不动者地也，一动一静者，天地之间也。故圣人曰'礼乐'云"（同上）。这里，"极"是"至"的意思，"蟠"是"委"的意思，"高远"指的是"三辰"，"深厚"指的是"山川"，"著"指的是"明白"的意思，"鬼"是"休止"的意思。这说的是礼乐并用，各行其职，那么，天地之间和万事万物（这指人和自然的关系）可和谐相处了。可见，礼乐之道是天地之道，礼乐明备也就是天地和合。

最后，它肯定了"作乐以应天，作礼以配地"（《史记·八书·乐书》）的生态伦理学意义。"春作夏长，秋敛冬藏"本身是天地自然而然的行为，但《礼》却将价值（仁、义）赋予了天地，将天地本身看作是有价值的，"春作夏长，仁也；秋敛冬藏，义也"（《礼记·乐记》）。而仁与乐、义与礼是相一致的，"仁近于乐，义近于礼"。礼乐本身是起源于人们弃恶扬善的过程中的，它不是为了满足一己之私欲等低下的功利目的，"是故先王之制礼乐也，非以极口腹耳目之欲也，将以教民平好恶而反人道之正也"（同上）。这里，"平好恶"是区分善恶、弃恶扬善的意思，"反"即"返"。而礼乐本身的功能就在于规范、评价和调节人类的行为，"礼以道其志，乐以和其声，政以一其行，刑以防其奸。礼、乐、刑、政，其极一也。所以同民心而出治道也"（同上）。这里，"极"是"至"的意思。这说明，只有用礼乐刑政来约束人类的行为，才可使社会风气和美（治道）。不仅如此，将礼乐刑政作为一个整体来运用，还是"王道"的基础，"礼节民心，乐和民声，政以行之，刑以防之。礼、乐、刑、政，四达而不悖，则王道备矣"（同上）。"王道"不仅是儒家的政治追求，而且也是儒家的道德理想。

这样，将天地、仁义、礼乐联系起来作为一个整体来看，"作乐以应天，作礼以配地"也就是讲的仁、义的问题，而仁义礼乐就是我们现在所讲的伦理道德问题。因此，"作乐以应天，作礼以配地"是作为一个生态价值法则提出来的，它表达了《礼》的生态道德的完善性原则。

3."重民治"的途径

"玩其所乐，民之治也"是达到"参于天地"的重要途径。在血缘宗法制的农业社会中，儒家民本重农的主张在整个社会价值系统中居于重要的地位；在向封建制转化的过程中，《礼》赋予了民本重农以新的含义，并将它作为了

二、《礼记》的生态伦理意识

"参于天地"的重要基础,这就是其"玩其所乐,民之治也"的思想。《礼》说,"故圣人参于天地,并于鬼神,以治政也。处其所存,礼之序也;玩其所乐,民之治也。故天生时而地生财,人,其父生而师教之,四者君以正用之,故君者立于无过之地也"(《礼记·礼运》)。这里,"并"与"参"似可互训,并是"比方"的意思;"鬼神"指的是祖庙山川五祀。这就是说,"玩其所乐、民之治也"是"参于天地"的重要基础和内在构成部分。这在于以下三个方面。

首先,"玩其所乐、民之治也"的首要含义就是肯定民本重农的主张,这是作为一个价值法则提出来的。"玩其所乐、民之治也"说的是,"兴作器物、宫室制度,皆是人之所乐,圣人能爱玩民之所乐,以教于民,则民所治理,各乐其事,业居处也"(《孔疏·卷二十二》)。这体现了民本的一面,但民本与重农是联系在一起的,《礼》又提出,"天地之道,寒暑不时则疾,风雨不节则饥。教者,民之寒暑也,教不时则伤世;事者,民之风雨也,事不节则无功。然则先王之为乐也,以法治也,善则行象德矣"(《礼记·乐记》)。这里,"事"指的是农事;"节"与"时"的含义大致相当,"事节"也就是顺时或不违农时的意思;"以法治"也就是将乐作为统治或治理的方式和方法;"行象德"是说君之德在于"民之行顺"。《礼》从天地之道的季节演替规律对人的重要性(寒暑不时则疾,风雨不节则疾),得到了政教之道的适时性原则(教民,民之寒暑也,教不时则伤世),最后落到了农事之道的顺时性规律上来,提出了重农的主张(事者,民之风雨也,事不节则无功),并将之作为一个价值法则确定了下来(然则先王之为乐也,以法治也,善则行象德矣。这里,乐、法、善、德也就是我们现在所讲的伦理道德。)因而,只有民本重农有了保障,才可能显示出先王之德,从而达到"参于天地"。

其次,力戒"慢游之道"是"玩其所生,民之治也"的题中之义,从而也是"参于天地"的重要保障。这也就是"天生时而地生财,人其父生而师教之,四者君以正用之"的含义。顺时、养财、尊师、教民是政治统治的基础,但在这些问题上,也存在着一个度的问题(君以正用之)。因此,在提出民本重农的同时,《礼》又要求统治者本身应力戒"慢游之道","今之君子,好实无厌,淫德不倦,怠荒敖慢,固民是尽,午其众以伐有道,求得当欲,不以其所。昔之用民者由前,今之用民者由后,今之君子莫为礼也"(《礼记·哀公问》)。这里,"实"是财富的意思;"淫"是"敛"的意思;"固"也就是"故";"午"是"忤"的意思,"午其众"是"逆其族类"的意思;"当"是"称"或"道"的意思。《礼》对慢游之道进行了批评,提出"用民"必须适度的原则,并将它上升到礼的高度来进行认识(今之君子莫为礼也),而礼就是相当于现在所讲的伦理道德的概念。因此,力戒"慢游之道"是作为一个价值法则提出来的。

最后，民本重农和力戒"慢游之道"共同构成了"玩其所乐，民之治也"的理论内涵，其核心也就是如何处理君与民的关系，这就是"君者立于无过之地"的问题。《礼》认为，君与民的关系也就是心与体的关系，"民以君为心，君以民为体。心庄则体舒，心肃则容敬。心好之，身必安之；君好之，民必欲之。心以体全，亦以体伤；君以民存，亦以民亡"（《礼记·缁衣》）。尽管《礼》将君视为心、将民视为体，并认为心率体（这反映了《礼》的历史和价值的局限性；这也与我国古代的科技水平有关，古人将心视为身体的主要器官），但它对君与民关系的认识也有辩证的一面，"心以体全，亦以体伤；君以民存，亦以民亡"（这反映出《礼》的社会历史观进步性的一面）。由此，《礼》提出了一系列约束君王行为的准则，"敖不可长，欲不可从，志不可满，乐不可极"（《礼记·曲礼上》）。这里，"敖"指的是"矜慢在心"，矜慢之心体现于外就是"长"；"欲"指的是"心所贪爱"的情况，"从"即纵；"乐"也就是人情，"极"也就是"至"。这也就是要求行为适度的问题。

将上述三个方面作为一个整体来看，"玩其所乐，民之治也"是作为一个生态价值法则提出来的，它是《礼》的生态道德完善性原则的内在构成部分。

综上，"奉三无私以劳天下""作乐以应天、作礼以配地""玩其所乐、民之治也"分别从天道观、伦理观和社会历史观三个方面论证了"参于天地"的问题，它们共同肯定了人和自然和谐一致的重大意义和价值，并将之作为了完善道德的目的，从而形成了《礼》的生态道德的完善性原则。

三、退溪自然观的生态意蕴

在全球性的生态环境问题日益严重的情况下,如何认识儒家思想的价值成为了生态普世主义(ecological ecumenism)一个普遍而广泛的话题。尤其值得注意的是,1989 年由 J. Baird Callicott 和 Roger T. Ames 两位美国生态哲学家编辑的一部名为 *Nature in Asian Traditions of Thought: Essays in Environmental Philosophy* 的论文集,对这一问题进行了专门的讨论,有助于扭转人们对儒家思想的错误看法。该书对中国、日本、印度以及佛教的问题都有专门的部分进行了考察,但是,令人遗憾的是,它没有注意到韩国的情况。到了 2001 年,这一情况终于有了改观。这一年在由哈佛大学世界宗教研究中心组织编辑的 *Confucianism and Ecology*("世界宗教与生态学"丛书的一种)一书中,有一章专门考察了朝鲜性理学大师栗谷(1536—1584)宇宙论的生态意义。但是,对于号称为朝鲜性理学"双峰"之一的退溪的思想还没有引起足够的重视,尽管韩国国内对这个问题已经进行了卓有成效的研究。这里,我们从一个中国儒学研究者的角度对这个问题进行一点初步的工作,以求教于方家。

(一)儒家自然观的历史地位

为了便于考察退溪自然观的基本内容、特征和生态意义,我们有必要对于自然观的一些问题尤其是儒家自然观的有关问题做一简单的交待。

1. 自然观发展的历史阶段和基本类型

一般来讲,自然观是关于自然的起源、发展、本质和规律的哲学学说。可以将自然观的发展划分为有机自然观、机械自然观和生态自然观等几个发展阶段。有机自然观是自然观发展的第一个阶段,它出现在古希腊罗马哲学和以汉字文化圈为主体的东方古代哲学中,尤其是中国哲学中。其最大的成果就是产生了"天人合一""物我为一"这样的辩证命题。机械自然观是自然观发展的第二个阶段。伴随着牛顿机械力学和工业革命的发展，人的主体性得到了弘扬，在这个过程中形成了"人定胜天"的思想，人把自己看作是自然的主人和征服者，这样，就形成了机械自然观。这种自然观在生产和生活中的体现就成为了生态环境问题的哲学根源。面对机械自然观造成的生态异化问题，人们开始在生态学、环境科学等现代科学技术的基础上重新思考人和自然的关系，将人和自然的关系看作是一个存在着物质、能量和信息变换的生态系统，重新确立了人和自然的辩证关联，这种由马克思、海德格尔（Heidegger）和奈斯（Arne Naess）等人开创的自然观的转向就形成了生态自然观，这已经成为从生态灾难中拯救人类和地球的一种理性的选择。自然观的这三个发展阶段其实也代表着自然观的三种基本的类型。从思维方式来看，有机自然观和生态自然观具有一定的契合，因此，在西方的后现代主义中，出现了回归东方有机哲学的趋向。

2. 儒家自然观对于有机自然观的贡献

尽管儒家终极关怀的对象是人，孔子也很少谈论天的问题，但是，在儒家思想体系中并不存在一个自然观的"空场"，先秦儒家尤其是荀子也发展了自己的自然观。儒家的自然观也是以"天人合一"为特征的，提出了三才（天地人三者是一个系统）的概念，这种自然观对于我们解决目前面临的全球性的生态环境问题仍然具有重大的启迪意义。而在宋明理学的发展过程中，儒学的发展出现了一个从伦理学到道德本体论的转变过程，欲求为伦理学寻找本体论的根据，他们开始对人性和天理的关系进行探讨，因此，这种新儒学被称为"性理学"（Neo—Confucianism）。在宋明理学中，像太极、理、气、阴阳这样的一系列的哲学范畴最早都是自然观的范畴，然后才被运用到伦理关系当中的。性理学通过这种将自然观和道德观统一的方式重新认定了"天人合一"的价值，从而推进了儒家自然观的发展。因此，正是在儒释道互补的过程中，有机自然观才呈现出了今天这样斑斓的色彩和不朽的活力。没有儒家的努力，有机自然观不可能有这样强大的生命力。

3. 退溪自然观对于儒家自然观的贡献

李滉（号退溪，1501—1570）是朝鲜性理学的大师，与栗谷并称为朝鲜性理学的"双峰"。他一生是学问和官职并行的一生，从34岁到70岁在李朝中历任多种官职，从54岁开始再三辞职，后终于退还陶山。退溪对于儒学尤其是程朱理学的传播做出了重大的贡献，并且使朝鲜儒学的发展达到了一个黄金时期。在一定的意义上，没有朱子学在世界的传播，儒学就根本不可能成为一种世界性的精神文化财富；而没有退溪对朱子学的弘扬和传播，朱子学就根本不可能迈向世界。退溪十分敬重朱子，声称"朱子，吾所师也，亦天下古今之所宗师也"。（《答奇明彦（论四端七情第一书）》，《增补退溪全书》第一册，成均馆大学校出版部，1997年，第407下页）朱子学是儒学发展过程中的一个新的综合，但是，朱熹的著作卷帙浩大，一般的学者只能望洋兴叹，退溪针对这种情况就倾其半生心血编纂了《朱子书节要》一书，概括举要，穷究要旨，成为了学习朱子学的重要的基本的入门之作。正是通过退溪，朱子学才传播到日本和世界。同时，退溪十分注重对性理学义理的阐发。从60岁至70岁，他先后撰写了《答奇高峰辩四端七情》《戊辰六条疏》和《圣学十图》等重要著作，从而形成了自己的性理学体系。《答奇高峰辩四端七情》是表明退溪在"理气之辩"和"四（端）七（情）之辩"等问题上的哲学立场的，他提出了"理发气随"和"气发理乘"两个重要的命题。这两个命题不仅使朝鲜儒学的发展达到了一个高峰，而且对儒家道德观和自然观的发展都具有重大的贡献。《戊辰六条疏》是退溪政治观方面的代表作，他提出了重继统以全仁孝、杜谗间以亲两宫、敦圣学以立治本、明道术以正人心、推腹心以通耳目、诚修省以承天爱等主张。《圣学十图》图文并茂，融铸宋明理学精髓，构成了一个完整的思想体系。这十图是：太极图、西铭图、小学图、大学图、白鹿洞规图、心统性情图、仁说图、心学图、敬斋箴图、夙兴夜寐图。这十个图的排列顺序，反映出了退溪思想的逻辑结构，将道德观和自然观有机地统一了起来，完成了性理学从伦理学到道德本体论的转换。正因为这样，梁任公（启超）有诗赞退溪曰："巍巍李夫子，继开一古今，十图传理诀，百世昭人心。云谷琴书润，濂溪风月寻，声教三百载，万国乃同钦。"

因此，我们在考察儒家自然观对于解决今天的全球性生态环境问题价值的时候，不能不对退溪的自然观在新的基础上作一重新的诠释和评价。

（二）退溪自然观的基本内容和特征

在从伦理学到道德本体论转换的过程中，退溪也构筑起了自己的自然观体系。这里，我们不可能对这一体系进行全面而系统的考察，只是通过对其理论特征的揭示，对之进行一些粗浅的说明。笔者认为退溪的自然观在理论上表现为生态的人文主义或人道的生态主义、环境机能整体主义和普遍道德理想主义三个特征。

1. 生态人文主义或人道生态主义

在考察人和自然关系的过程中，儒家无疑是将人作为关注的中心的，但是，这种关注决不同于西方的人类中心主义（anthropocentrism）。

儒家将人作为终极关怀的对象，因此，十分注重的是人的特殊性。但是，儒家是从宇宙自然物质构成和演化的角度来看待这种特殊性，这就是由于天地之间的万事万物所禀受的"气"是不同的，因此，在人和自然之间形成了一种阶梯的关系。荀子、朱子都是这样看待人的特殊性的。退溪也是这样。他说："凡物之受此理气者，其性则无间，而其气则不能无偏正之殊矣。是故人物之生也，其得阴阳之正气者为人，得阴阳之偏气者为物。人既得阴阳之正气，则其气质之通且明可知也。物既得阴阳之偏气，则其气质之塞且暗可知也。然就人物而观之，则人为正，物为偏。就禽兽草木而观之，则禽兽为偏中之正，草木为偏中之偏……其性之所以或通或塞者，乃因气有正偏之殊也；其形之所以或白或黑者，乃示气有明暗之异也。"（《天命图说》，《增补退溪全书》第三册，成均馆大学校出版部，1997年，第142下页）这就是说，宇宙自然中的万事万物都是由理、气构成的，气是形成事物的物质材料和能量动因，而理是形成事物的原理和根据。在宇宙自然的构成和演化的过程中，由于气存在着正与偏、明与暗、通与塞的不同，因此，形成了草木、禽兽和人的区别。在这个意义上，儒家充分肯定了作为天之骄子的人的特殊性。退溪引用周敦颐的话说，"惟人也得其秀而最灵。形既生矣，神发知矣。五性感动而善恶分，万事出矣。圣人定之以中正仁义而主静，立人极焉。"（《圣学十图·太极图说》，《增补退溪全书》第一册，成均馆大学校出版部，1997年，第198下页—199上页）这样，如同苏格拉底一样，儒家就在自然和神的面前高扬起了人的主体性，确立了人文主义在哲学中的地位。

但是，儒家的人文主义并没有将人作为一切价值的轴心。作为一种理性主义，他在考察人和自然的关系时，是从他们的统一（理一）中来看待其区别（分殊）的，是从他们的区别（分殊）中来看待其统一（理一）的。儒家对人和自然的关系持一种辩证的立场。正如退溪所讲的那样。当有人问他"草木之理亦皆与我同？"退溪回答说："不可下同字，只是一而已。如有形之物则必有彼此，理无形底物事，何尝分彼此？"（《退溪先生言行通录·类编·议论第四》，《增补退溪全书》第四册，成均馆大学校出版部，1997年版，第84上页）这里的"一"反映出了儒家"和而不同"的立场。因此，这种立场在价值观上的体现就是将价值区分为亲亲、仁民、爱物这样的三个层次。"《西铭》，理一而分殊。知其理一，所以为仁。知其分殊，所以为义。犹孟子言'亲亲而仁民，仁民而爱物'其分不同，故所施不能无差等耳。"（《圣学十图·西铭》，《增补退溪全书》第一册，成均馆大学校出版部，1997年版，第200下页）这就是，对于不同的道德对象，应该持有不同的道德立场。亲亲是血缘道德，只适用于具有血缘关系的亲上；仁民是社会道德，只适用于具有社会关系的民上；爱物是生态道德，适用于人和自然的生态关系上。在儒家的价值关照中，尊敬自然、热爱自然的生态道德也是有其应有的位置的，只不过这种道德是属于道德体系中的下部的。假如混淆了这种区别，抽象地泛谈所谓的生态道德，那么，这只能从一个极端走到另一个极端。退溪讲："今横渠亦以为，仁者虽与天地万物为一体，然必先要从自己为原本，为主宰。仍须见得物我一理，相关亲切意味，与夫满腔子恻隐之心贯彻流行，无有壅閼，无不周遍处，方是仁之实体。若不知此理，而泛以天地万物一体为仁，则所谓仁体者，莽莽荡荡，与吾身心有何干预哉。"（《退溪先生文集内集卷七·〈西铭〉考证讲义》，《增补退溪全书》第一册，成均馆大学校出版部，1997年版，第218下页）因此，这不仅不是人类中心主义，而恰好是理性主义的体现。

可见，"儒家的人文主义是一种超越了人类的利益而把之扩展到天地之间的独特的人文主义"（Young-chan Ro：*Ecological Implications of Yi Yulgok's Cosmology*, *Confucianism and Ecology*, edited by Center for the Study of World Religions Harvard Divinity School, Harvard University Press, 2001. p. 183）。在这个意义上，我们认为包括退溪这样的性理学在内的儒家的人文主义是一种生态的人文主义（ecological humanism）或人文的生态主义（humanist environmentalism），儒家在肯定人的价值的特殊性的同时，也承认了自然的价值；在肯定人际道德的同时，也认同了生态道德。他既超越了人类中心主义，也避免了生态中心主义的局限。

2. 环境机能整体主义

在自然观上，儒家是用三才（天地人）的概念来表达人和自然的关系的。在儒家看来，宇宙自然是由天地人三个要素构成的，它们分施不同的职能，但是，在功能上又是相互匹配的，由此构成了一个系统。这种有机自然观在思维方式上与现代生态哲学的环境机能整体主义（holism）相一致。

在儒家看来，天地人都是由理、气共同构成的，尽管天地人秉受的气是不同的，但是，他们又都是受同一个理支配的。在万事万物中都存在着存在的法则和秩序的法则，这种法则不能是别的，而只能是理。这里，理有双重的含义，一是指事物的"所以然之故"，这是事物的存在法则；二是指事物的"所当然之则"，这是事物的秩序法则。正是因为理的存在，才有了万事万物的存在。天地之间的万事万物都将理作为了自己的本性。"理，太极也。太极中本无物事，初岂有四德之可名乎，但以流行后观之，则必有其始，有始则必有其通，有通则必有其遂，有遂则必其成……是以合而言之，则一理而已，分而言之，则有此四个理。故天以一理命万物，而万物之各有一理者此也。"（《天命图说》，《增补退溪全书》第三册，成均馆大学校出版部，1997年，第141上页）而万事万物存在之后，理仍然主导着它们存在的秩序。而理之所以能够成为万事万物的法则，因为它就是太极，自身具有自我运动、自我静止的功能，"无极而太极。太极动而生阳，动极而静；静而生阴，静极复动。一动一静，互为其根。分阴分阳，两仪立焉"（《圣学十图·太极图说》，《增补退溪全书》第一册，成均馆大学校出版部，1997年，第198下页）。这就是理可以"自动静"。也就是说，作为事物的质料因的气的两种性质——动静和两种形态——阴阳，都是由事物的理决定的。在这个意义上，由于人和自然都是由一个理作为自己的本性、原则的，因此，他们又是一个整体，性理学用"理一分殊"的概念来表达这种对立统一的关系。这样，就出现了一个理气关系的问题。

在程朱理学那里，对理气关系的基本看法是"不离不杂"。退溪也是这样看待理气关系的。一方面，理气是"不离"的。也就是，既没有无气的理，也没有无理的气；有理存在的地方就存在气，有气存在的地方就存在理。退溪指出："理外无气，气外无理，固不可斯须离也。"（《天命图说》，《增补退溪全书》第三册，成均馆大学校出版部，1997年，第141下页）在这个意义上，理气是无所谓体用的区别的，理气是同时存在、同时产生作用的。"盖理之与气，本相须以为体，相待以为用。固未有无理之气，亦未有无气之理。然而所就而言之不同，则亦不容无别。"（《答奇明颜（论四端七情第一书）》，《增补退溪全书》第一册，成均馆大学校出版部，1997年，第405下页—406上页）在这个意义上，人和自然是绝对的统一的。另一方面，理气又是"不杂"的。在宇宙自然万事万物的形成过程中，理气所起的作用又不尽相同，因此，对成就事物的贡献也是不同的。"所谓理者，四德是也；所谓气者，五行是也。而其于流行之际，元为始物之理，则木之气承之以生；亨为通物之理，则火之气承之以长；利为遂物之理，则金之气承之以收；贞为成物之理，则水之气承之以藏（土则俱旺四季）。此天之所以具四德五行而成其道者也。"（《天命图说》，《增补退溪全书》第三册，成均馆大学校出版部，1997年，第141上下页）这样，就得具体区分他们的作用。在这个意义上，人和自然当然是不同的。但是，在总体上，理气处于辩证的关联当中。退溪用两个命题表述了理气这种既"理一"又"分殊"的关系，一是"理发气随"；二是"气发理乘"。用一个形象的比喻来说，这就如同一个人（理）与马（气）的关系。没有人的驾御，马不可能找到正途；而没有马，人就不可能远足。总之，"理与气本不相杂，而亦不相离。不分而言，则混为一物，而不知其不相杂也；不合而言，则判为二物，而不知其不相离也"（《言行录·论理气》，增补退溪全书）第四册，成均馆大学校出版部，1997年，第218上页）。这种不离不杂、即离即杂的关系，充分体现了退溪哲学的辩证思维特征。

可见，退溪的自然观是一种有机的自然观。我们之所以将这种自然观称为有机自然观，就在于它将"作为一个整体的宇宙中的所有的组成部分看作是隶属于一个有机整体的，它们都作为自发地产生生命的过程的参与者而相互作用"（Frederick W. Mote, *Intellectual Foundations of China*, New York: Alfred A. Knopf, 1971. pp. 17—18）。这种有机自然观就构成了退溪的环境机能整体主义的自然观图景。

3. 普遍道德理想主义

在从伦理学到道德本体论的转换的过程中，儒家最终是认同人和自然之间的和谐的关系的，将人和自然的和谐也看作是道德上应该追求的理想，从而在确立有机自然观的同时，也确立起了自己的生态伦理学。

儒家不仅看到了人和自然之间存在着事实关系，也看到了人和自然之间存在着的价值关系，从而在道德上提出了尊敬自然、热爱自然的要求。这是由理所具有的事实和价值的二重性决定的。作为存在法则的理，是"所以然之故"，是事实（being，fact）；而作为秩序法则的理，是"所当然之则"，是价值（ought，value）。从"理一分殊"的角度来看，人和自然的关系是宇宙大家庭中的兄弟伙伴的关系。正是这个基础上，性理学尤其是张载提出了"民胞物与"这一极其重要的价值判断。退溪对之也给予了高度的关注。他说："乾称父，坤称母。予兹藐焉，乃混然中处。故天地之塞，吾其体；天地之帅，吾其性。民吾同胞，物吾与也。"（《圣学十图·西铭》，《增补退溪全书》第一册，成均馆大学校出版部，1997年，第200上页）这里，乾坤也就是阴阳，他们是理的"自动静"性质在气中的两种体现的具体形态。既然宇宙自然中的万事万物都是乾坤的产物，天地是万事万物的父母，那么，芸芸众生之间的关系就不是征服和占有的关系，而是兄弟和伙伴的关系。人与人之间的关系，是兄弟关系；人和自然之间的关系，是伙伴关系。这里，不仅表达了儒家的民本主义的政治理想，而且也集中了儒家的普遍道德主义的生态理想。在宇宙自然的构成和演化的过程中，尽管人和自然之间存在着区别，但是，他们之间固有的关联是切不断的，人和自然之间发生着交流。"问：'一阳来复，一草之微，皆含生意。人为万物之灵，独无蔼然于今日乎？'先生曰：'人为形气之拘，虽与天地之化似不相干，而感应消长之理，实与天地相为流通。'"（《退溪先生言行通录·议论第四》，《增补退溪全书》第四册，成均馆大学校出版部，1997年，第84上—84下页）这就是人道（社会）法则和天道（自然）法则在实质上是相一致的。所谓的天道也就是自然的法则，这就是在阴阳的对立统一的关系中"生物"。退溪指出："窃谓天地之大德曰生，凡天地之间，含生之类，总总林林，若动若植，若洪若纤，皆天所闷覆而仁爱，而况于吾民之肖像而最灵为天地之心者乎？"（《戊辰六条疏》，《增补退溪全书》第一册，成均馆大学校出版部，1997年，第190下页）这就是万物存在和生命产生的过程。人和草木、禽兽都是这个过程的产物，大家都是自然之子。在这个意义上，人是没有绝对的特殊性的，草木、禽兽和人具有相同的价值。所谓的人道也就是社会的法则，也就是运用仁义之心去"爱物"。退溪引用朱熹的话说，"朱子曰：仁者，天地生物之心，而人之所得以为心。"（《圣学十图·仁说》，《增补退溪全书》第一册，成均馆大学校出版部，1997年，第206下页）因此，作为人道的仁义不能仅仅停留在血缘关系和社会关系中，而应该将生态关系也包括在其中。"仁为万善之长，一善不备，则仁不得为全仁矣。"（《戊辰六条疏》，《增补退溪全书》第一册，成均馆大学校出版部，1997年，第183上页）这样，不仅实现了天道和人道的统一，而且实现了人际道德和生态道德的统一。在西方，道德对象是一种外延的扩展；而在东方，道德对象是一种内涵的扩展。前者是逐步扩展到生态道德领域的，而后者天然地包括着生态道德的要求。"朱子曰：天地之心，其德有四，曰元、亨、利、贞。而元无不通，其运行焉，则为春夏秋冬之序，而春生之气，无所不通。故人之为心，其德亦有四，曰仁、义、礼、智。而仁无不包，其发用焉，则为爱恭宜别之情，而恻隐之心，无所不贯。盖仁之为道，乃天地生物之心，即物而在。"（《圣学十图·仁说》，《增补退溪全书》第一册，成均馆大学校出版部，1997年，第206下页）也就是说，作为儒家本质特征的仁本身是无所不包的，不仅仅是一个具体的德目，而且是全德之称。

那么，如何才能实现人和自然之间的和谐呢？这就是"致诚配天"。在儒家看来，只有通过诚的方式，就可以实现人和自然的和谐，最终形成天地人三才这个系统。"唯天下至诚，为能尽其性；能尽其性，则能尽人之性；能尽人之性，则能尽物之性；能尽物之性，则可以赞天地之化育；可以赞天地之化育，则可以与天地参矣。"（《礼记·中庸》）而所谓的"诚"也就是真实无妄的意思。诚不仅是天道，而且也是人道。作为天道的诚是一个自然观的范畴，它反映的是自然规律的真实无妄性。正如退溪指出的那样："天即理也，而其德有四，曰元亨利贞是也（四者之实曰诚）。盖元者始之理，亨者通之理，利者遂之理，贞者成之理，而其所以循环不息者莫非真实无妄之妙，乃所谓诚也。"（《天命图说》，《增补退溪全书》第三册，成均馆大学校出版部，1997年，第140下页）作为人道的诚是一个伦理学的范畴，它指的是做人的真实无妄性。"诚能体而存之，则众善之源，百行之本，莫不在是。"（《圣学十图·仁说》，《增补退溪全书》第一册，成均馆大学校出版部，1997年，第206下页）正是通过诚的联结，天地人才成为一个相互关联的系统。因此，以诚的方式对待自然，不仅在客观上是对自然规律的遵循；而且在道德上体现了人的博大胸怀。正因为人能够以仁义之心去真实无妄地对待自然万物，因此，人才在道德上趋于完善，才能够与天地并立。可见，"致诚配天"和"天人合一"是一对互补的命题。如果说"天人合一"在自然观上确立了人和自然的和谐；那么，"致诚配天"就是在伦理学上确立了人和自然的和谐。

这样，儒家就通过"天人合一"确立起自己的有机自然观，通过"致诚配天"就确立了自己的生态伦理学，最终实现了自然观和伦理学的统一。

（三）简短的结论

通过对退溪自然观所包含的生态意义和价值的简略考察，我们可以进一步扭转人们在这个问题上的一系列的误解，从而可以为我们在东西方文化的对话中来协调地解决全球性的生态环境问题提供一种文化上的认同。

1. 儒家思想与人类中心主义

从人文主义能否走向生态哲学和生态伦理学？这是学术界存在争议的一个问题。有些学者在人文主义和人类中心主义之间简单地划了等号。其实，二者是有区别的。人类中心主义是西方价值观的主流和核心。这是一种将人的价值作为一切价值轴心的思想，在一定的意义上，它成为目前全球性生态环境问题的价值观根源。因此，它遭到了西方环境伦理学的猛烈抨击。而人文主义是一种充分肯定人的价值的思想。应该说，人文主义还是有助于生态哲学和生态伦理学的发展的。在学术界，有些学者不恰当地把儒家思想称为人类中心主义，认为它是与生态哲学和生态伦理学相矛盾的。显然，这种看法是难以站住脚的。因为儒家的人文主义并没有把人作为一切价值的轴心，而是在"三才"关系中来看待人的特殊性的，它最终是承认"天人合一"和"致诚配天"的。这种人文主义是生态的人文主义或人文的生态主义。因此，在这个问题上，不是人文主义与生态哲学、生态伦理学矛盾与否的问题。从退溪自然观中，我们可以清楚地看到这一点。

2. 儒家思想与生态中心主义

生态中心主义（ecocentrism）是否是生态哲学、生态伦理学发展的唯一目标？针对人类中心主义的弊端和其他思想的局限，在西方出现了一种主张在道德上必须关心无生命的生态系统、自然过程以及其他自然存在物的思想，这就是生态中心主义。有些学者将这种思想作为生态哲学和生态伦理学发展的唯一方向，认为只有这种思想是彻底全面的。其实，在儒家的"民胞物与"的价值判断中就已经把这些要求包括在内了，天地之间的万事万物都是儒家在道德上关怀的对象。其实，儒家思想与生态中心主义也是存在着一定程度的契合的。例如，退溪有自然主义的主张。他在一首诗中写到："田家相贺麦秋天，鸡犬桑麻任自然。"（《退溪先生诗内集卷三·林居十五咏·初夏》，《增补退溪全书》第一册，成均馆大学校出版部，1997年，第99上页）而这与奈斯的"let river live"有异曲同工之妙。退溪还羡慕回归自然的生活。他在一首诗中写到："鱼乐本无分物我，木生那更愿青黄。"（《退溪先生诗内集卷五·次答金龙宫舜举》，《增补退溪全书》第一册，成均馆大学校出版部，1997年，第154上页）而这比海德格尔的"人诗意地栖居"更有诗意。在这个意义上，我们通过人文主义的途径同样可以发展出彻底的生态哲学和生态伦理学。

3. 儒家思想与生态普世主义

面对全球化，发展生态普世主义（ecological ecumenism）成为了国际生态哲学和生态伦理学的一个最新发展趋向。生态普世主义是普世主义在生态哲学和生态伦理学中的体现。普世主义最初是一种宗教运动，寻求的是在不同的宗教之间形成一种理解和对话的渠道，从而为形成普遍伦理提供宗教上的可能。

而生态普世主义的目的就是要在不同文化的相互理解和对话中为人类的未来提供一种生态智慧。在这个意义上,儒家也应该在与其他思想文化的对话中来推进自己对实际生活的影响,在与其他思想文化的携手过程中造福于全人类。而实际上,儒家缺乏这方面的活力,因此,有必要按照"和而不同"的方式架起不同文明之间的桥梁。这样,在中国等东方国家发展生态哲学和生态伦理学,就应该有更为广阔的胸怀。

  总之,通过对退溪自然观生态意蕴的分析,我们可以看出,儒家自然观是在文化交流的过程中得以发展壮大的;因此,儒家思想要在今天发挥自己应有的作用,必须走向世界。在与其他思想文化的互补过程中,儒家的自然观对于我们解决全球性的生态环境问题还是有所裨益的。

主要史料来源

郭沫若：《卜辞通纂》，《郭沫若全集》（考古编）第 2 卷，北京：科学出版社，1983 年。

［汉］孔安国传，［唐］孔颖达疏：《尚书正义》，《十三经注疏》本。

［汉］毛亨传，郑玄笺，［唐］孔颖达疏：《毛诗正义》，《十三经注疏》本。

［晋］杜预集解，［唐］孔颖达疏：《春秋左传正义》，《十三经注疏》本。

傅庚生选注：《国语选》，北京：人民文学出版社，1959 年。

［汉］郑玄注，［唐］贾公颜疏：《周礼注疏》，《十三经注疏》本。

［魏］王弼、［晋］韩康伯注，［唐］孔颖达正义：《周易注疏》，《十三经注疏》本。

高亨：《周易古经今注》，北京：中华书局，1984 年。

高亨：《周易大传今注》，济南：齐鲁书社，1979 年。

金景芳、吕绍纲：《周易全解》，长春：吉林大学出版社，1989 年。

［魏］何晏：《论语集解》，《十三经注疏》本。

［宋］朱熹：《论语集注》，《四书章句集注》。

［清］刘宝楠：《论语正义》，《诸子集成》本。

杨伯峻：《论语译注》，上海：古籍出版社，1958 年。

［汉］赵岐注：《孟子注》，《十三经注疏》本。

［宋］朱熹：《孟子集注》，《四书章句集注》。

［清］焦循：《孟子正义》，《诸子集成》本。

杨伯峻：《孟子译注》，中华书局，1960 年。

［清］王先谦：《荀子集解》，《诸子集成》本。

梁启雄：《荀子简释》，上海：古籍出版社，1957 年。

章诗同：《荀子简注》，上海：上海人民出版社，1974 年。

［汉］郑玄注，［唐］孔颖达疏：《礼记注疏》，《十三经注疏》本。

［宋］朱熹：《大学章句》，《四书章句集注》。

［宋］朱熹：《中庸章句》，《四书章句集注》。

［汉］司马迁：《孔子世家》，《史记·卷四十七》。

［汉］司马迁：《孟子荀卿列传》，《史记·卷七十四》。

［汉］郑玄注，［唐］孔颖达疏，《礼记注疏》。

［魏］王弼：《老子注》，《诸子集成》本。

帛书《老子》。

［清］王先谦：《庄子集解》，《诸子集成》本。

《黄老帛书》。

参考文献

马克思,恩格斯. 马克思恩格斯文集(第7卷)[M]. 北京:人民出版社,2009.

马克思,恩格斯. 马克思恩格斯文集(第9卷)[M]. 北京:人民出版社,2009.

[德]黑格尔.自然哲学[M]. 北京:商务印书馆,1986.

[苏]霍津. 当代全球问题[M]. 北京:社会科学文献出版社,1989.

[德]萨克塞. 生态哲学[M]. 北京:东方出版社,1991.

[美]奥德姆等.生态学基础[M]. 北京:人民教育出版社,1981.

[比利时]迪维诺.生态学概论[M]. 北京:科学出版社,1987.

[美]梅等.理论生态学[M]. 北京:科学出版社,1980.

许涤新. 生态经济学[M]. 杭州:浙江人民出版社,1987.

叶谦吉. 生态农业——农业的未来[M]. 重庆:重庆出版社,1988.

[意]佩西.未来的一百页[M]. 北京:中国展望出版社,1984.

[美]米萨诺维克等.人类处在转折点[M]. 北京:中国和平出版社,1987.

迈向21世纪——联合国环境与发展大会文献汇编[M]. 北京:中国环境科学出版社,1992.

郭沫若. 中国古代社会研究[M]//郭沫若全集(历史编)第1卷. 北京:人民出版社,1982.

郭沫若. 青铜时代[M]//郭沫若全集(历史编)第1卷. 北京:人民出版社,1982.

侯外庐. 中国思想通史(第1卷)[M]. 北京:人民出版社,1962.

冯友兰. 新理学[M]. 北京:商务印务馆,1940.

冯友兰. 新世训[M]. 上海:开明书店本,1940.

冯友兰. 新原道[M]. 上海:商务印书馆,1946.

张岱年. 中国哲学大纲[M]. 北京:中国社会科学出版社,1982.

中国古代著名哲学家评传(第1卷)[M]. 济南:齐鲁书社,1980.

任继愈. 中国哲学发展史(秦汉)[M]. 北京:人民出版社,1985.

张岱年. 中国伦理思想发展规律的初步研究[M]//中国哲学发微. 太原:山西人民出版社,1981.

朱伯昆. 先秦伦理学概论[M]. 北京:北京大学出版社,1984.

夏甄陶. 论荀子的哲学思想[M]. 上海:上海人民出版社,1979.

吕绍纲. 周易阐微[M]. 长春:吉林大学出版社,1990.

李泽厚. 中国古代思想史论[M]. 北京:人民出版社,1986.

中国孔子基金会学术委员会. 近四十年来孔子研究论文选编[M]. 济南:齐鲁书社,1987.

余文涛、袁清林、毛文永.中国的环境保护[M]. 北京:科学出版社,1987.

袁清林.中国环境保护史话[M]. 北京:中国环境科学出版社,1990.

严足仁.中国历代环境保护法制[M]. 北京:中国环境科学出版社,1990年.

刘长林. 中国系统思维[M]. 北京:中国社会科学出版社,1990年.

陈泽环,朱林. 天才博士与非洲丛林——诺贝尔和平奖获得者阿尔伯特·施韦泽传[M]. 南昌:江西人民出版社,1995.

赵馥洁. 中国传统哲学价值论[M]. 西安:陕西人民出版社,1991.

葛荣晋. 道家文化与现代文明[M]. 北京:中国人民大学出版社,1991.

罗桂环,王耀先等. 中国环境保护史稿[M]. 北京:中国环境科学出版社,1995.

张立文. 玄境——道学与中国文化[M]. 北京:人民出版社,1996.

张立文. 和合学概论——21世纪文化战略的构想[M]. 北京:首都出版社,1996.

傅道彬. 歌者的乐园——中国文化的自然主义精神[M]. 哈尔滨:东北林业大学出版社,1996.

张岱年.中国哲学中"天人合一"思想的剖析[J]. 北京大学学报(哲社版),1985(1).

刘国梁.中国古代生态哲学的特点[J]. 科学·辩证法·现代化,1986(1).

高建."时"——先秦科学与哲学思想中的一个重要概念[J]. 中国哲学史研究,1987(2).

李耕夫.中国古代的生态意识学说[J]. 学习与探索,1987(4).

惠吉兴.儒家天人观念与现代生态伦理意识的对立[N]. 理论信息报,1989-01-02(3).

柴文华.儒道观念与生态伦理断想[J]. 哲学研究,1990(1).

柴文华.反差与契合:生态伦理与儒道伦理[J]. 齐齐哈尔师院学报,1990(3).

张云飞.浅析荀子的生态伦理意识倾向[J]. 孔子研究,1990(4).

周昌忠.中国传统哲学天人关系理论的环境哲学意义[J]. 自然辩证法通讯,1993(6).

余谋昌.东方传统思想中有关生态伦理的论述[J]. 哲学动态,1994(2).

[新加坡]苏新鋈.经济思想在孔子思想中的地位[J]. 孔子研究,(1986)创刊号.

[新加坡]苏新鋈.孟子仁政首要经济建设的意义[J]. 中国哲学史研究,1988(1).

张鸿翼.论儒家的经济哲学[J]. 孔子研究,1988(1).

张岱年. 中国哲学中关于"人"和"自然"的学说[M]//人与自然. 北京:北京大学出版社,1992.

季羡林. "天人合一"新解,传统文化与现代化,1993(1).

季羡林. "天人合一"方能拯救人类[J],东方,1993(创刊号).

张云飞. 试析孟子思想的生态伦理学价值[J]. 中华文化论坛,1994(3).

葛荣晋. 道家的生态智慧与环境保护,传统文化与现代化,1995(4).

葛荣晋. "天地万物一体"说与现代生态伦理学[J]. 甘肃社会科学,1995(5).

余谋昌. 中国古代哲学的生态伦理价值[J]. 中国哲学史,1996(1-2).

张云飞. 孔子思想中的生态伦理因素[J]. 中国人民大学学报,1996(3).

徐少锦. 中国古代生态伦理思想的特点[J]. 哲学动态,1996(7).

Albert Schweitzer:*Philosophy of Civilization:Civilization and Ethics*,London:Blank Press,1923.

Albert Schweitzer. 敬畏生命[M]. 上海:上海社会科学院出版社,1995.

Chung-ying Cheng.On the Environment Ethics of the Dan and the Ch'i,*Environment Ethics*,No.4,1986.

Holmes Rolston.Ⅲ.Can the East hel the West to value nature.*Philosophy East and West*,No.2,1987.

Holmes Rolston.Ⅲ.尊重生命:禅宗能帮助我们建立一门环境伦理学吗. 哲学译丛,1994(5).

Nature in Asian Traditions of Thought:Essays in Environmental Philosophy,edited by J.Baird Callicott and Roger T.Ames[M]. New York:State University of New York Dress,1989.

Confucianism and Ecology,edited by Mary Tucker and John Berthrong[M]. Cambridge:Harvard University Press,1998.

Daoism and Elology,edited by N.J.Giradot ect.[M]. Cambridge:Harvard University Press,2001.

后　　记

自从拙文《生态伦理学初探》（原发表于《内蒙古社会科学》1986年第4期，中国人民大学复印报刊资料《伦理学》1986年第8期全文转载）发表以后，笔者就发誓致力于中国特色的生态伦理学（生态哲学）的研究，最后将主题集中于"马克思主义与生态文明"这一研究方向上。

回顾三十二年的学术研究，研究中国古代尤其是先秦生态环境思想，是笔者早年感兴趣的一个领域，为后来的研究准备了相关的思想文化研究资源。

本书用两个部分呈现了笔者的这一心路历程。本书的上篇主要考察的是先秦儒家的生态环境思想。这部分主要说明的是作为中国文化主流的先秦儒家是如何对待自然的，如何开启了中国的生态环境思想。本书的下篇是上篇的延伸和扩展，"中国儒、道哲学的生态伦理学阐述"，主要考察的是先秦儒道两家的生态伦理思想，说明了儒道互补对于中国文化和生态环境思想发展的意义；"《礼记》的生态伦理意识"考察的是《礼记》中的生态伦理思想，说明先秦儒家思想和儒家生态环境思想的转型问题；"退溪自然观的生态意蕴"考察了韩国性理学大师李滉自然观蕴含的生态思想，试图说明儒家思想和儒家生态环境思想是如何向海外传播的。

由于笔者国学功底浅薄，上述作品在考据和诠释方面都存在着严重不足，甚至可能存在着望文生义和诠释过度的问题，请国内外同仁批评指正为盼！

张云飞
2018年7月12日于京北回龙观